Informatik-Fachberichte

Herausgegeben von W. Brauer
im Auftrag der Gesellschaft für Informatik (G

32

Michael Kühn

CAD und Arbeitssituation

Untersuchungen zu den Auswirkungen von CAD
sowie zur menschengerechten Gestaltung
von CAD-Systemen

Springer-Verlag
Berlin Heidelberg New York 1980

Autor
Michael Kühn
Universität Hamburg
Fachbereich Informatik
Schlüterstraße 66-72
2000 Hamburg 13

AMS Subject Classifications (1979): 01A60, 68-03, 68 K 05
CR Subject Classifications (1974):   2.11, 3.26

CIP-Kurztitelaufnahme der Deutschen Bibliothek
Kühn, Michael:
CAD und Arbeitssituation: Unters. zu d. Auswirkungen von CAD sowie zur menschenge-
rechten Gestaltung von CAD-Systemen / Michael Kühn. - Berlin, Heidelberg, New York:
Springer, 1980.
(Informatik-Fachberichte; 32)
ISBN-13: 978-3-540-10324-0   e-ISBN-13: 978-3-642-67792-2
DOI: 10.1007/978-3-642-67792-2

2145/3140 - 5 4 3 2 1 0

Zur Entstehung dieser Arbeit

In die Mitte der siebziger Jahre fielen zwei wichtige gesellschaftliche Entwicklungen, die für mich und viele meiner Mitstudenten zu einem veränderten Selbstverständnis unserer Rolle als zukünftige Informatiker führten:

- die Diskussion um das Bundesdatenschutzgesetz und

- eine wachsende Beunruhigung der Öffentlichkeit über die Auswirkungen des Einsatzes von Computern und Mikroprozessoren auf die Arbeitslosenquote.

Wir stellten uns deshalb die Frage, welche besondere Verantwortung der Informatiker für die Vermeidung sozial nicht wünschbarer Folgen seiner Arbeit trägt und wie eine Informatik-Praxis aussehen könnte, die das Auftreten unerwünschter Auswirkungen vermeidet. Aufgrund unserer im Studium erworbener Kenntnisse allein waren wir nicht in der Lage, aus unserer Sicht ausreichend konkrete Antworten auf diese Frage zu finden.

Seit Anfang 1977 war ich als Hilfskraft bei der Forschungsgruppe "DV-Wirkungen"[1] beschäftigt und hatte so Gelegenheit zur Einarbeitung in deren interdisziplinäre Vorgehensweise und Ergebnisse, die wichtige neue Impulse in die Diskussion brachten.

Dabei entstand der Wunsch, im Rahmen der Diplomarbeit die Ergebnisse einer von der Forschungsgruppe vorgelegten Bestandsaufnahme von Auswirkungen des Computereinsatzes für das spezielle Anwendungsgebiet CAD im Bereich Maschinenbau zu konkretisieren. Das Untersuchungsziel wurde auf folgende zwei Fragen festgelegt:

---

[1] damals bestehend aus B. Lutterbeck, H.-W. Heibey und M. Töpel.

1. Welche Möglichkeiten und Grenzen des Computereinsatzes in der Konstruktion bestehen und welche
   Randbedingungen bestimmen seine Anwendung?

2. Welche Möglichkeiten bestehen, durch technische
   Maßnahmen einer Verschlechterung der Arbeitssituation von Konstrukteuren infolge des Computereinsatzes entgegenzuwirken?

Das vorliegende Buch stellt eine geringfügig überarbeitete
Fassung des Manuskripts der Diplomarbeit dar.

Bei der Durchführung der Untersuchung haben mir so viele
Freunde und Kollegen mit phantasievollen Anregungen und/oder
geduldiger Unterstützung geholfen, daß es unmöglich ist,
ihnen hier namentlich zu danken.
Für ihre Betreuungsarbeit danke ich Prof. Brauer, Heiner
Zillmer und Prof. Schmale. Die Schreibarbeiten wurden von
Frau Hackel ausgeführt, bei der ich mich ebenfalls bedan-
ken möchte.

VORBEMERKUNGEN

1. Gang der Untersuchung

Die vorliegende Untersuchung umfaßt im wesentlichen zwei
Schritte, die sich durch das Begriffspaar "Analyse" und
"Synthese" kennzeichnen lassen.

Der erste Teil liefert eine Bestandsaufnahme und Analyse
der Situation im Konstruktionsbereich vor und nach der
Einführung des computergestützten Konstruierens sowie der
möglichen zukünftigen Entwicklung. Abschnitt 1.1. führt
in die Aufgaben des Konstruktionsbereiches ein. Die Durchführung der Analyse im Abschnitt 1.3. stützt sich auf ein
im Abschnitt 1.2. entwickeltes Erklärungsmodell.

Der "Synthese"-Schritt wird im Teil 2 vollzogen. Durch
Berücksichtigung eines Zielesystems für die menschengerechte Gestaltung computergestützter Arbeitssysteme, das im Abschnitt 2.1. hergeleitet wird, soll das Auftreten negativer Auswirkungen im Bereich der Arbeitssituation der Konstrukteure vermieden werden. Der Abschnitt 2.2. enthält
für drei der zehn Ziele Vorschläge zur praktischen Umsetzung
der Ziele an interaktiven Konstruktionsarbeitsplätzen.

Insgesamt versucht die Arbeit, von der Feststellung von un-
erwünschten Erscheinungen den Bogen zu technischen Möglichkeiten ihrer Beseitigung zu schlagen. Daß sich alle uner-
wünschten Begleiterscheinungen des Computereinsatzes auf
technische Gestaltungsmängel zurückführen und so beseitigen
lassen, wird bei dieser Zielsetzung nicht unterstellt. Eine
solche Annahme wäre im wahrsten Sinne des Wortes "techno-
kratisch".

2. <u>Zur Einordnung in die Wirkungsforschung</u>

Reese et al. geben mit ihrer "Bestandsaufnahme der Wirkungsforschung im Bereich Informationstechnologie"[1] eine detaillierte Übersicht über wissenschaftliche Aktivitäten, die
sich eine Aufklärung der Auswirkungen des Einsatzes dieser
Technologien zum Ziel gesetzt haben. Ihre Studie stellt
einen Schritt zur Eingrenzung des Gegenstandes und der Methoden des neuen Forschungsgebietes "Wirkungsforschung"
dar. In dieser Entwicklung zeichnet sich deutlich eine Tendenz zur überwiegend sozialwissenschaftlichen Behandlung
der Auswirkungen des Einsatzes von Computern und verwandter
Technologien ab.

Solche Untersuchungen können zweifellos wertvolle Ergebnisse zur Vorbereitung wissenschafts- und sozialpolitischer
Entscheidungen liefern. Dem Informatiker ist in seiner täglichen Praxis mit einer summarischen Aufzählung der Auswirkungen des Computers kaum gedient, weil sie ihm keine Anhaltspunkte für seine Gestaltungsentscheidungen liefert.
Ein Beitrag zur Weiterentwicklung der <u>Informatik</u>-Praxis
z.B. beim Entwurf von Dialogsystemen oder CAD-Eingabesprachen
kann nur von Arbeiten geleistet werden, die Computersysteme
als das Ergebnis einer großen Zahl von Gestaltungsentscheidungen verstehen und denen es gelingt, das Auftreten von
Auswirkungen nicht auf den Computereinsatz an sich sondern
auf einzelne Gestaltungsentscheidungen zurückzuführen.

<u>Innerhalb</u> der Informatik lassen sich drei Ansätze zur Be-
wältigung unerwünschter Auswirkungen des Computereinsatzes
unterscheiden. Wissenschaftler aus dem Bereich der <u>"Künstlichen Intelligenz"</u> bemühen sich, durch bessere Kenntnisse
der menschlichen Informationsverarbeitung menschengerechte
Bedingungen an der Mensch-Computer-Schnittstelle zu schaffen. Daß mir dieser Ansatz wegen des zugrundeliegenden

---

[1] REESE et al. 78

funktionalen Menschenbildes ungeeignet erscheint, werde
ich im Teil 1 begründen.

Auf _Petri_ geht der Versuch zurück, durch eine grundlegende
theoretische Aufarbeitung von Informationsverarbeitungs-
prozessen diese zukünftig besser zu beherrschen und somit
das Auftreten unerwünschter Auswirkungen vermeiden zu
können[1]. Petris Ansatz wurde inzwischen von verschiedenen
Informatikern aufgegriffen und in aussichtsreicher Weise
fortentwickelt[2].

Andere Arbeiten bemühten sich, wissenschaftliche _Erkennt-
nisse über den Menschen_ in seiner Rolle als einzelner und
als Mitglied von Organisationen aus den sozialwissenschaftlichen Disziplinen für die Verwertung innerhalb der Informatik aufzubereiten. Hier sind vor allem die Arbeiten von
Dehning, Essig und Maaß[3] sowie von Heibey, Lutterbeck und
Töpel[4] zu nennen. Diese Herangehensweise steht nicht im
Widerspruch zum Ansatz von Petri.

Diese Arbeit folgt dem letzten der drei dargestellten Ansätze,
indem sie sich bemüht, sozialwissenschaftliche Erkenntnisse
und Methoden für die Anwendung innerhalb der Informatik aufzubereiten. Der _interdisziplinäre Ansatz_ mit "human"- bzw.
sozialwissenschaftlichen und naturwissenschaftlich-technischen
Komponenten spiegelt die Situation an der Mensch-Computer-
Schnittstelle wider. Denn beim Entwurf dieser Schnittstelle
durch den Informatiker muß es ja gerade darum gehen, die Aufgaben und Nutzungsbedingungen der Computertechnologie auf die
Eigenschaften und Anforderungen des Menschen abzustimmen
(Abb. 1). Dabei sollten die bestehenden wissenschaftlichen
Erkenntnisse über die menschliche Seite auch genutzt werden.

---

[1] PETRI 76
[2] z.B. OBERQUELLE 79
[3] DEHNING/ESSIG/MAASS 78; DEHNING/MAASS 77
[4] z.B. HEIBEY/LUTTERBECK/TÖPEL 77

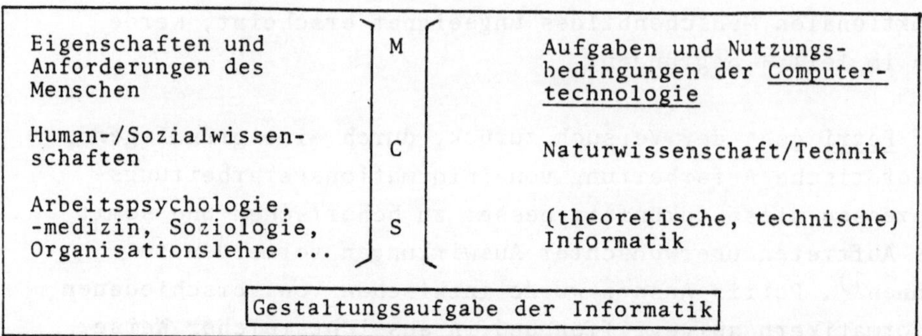

Abb. 1: Zum Entwurf von Mensch-Computer-Schnittstellen
(MCS)

Von der Anwendung von Systemen für das computergestützte
Konstruieren betroffen sind in der Regel Menschen, die
ihre Arbeit als abhängig Beschäftigte in einem Industrie-
unternehmen verrichten. Die Darstellung ist in dem Sinne
einseitig, als sie sich bewußt auf Feststellung und Abwendung möglicher Nachteile konzentriert, die den betroffenen Arbeitnehmern aus dem Computereinsatz erwachsen können.

In der vorliegenden Form wendet sich die Untersuchung an
allgemein an der Wirkungsforschung Interessierte. Für Konstrukteure, die sich über mögliche Auswirkungen des Computereinsatzes auf ihre Arbeitssituation in knapper Form
informieren wollen, ist sie zweifellos ungeeignet. Eine
Zusammenstellung einiger wichtiger Ergebnisse zu diesem
Zweck findet sich im Anhang, darüber hinaus sei auf eine
Veröffentlichung der IG Metall hingewiesen[1].

---

[1] IGM 80

3. Begriffsbestimmungen

Während DIN 44 300 die Verwendung der Begriffe "Rechensystem" und "Rechenanlage" vorschreibt[1), ist der Sprachgebrauch in der Literatur sehr uneinheitlich. Dort werden
die Begriffe "Computer", "Rechner", "DV-System" und "System"
in der Regel synonym mit "Rechensystem" verwendet. Sofern
nur die Hardware, also der materielle Teil eines Rechen-
systems, gemeint wird, ist dies ausdrücklich kenntlich gemacht. Wegen des großen Stellenwerts, den die Literatur-
auswertung für diese Arbeit hat, wurde auf eine vereinheit-
lichte Bezeichnungsweise verzichtet.

Uneinheitlich ist auch die Verwendung des Begriffs "compu-
tergestütztes Konstruieren" sowie der synonym gebrauchten
Abkürzung "CAD" (computer aided design). Die Uneinheitlich-
keit betrifft zwei Dimensionen:

1. Die erste Dimension läßt sich durch folgende Zitate
   charakterisieren:
   "Computer-aided design means a menu of analysis pro-
   grams that can be called on by the designer."[1)

   "Computer-aided design is a technique in which man and
   machine are blended into a problem-solving team, inti-
   mately coupling the best characteristics of each, so
   that this team works better than either alone."[2)

   Da sich das Verständnis von CAD als _Methode_, wie es im
   zweiten Zitat zum Ausdruck kommt, noch nicht allgemein
   durchgesetzt hat, werden hier alle Computeranwendungen,
   die Konstruktionstätigkeiten automatisieren oder unterstützen, in diesen Begriff eingeschlossen.

[1) ALLAN 72, S. 29.
[2) ebenda.

2. Während einige Autoren zwischen "Konstruieren" als
   einer schöpferischen Ingenieurstätigkeit und "Erstellung
   von Fertigungsunterlagen" unterscheiden[1], fassen andere alle üblicherweise in der Konstruktionsabteilung eines
   Unternehmens anfallenden Arbeiten begrifflich zusammen.
   In dieser Arbeit werden, in Übereinstimmung mit den VDI-
   Richtlinien, unter computergestützter Konstruktion alle
   Computeranwendungen verstanden, die "das vorwiegend
   schöpferische ... Vorausdenken von technischen Erzeug-
   nissen" oder "das Schaffen fertigungsreifer Unterlagen"[2]
   unterstützen.

Die letzte Erläuterung dieses Abschnitts betrifft den Begriff "Automatisierung", der für die Ersetzung einer vormals menschlichen Tätigkeit durch die Funktion einer Maschine steht. Die ebenfalls in dieser Arbeit verwendeten
ähnlichen Begriffe "Maschinisierung" und "Automation" bestimmen den Begriff Automatisierung etwas genauer. Die Formulierung "Maschinisierung einer Arbeit" betont den grund-
legenden Strukturwandel, den ein Arbeitsprozeß infolge
des Maschineneinsatzes erfährt. Der Strukturwandel betrifft
die gesamte Arbeitsorganisation der nicht automatisierten
menschlichen Tätigkeiten und geht damit über ein bloßes
"Ersetzen" von Einzeltätigkeiten weit hinaus."Automation"
bezeichnet eine bestimmte Entwicklungsstufe der Automatisierung, bei der entweder der gesamte Arbeitsablauf von
der Maschine vollzogen wird, oder zumindest die Koordination und Kontrolle des Arbeitsprozesses von der Maschine
übernommen wird[3].

---

[1] z.B. SZABO 77
[2] VDI 2223
[3] vgl. Abschnitt 1.2.1.

T e i l   1
==========

DER COMPUTEREINSATZ

IN KONSTRUKTION UND FERTIGUNGSVORBEREITUNG

In diesem Kapitel soll versucht werden, die Probleme des
Computereinsatzes in der Konstruktion vor dem Hintergrund
allgemeinerer Betrachtungen zu diskutieren. Der Vermittlung
dieses Hintergrundes dienen die Abschnitte 1.1., in dem
die Rolle der Konstruktion im Betrieb dargestellt wird,
und 1.2., in dem der Computereinsatz in die historische
Entwicklung der Maschinisierung von Arbeit eingeordnet
wird. Im Abschnitt 1.3. werden dann der Stand der Anwendung und die Probleme des Computereinsatzes in der Konstruktion mit Hilfe der vorher dargestellten Zusammenhänge erläutert.

Der beträchtliche Raum, den dieses Kapitel in der Untersuchung einnimmt, scheint mir aus folgenden drei Gründen
gerechtfertigt:

(1.) Die im Zusammenhang mit dem Computereinsatz auftre-
     tenden erwünschten und unerwünschten Wirkungen kön-
     nen nur durch eine ganzheitliche Betrachtungsweise
     erfaßt werden. Durch eine voreilige Einschränkung
     des Blickfeldes auf den Bereich der unmittelbaren
     Mensch-Computer-Interaktion werden wichtige Aspekte
     der Mensch-Computer-Schnittstelle in einem allgemei-
     nen Sinne von vornherein ausgeklammert. Dies gilt
     auch gerade für solche Aspekte, die für die Interes-
     sen der betroffenen Menschen von Bedeutung sein
     können (z.B. Arbeitssituation).

(2.) Die Kenntnis solcher Wirkungszusammenhänge an der
Mensch-Computer-Schnittstelle ist Voraussetzung für
erfolgreiche <u>Gestaltungsmaßnahmen</u>. Erst aus einer
ganzheitlichen Betrachtung gehen sowohl Ansatzpunkte
als auch Randbedingungen für Verbesserungsmaßnahmen
hervor. Im Beispiel der technischen Gestaltung der
Mensch-Computer-Interaktion bedeutet dies die genaue
Kenntnis der Bedingungen und Inhalte der mit Computerunterstützung auszuführenden Arbeiten.

(3.) Eine gesicherte <u>methodische Grundlage</u> für die Durchführung einer solchen ganzheitlichen Untersuchung
habe ich in der Literatur nicht gefunden. Sie ist
erst in Ansätzen entwickelt. Die Darstellung der erarbeiteten methodischen Überlegungen nimmt daher
einen relativ breiten Raum ein.

1.1. Die Rolle der Konstruktion im Industriebetrieb

1.1.1. Übersicht

Die folgende Darstellung ist im wesentlichen dem Skript von Grabowski[1] entnommen. Eine wichtige Funktion des Industrieunternehmens besteht darin, aus Rohmaterial und Zukaufteilen Produkte herzustellen. Bei diesem Transformationsprozeß werden Arbeit und Finanzmittel verausgabt, darüber hinaus sind ein bestimmtes Know-how sowie Sachmittel erforderlich. Bei Betrachtung unter dem Aspekt des Materialdurchlaufes kann der Betrieb in die Bereiche Beschaffung, Produktion und Vertrieb gegliedert werden, wobei jedem dieser Bereiche noch eine Planungsfunktion zugeordnet ist (vgl. Abb. 2). Die Vorgaben für diese Planungen ergeben sich aus den von der Unternehmensleitung gesteckten Zielen.

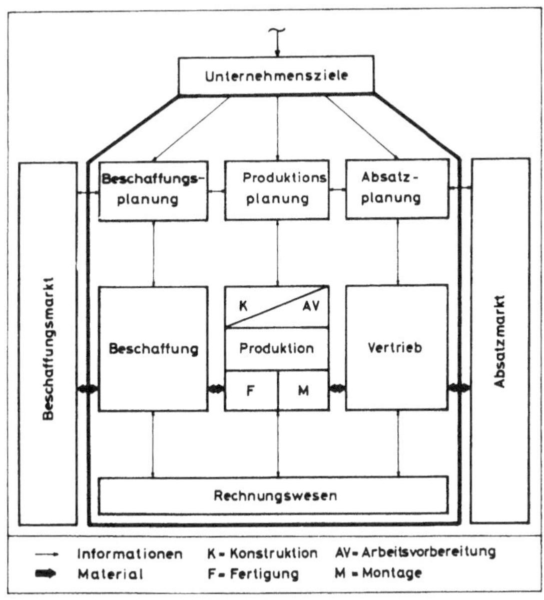

Abb. 2 : Die Konstruktion im Industriebetrieb

1) GRABOWSKI 76a

Mit Hilfe des _Rechnungswesens_ werden alle im Betrieb auftretenden Geld- und Leistungsströme mengen- und wertmäßig
erfaßt und überwacht.

Aufgabe des _Beschaffungsbereichs_ ist es, aufgrund der
Absatzpläne

- die für die Produktion erforderlichen Rohmaterialien
  und Zukaufteile zu bestellen,

- Lagerbestände zu planen und zu kontrollieren,

- für die Bereitstellung der notwendigen Lagerein-
  richtungen und Transportmittel zu sorgen.

Der _Absatzbereich_ ist zuständig für

- die Anbahnung und Abwicklung des Verkaufs von Produkten,

- Lieferung und Kundendienst,

- Abstimmung der Produktion auf Vermarktungsmöglich-
  keiten hinsichtlich der Produktgestaltung und der
  produzierten Mengen.

Die _Produktion_ umfaßt im wesentlichen die beiden Schritte
"Fertigung von Einzelteilen" und "Montage". Die zur Planung und Steuerung dieser Schritte notwendigen Informationen
werden als die sog. Fertigungsunterlagen durch die _Arbeits-
vorbereitung_ (auch "Fertigungsvorbereitung") bereitgestellt.
Hierzu zählen insbesondere:

(1.) Planungsunterlagen über die _Bereitstellung_ von

  • Arbeitskraft (z.B. Vorgabezeiten)

  • Maschinen und Werkzeugen (z.B. Maschinenbelegung)

  • Material (z.B. Lagerabruf).

(2.) Unterlagen über die _Durchführung_ der Produktion (z.B.
  Konstruktionszeichnungen, NC-Programme, Stücklisten).

(3.) Regelungen über die <u>Kontrolle</u> der Produktion (z.B. Terminverfolgung, Qualitätskontrolle).

Zur Erfüllung dieser Aufgaben erhält die Arbeitsvorbereitung alle produktspezifischen Informationen aus der Konstruktion und die produktionsspezifischen Informationen aus der Produktionsplanung.

Die <u>Produktionsplanung</u> hat bei Betrieben mit lagergebundener Serienfertigung und solchen mit auftragsgebundener Einzelfertigung teilweise unterschiedliche Aufgaben. Bei Serienfertigung liegt der Schwerpunkt auf einer Planung des Einsatzes der Fertigungskapazitäten unter Berücksichtigung voraussichtlicher Absatzmöglichkeiten; bei Einzelfertigung muß die Planungsstärke auf einzelne Angebote und ihre technischen, terminlichen und kalkulatorischen Aspekte eingehen. Insbesondere im zweiten Fall ist eine enge Zusammenarbeit der Produktionsplanung mit der Konstruktion erforderlich.

1.1.2. <u>Die Aufgaben des Konstruktionsbereiches</u>

Der Verband Deutscher Ingenieure - VDI - hat eine Reihe von Richtlinien zur Konstrukteurstätigkeit herausgegeben, die als allgemeine Standards angesehen werden können und die im folgenden noch mehrfach als Quelle herangezogen werden sollen.

Der Inhalt der Konstrukteurstätigkeit wird dort wie folgt umrissen: "Konstruieren ist das vorwiegend schöpferische, auf Wissen und Erfahrung gegründete und optimale Lösungen anstrebende Vorausdenken technischer Erzeugnisse, Ermitteln ihres funktionellen und strukturellen Aufbaus und Schaffen fertigungsreifer Unterlagen"[1].

---

[1] Nach VDI 2223 "Begriffe und Bezeichnungen im Konstruktionsbereich".

An anderer Stelle der Richtlinien wird ein allgemeiner
"Vorgehensplan für das Schaffen neuer Produkte" angegeben[1].
Dieser Vorgehensplan umfaßt vier Aktivitäten, die nachein-
ander ausgeführt werden (vgl. Abb. 3). Die Aktivitäten
des Konzipierens und des Entwerfens bilden hierbei den
Kern der eigenständigen Konstrukteursarbeit, während die
Aktivitäten des Planens und des Ausarbeitens stark durch
die Anforderungen der angrenzenden Unternehmensbereiche
gekennzeichnet sind:

- Die <u>Planung</u> neuer Produkte hat sich, neben technisch-
  wissenschaftlichen Gesichtspunkten, an der allgemeinen
  Strategie des Unternehmens zu orientieren. Hierfür sind
  zahlreiche der eigentlichen Konstruktion fremde Gesichts-
  punkte wie z.B. Marktlage und Kapazitätsauslastung von
  Bedeutung. Dies wird durch Planungsvorgaben aus der Pro-
  duktions- und Absatzplanung berücksichtigt.

- Die <u>Ausarbeitung</u> des Entwurfs muß der Arbeitsvorbereitung
  Fertigungsunterlagen von so hohem Detaillierungsgrad liefern, daß daraus alle für die Produktion notwendigen Informationen entnommen werden können, ohne daß dabei die
  besondere Qualifikation der Konstrukteure vorausgesetzt
  werden kann.

Während die Darstellung der Abb. 3 hauptsächlich geeignet
ist, die Schnittstellen zu angrenzenden Unternehmensberei-
chen zu verdeutlichen, wird in der VDI-Richtlinie 2210 und
fast allen Veröffentlichungen, die sich mit dem Computereinsatz in der Konstruktion befassen, das Konzipieren in
die beiden Phasen der Funktionsfindung und der Prinziperarbeitung unterteilt. Der Konstruktionsprozeß stellt sich
dann als Phasenschema mit den folgenden vier Phasen dar:

---

[1] VDI 2222 "Konstruktionsmethodik", Blatt 1, S. 2 ff.

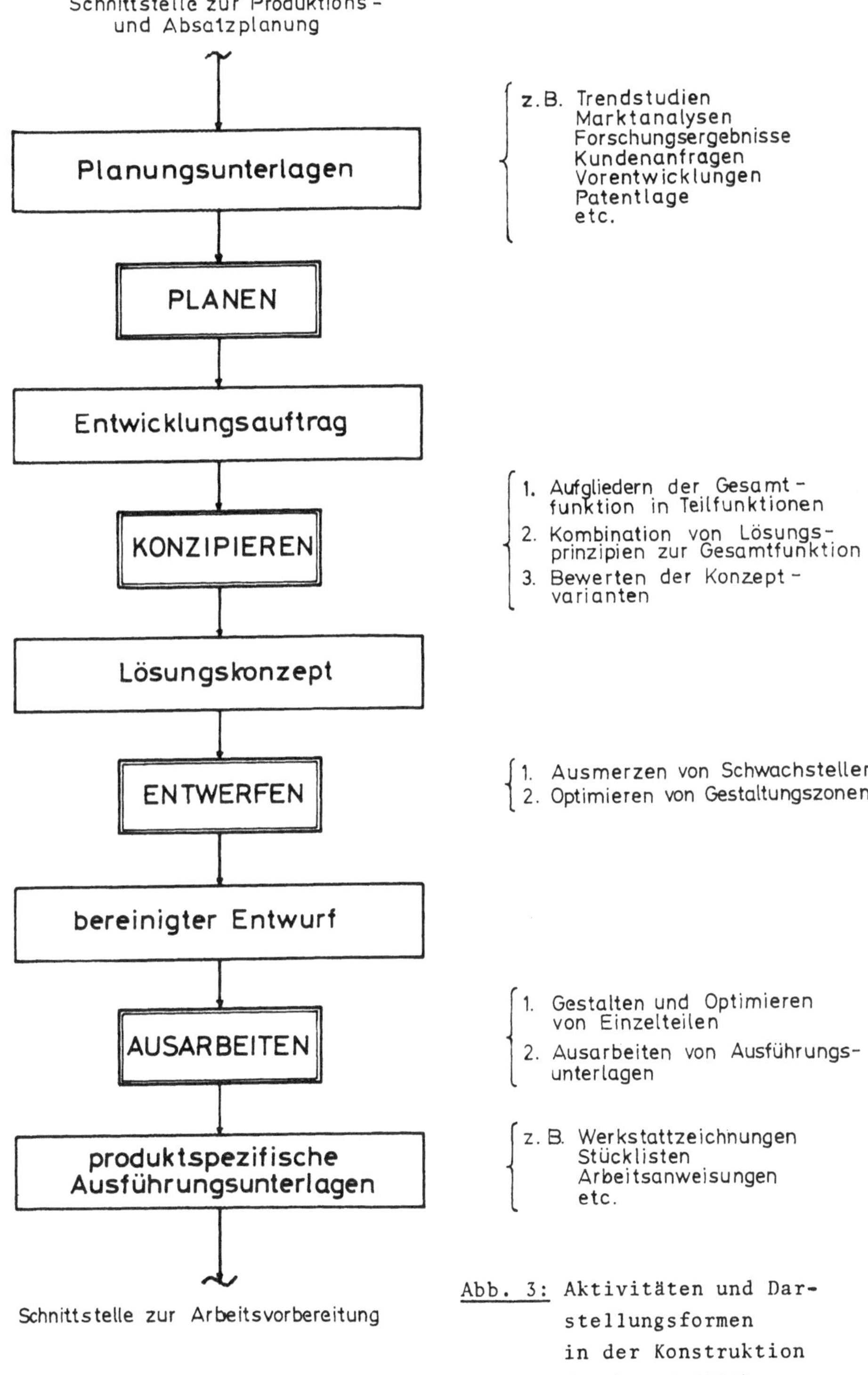

Abb. 3: Aktivitäten und Darstellungsformen in der Konstruktion (nach VDI 2222)

- Funktionsfindung
- Prinziperarbeitung
- Gestaltung
- Detaillierung [1]

Gegenstand der Aktivitäten aller Phasen sind Informationen, die das zu konstruierende Objekt betreffen. Die Konstruktionstätigkeit besteht also in einer reinen Informationsverarbeitung. Krause bezeichnet die in den einzelnen Phasen behandelten Informationen als Phasenobjekte[2]. Jede Phase hat eigene Darstellungsformen für die Objekte (vgl. Abb. 3). Die Aktivitäten in den einzelnen Phasen lassen sich auf einem sehr hohen Abstraktionsniveau einheitlich in

- Informieren
- Berechnen
- Darstellen
- Bewerten
- Ändern

klassifizieren[3]. Die jeweilige Interpretation dieser Aktivitäten ist jedoch sehr unterschiedlich. Es besteht allgemein Konsens darüber, daß der Anteil heuristisch-kreativer Tätigkeiten beim Konstruieren von der Phase der Funktionsfindung zur Detaillierung abnimmt, der Anteil der schematischen Tätigkeiten dagegen wächst (vgl. Abb. 4).

---

[1] VDI 2210 (Entw.), S. 7

[2] KRAUSE 76, S. 12

[3] KRAUSE 76, S. 13

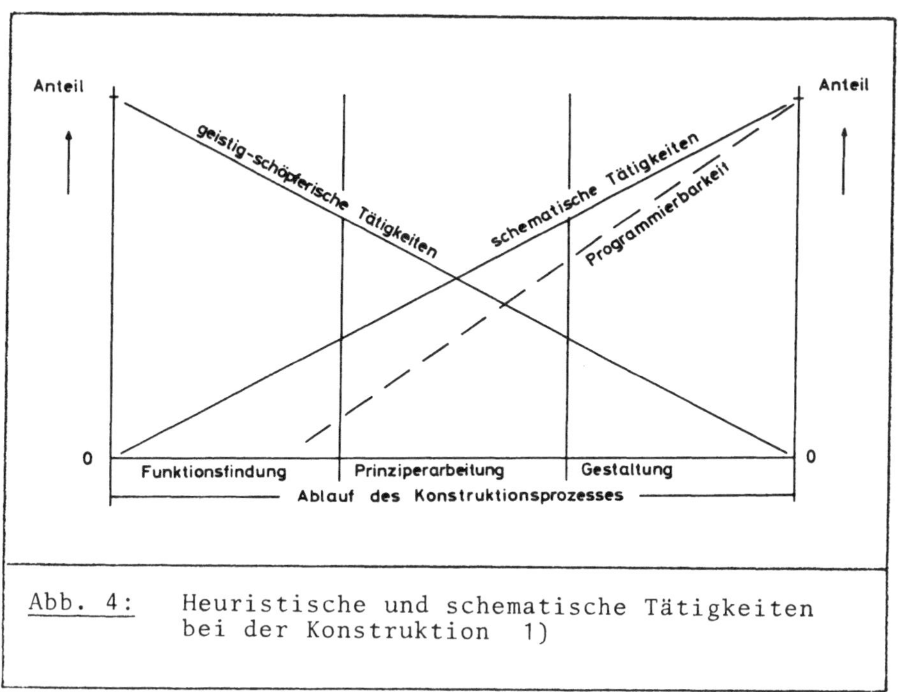

Abb. 4:   Heuristische und schematische Tätigkeiten
           bei der Konstruktion 1)

1.1.3. Konstruktionsarten

Viele Konstruktionen bauen auf bereits fertiggestellte
Konstruktionen auf, so daß nicht mehr alle Phasen des Konstruktionsprozesses durchlaufen werden müssen. Je nach der
Art, in der auf die Ergebnisse zuvor geleisteter Konstruktionsarbeit zurückgegriffen wird, spricht man von Anpas-
sungskonstruktionen, Variantenkonstruktionen oder Konstruktionen mit festem Prinzip. Die Bedeutung dieser Begriffe
ist in der VDI-Richtlinie 2210 festgelegt worden. Die De-
finitionen werden hier kurz vorgestellt (vgl. zur Veranschaulichung Abb.   5).

---

1) nach GRABOWSKI 76b, S. 2-5

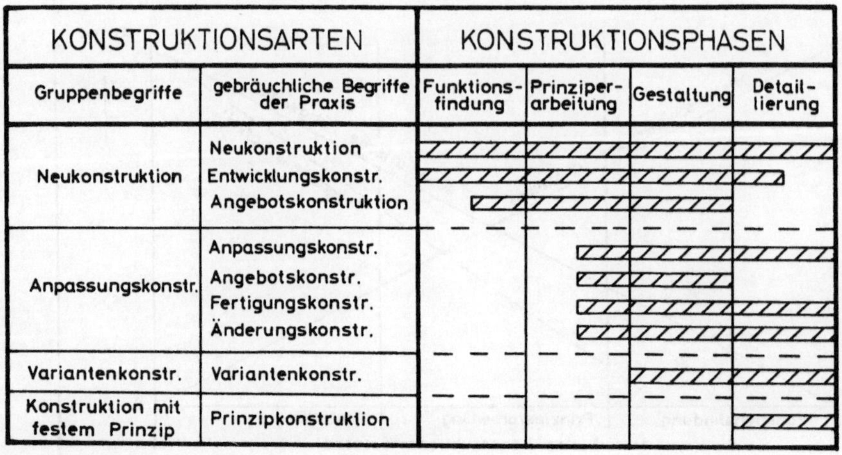

KONSTRUKTIONSARTEN		KONSTRUKTIONSPHASEN			
Gruppenbegriffe	gebräuchliche Begriffe der Praxis	Funktions-findung	Prinziper-arbeitung	Gestaltung	Detail-lierung
Neukonstruktion	Neukonstruktion	▨	▨	▨	▨
	Entwicklungskonstr.	▨	▨	▨	▨
	Angebotskonstruktion	▨	▨	▨	
Anpassungskonstr.	Anpassungskonstr.		▨	▨	▨
	Angebotskonstr.		▨	▨	
	Fertigungskonstr.		▨	▨	▨
	Änderungskonstr.		▨	▨	▨
Variantenkonstr.	Variantenkonstr.			▨	▨
Konstruktion mit festem Prinzip	Prinzipkonstruktion				▨

Abb. 5: Zuordnung der Konstruktionsarten zu den Konstruktionsphasen   1)

"Eine Konstruktion wird als Konstruktion mit festem Prinzip
bezeichnet, wenn bei festgelegter Funktionsstruktur, Anordnung und Gestalt aller Elemente nur die Dimension aller
oder einzelner Elemente verändert wird.

Bekannte Beispiele hierfür sind Motoren- und Getriebereihen.
Bei der Konstruktion mit festem Prinzip wird nur die Phase
der Detaillierung durchlaufen, da ein Entwurf (in der Gestaltungsphase) nicht angefertigt werden muß .... ".

"Eine Konstruktion wird als Variantenkonstruktion bezeichnet, wenn bei festgelegter Funktionsstruktur sowie fester
Anordnung aller Elemente die Gestalt und Dimension der Elemente verändert wird.

Die Anfertigung eines Entwurfs ist in diesem Falle erforderlich; beim Konstruieren werden die Gestaltungs- und De-
taillierungsphase durchlaufen.

---

1) nach GRABOWSKI 76b, S. 2-7

Beispiele für derartige Konstruktionen sind Ausführungen im
Aufbau gleicher Produkte in Guß- oder Schweißkonstruktion
oder gleiche Getriebe mit horizontaler bzw. vertikaler
An- bzw. Abtriebswelle."

"Eine Konstruktion wird als Anpassungskonstruktion bezeichnet, wenn bei gegebener Grundanordnung der Elemente,
einzelne Elemente ihrer Funktion oder Gestalt nach geändert
werden. Die ursprüngliche Gesamtfunktion des technischen
Gebildes wird dadurch nur in unwesentlichen Teilen verändert oder ergänzt.

Dies ist der in der Praxis häufig auftretende Fall einer
kundenwunschabhängigen Konstruktionsänderung an Standard
modellen."[1]

Wird bei einer Konstruktion eine neue Gesamtfunktion durch
eine neue Anordnung neuer oder bekannter Elemente erzielt,
so spricht man von Neukonstruktion. Auch hierbei ist der
Rückgriff auf Bekanntes natürlich nicht ausgeschlossen.

1.1.4. Wirtschaftliche Aspekte der Konstruktion

Wesentliche Hinweise auf die Bestimmungsfaktoren für den
Computereinsatz in der Konstruktion und seine Ausprägung
ergeben sich aus einer Betrachtung der wirtschaftlichen
Bedeutung des Konstruktionsbereiches.

Im Maschinenbau ist festzustellen, daß in der Konstruktion
bereits weitgehend die später bei der Produktion anfallenden Kosten festgelegt werden, z.B. durch Angabe von Werk-
stoffen und Bearbeitungsverfahren. Dies bezeichnet man als
Kostenverantwortung oder Kostenfestlegung. Krause gibt für

---

[1] VDI 2210, S. 12, Unterstreichungen von mir.

die Kostenverantwortung der Konstruktion den Wert 85% an[1], Grabowski spricht von ca. 80% (vgl. Abb. 6). Die genaue Bestimmung dieses Wertes in der Praxis gilt als problematisch.

Von der Kostenverantwortung zu unterscheiden ist die Kostenverursachung. Sie ist ein Maß für die in einer Abteilung tatsächlich anfallenden Kosten. Wie man der Abbildung entnehmen kann, ist die Kostenverursachung des Konstruktionsbereiches relativ klein. Durch eine Leistungssteigerung der Konstruktion läßt sich deshalb eine weit wirksamere Rationalisierung durchführen als durch Einsparungen in der Konstruktion selbst. Die Rationalisierungswirkungen treten dann hauptsächlich in den nachgeordneten Abteilungen der Arbeitsvorbereitung und Produktion auf.

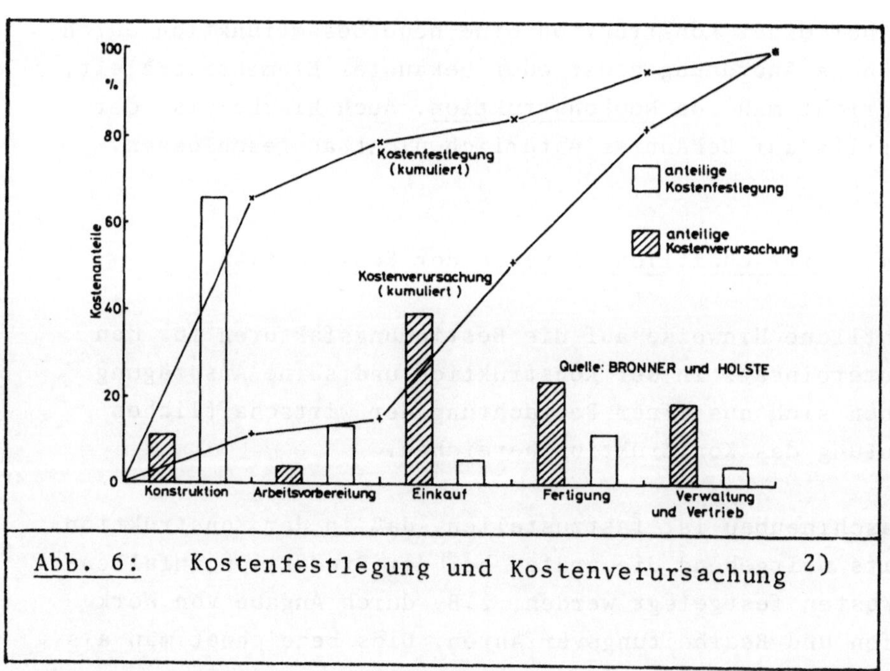

Abb. 6:   Kostenfestlegung und Kostenverursachung [2]

---

[1] KRAUSE 76, S. 7

[2] nach GRABOWSKI 76a, S. 2-11

Eine Sammlung weiterer wirtschaftlicher Anforderungen an
den Konstruktionsbereich findet sich in der Dissertation
von Krause:

- "Die Häufigkeit neuer Produkte steigt pro Zeiteinheit
  an, weil die Zeiten von der Entwicklung einer Idee bis
  zur technischen Nutzung immer geringer wird. Im Maschinenbau ist in neueren Untersuchungen ein Entwicklungs-
  rhythmus festgestellt worden, der für 50% der Auswertungen mit 0 - 5 Jahren angegeben wird, nur etwa 15 % der
  Auswertungen hatten einen Rhythmus von 10 Jahren".

- "Die gleiche Untersuchung zeigt ein ungünstiges Verhält-
  nis der abzugebenden Angebote zu darauffolgenden Aufträgen.
  In fast 30 % der Auswertungen sind nur 5 - 10% der Angebote in Aufträge umgewandelt worden."

- "Die Durchlaufzeit eines Auftrags durch der Fertigung
  vorgelagerte Bereiche, wie Konstruktion und Fertigungsvorbereitung, verbraucht bei Einzel- und Kleinserien-
  fertigung ca. 50 - 70 % der Gesamtdurchlaufzeit durch
  den Betrieb."

- "Der Konkurrenzdruck steigt hinsichtlich Qualität und
  Lieferbereitschaft ständig an."

- "Der Weggang von know-how durch Personalfluktuation kann
  der Flexibilität eines Betriebes Schaden zufügen."[1]

---

[1] KRAUSE 76, S. 7

1.2. <u>Über die Maschinisierung von Kopfarbeit</u>

1.2.1. <u>Überlegungen zur historischen Entwicklung</u>

Von großem Nutzen für die Untersuchung der Bedingungen und
Auswirkungen des Computereinsatzes ist eine Betrachtungsweise, die die Veränderung der Arbeit, also einen historischen Prozeß, als Ausgangspunkt wählt. Im Mittelpunkt der
Darstellung dieses Veränderungsprozesses stehen die Bemühungen der Unternehmen um Rationalisierung[1].

Die Veränderungen betreffen den Stand der Arbeitsorganisation sowie den Maschineneinsatz. Es soll versucht werden,
für deren historischen Wandel Gesetzmäßigkeiten[2] anzuge-
ben.

Die Wahl des Begriffs "Maschinisierung von Kopfarbeit"
soll ausdrücken, daß der Untersuchungsgegenstand nicht auf
den Aspekt der Ersetzung menschlicher Arbeit durch den Einsatz von Maschinen eingeschränkt werden soll. Betrachtet
werden soll vielmehr die grundlegende Umstrukturierung der
gesellschaftlichen Arbeit, die mit der immer schnelleren
Ausweitung des Maschineneinsatzes einhergeht.

Der Vorteil einer solchen historischen Betrachtungsweise
liegt in der Möglichkeit, zukünftige Entwicklungen vorher-
sagen zu können sowie durch Kenntnis der eine Weiterentwicklung fördernden oder hemmenden Faktoren Einfluß auf
die Entwicklung auszuüben.

---

[1] Die Ursachen des Rationalisierungsdrucks werden hier
nicht weiter problematisiert. Dies müßte Gegenstand einer
volkswirtschaftlichen oder politökonomischen Analyse sein.
Griephan und Wieber machen mit der Anwendung des Gesetzes
vom tendenziellen Fall der Profitrate einen Versuch in
dieser Richtung; vgl. GRIEPHAN/WIEBER 76, S. 54-66

[2] Gesetzmäßigkeit ist hier nicht im Sinne von Naturgesetz
zu verstehen sondern im sozialwissenschaftlichen Sinne.

Die verschiedenen gesellschaftlichen Bereiche, in denen
Arbeit geleistet wird, haben unterschiedlich viele Stufen
dieses Prozesses durchlaufen[1].

Im folgenden wird gezeigt werden, daß die These von unterschiedlichen Entwicklungsstufen auch speziell auf die Anwendungen des Computers zutrifft. Aus der Unterschiedlich-
keit ergibt sich eine Klassifizierungsmöglichkeit für bestehende und zukünftige Computersysteme nach ihrem Entwick-
lungsstand im Rahmen der noch zu skizzierenden historischen
Entwicklung, die wegen ihrer Orientierung an der menschlichen Arbeit als Grundlage für diese Untersuchung besonders
geeignet ist.

Einige kurze Bemerkungen zum zugrundegelegten Arbeitsbegriff:

"Arbeit" läßt sich einteilen in geistige und körperliche Arbeit. In der sozialwissenschaftlichen Literatur findet man
hierfür auch die Begriffe Hand- und Kopfarbeit. Die Unterscheidung betrifft im hier dargestellten Zusammenhang zwei
Ebenen:

- Zum einen führt die betriebliche und gesellschaftliche
  Arbeitsteilung zu einer Trennung unmittelbar Waren produ-
  zierender Handarbeit in der Produktion und verwaltender,
  planender und leitender Kopfarbeit in den Büros.

- Zum anderen lassen sich bei jedem individuellen Arbeitsprozeß körperliche, d.h. von außen sinnlich wahrnehmbare
  Momente und geistige Momente unterscheiden, die der Planung und Regulation des Arbeitsvollzuges dienen [2].

Die Maschinisierung führt zu spezifischen Veränderungen auf
beiden Ebenen.

---

[1] Die Projektgruppe Automation und Qualifikation hat dies
in einer umfangreichen, nach Branchen aufgeschlüsselten
Studie dargelegt; PROJEKTGRUPPE AUTOMATION UND QUALIFI-
KATION 75

[2] Nach GRIEPHAN/WIEBER 76, S. 4 f.

<u>Handarbeit</u> hat die Umformung von Material unter Aufwendung
von Energie zum Gegenstand. Für die Ersetzung solcher
menschlicher Tätigkeiten stehen eine ganze Reihe höchst
unterschiedlicher Maschinen zur Verfügung. Gegenstand von
<u>Kopfarbeit</u>, wie sie z.B. in der Konstruktion geleistet wird,
ist die Verarbeitung von Information. Das bei weitem bedeu-
tendste Beispiel für die Maschinisierung von Kopfarbeit ist
der Computer.

Bei der Behandlung menschlicher Arbeit ist es wichtig, nicht
nur die produktiven Aspekte zu berücksichtigen. Berücksichtigt man die Bedeutung der Arbeit im Leben der meisten Menschen, so wird deutlich, daß sie für den Arbeitenden nicht
nur ein Opfer "seiner Ruhe, seiner Freiheit und seines Glücks"
beinhalten kann, sondern daß sie "die normale Lebensbetäti-
gung des Menschen" ist[1]. Die soziale und individuelle
Selbstverwirklichung des Arbeitenden bei der Arbeit tritt
deshalb als zweiter, gleichgewichtiger Aspekt von Arbeit neben die Schaffung von Gebrauchswerten. Das so charakterisier-
te Verständnis von Arbeit widerspricht der häufig geäußerten
Auffassung, die den zweiten Aspekt ausschließlich dem Repro-
duktionsbereich zuordnet.

Die in diesem Abschnitt gewählte Darstellungsform für die
Maschinisierung von Kopfarbeit als ein nach Gesetzmäßigkeiten ablaufender Prozeß, geht auf die Arbeit von Griephan und
Wieber zurück. Der Abschnitt "Arbeitsorganisation" referiert
im wesentlichen hieraus.Es wird die Aussage getroffen, daß
wichtige Elemente aus Taylors "Wissenschaftlicher Betriebsführung" auch heute noch Anwendung finden[2].

---

[1] MEW 23, S. 61

[2] Eine Übersicht über die auch als "Taylorismus" bezeichne-
te "Wissenschaftliche Betriebsführung" gibt BRAVERMANN 74,
S. 73 ff.

Auch der Abschnitt "Maschineneinsatz" basiert auf Ideen
von Griephan und Wieber, entwickelt sie allerdings in einigen Punkten weiter[1]. Die theoretischen Überlegungen zur
Maschinisierung von Kopfarbeit werden im Abschnitt 1.3.
Grundlage sein für die Darstellung des Standes der Anwendung von CAD-Systemen und der zu erwartenden Entwicklungen.

(1.) Arbeitsorganisation

Rationalisierung läßt sich sowohl durch arbeitsorganisatorische Maßnahmen als auch durch Maschineneinsatz
erzielen. Im folgenden werden zunächst die aus arbeitsorganisatorischen Gestaltungsmaßnahmen resultierenden Veränderungen von Arbeitsprozessen unter dem
Einfluß des Rationalisierungsdruckes dargestellt. Als
Indikatoren für diese Veränderungen dienen der Stand
der Arbeitsteilung und die Formalisierung der Arbeit.
Erst vor diesem Hintergrund wird dann die Rolle des
Maschineneinsatzes anhand von vier Thesen erläutert.
Dabei soll gezeigt werden, daß der Maschineneinsatz
in einem engen Zusammenhang mit der Arbeitsorganisation steht. Zur Veranschaulichung der wichtigsten Aussagen dieses Abschnitts vergleiche man die Abb. 7.

----

[1] Zahlreiche Anregungen zu der dargestellten Theorie erga-
ben sich aus Diskussionen mit meinem Kollegen Arno Rolf
im Zusammenhang mit seiner Dissertation über den Wandel
von Kopfarbeit in Büro und Verwaltung durch Informationstechnik (ROLF 79).

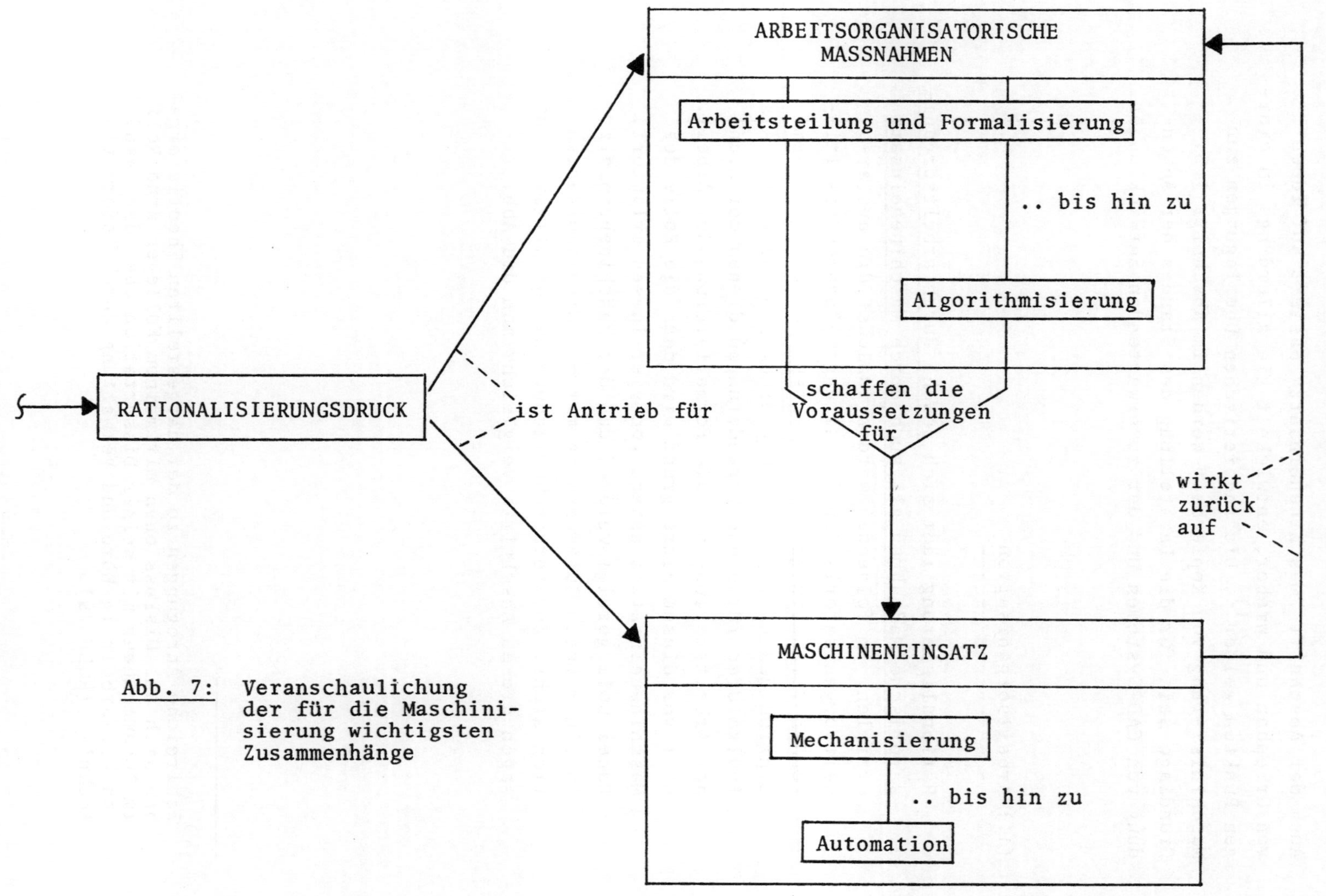

Abb. 7: Veranschaulichung der für die Maschinisierung wichtigsten Zusammenhänge

Arbeitsteilung

"Arbeitsteilung ist die Differenzierung (Unterteilung) eines ganzheitlichen Arbeitsprozesses in qualitativ verschiedene Teilprozesse und Verteilung derselben an verschiedene Gruppen arbeitender Menschen"[1].

Die Arbeitsteilung läßt sich auf verschiedenen Ebenen untersuchen (z.B. gesellschaftliche, industrielle Arbeitsteilung); hier soll darunter die Arbeitsteilung im Betrieb verstanden werden.

Es kann unterschieden werden in horizontale und vertikale Arbeitsteilung[2]:

- Bei der vertikalen Arbeitsteilung werden Leitungs-, Koordinations- und Kontrollfunktionen, also bestimmte Kopfarbeitsanteile, aus dem ganzheitlichen Arbeitsprozeß herausgelöst. Dies bedeutet die Bildung von Hierarchien.

- Bei der horizontalen Arbeitsteilung werden die einzelnen zur Verrichtung der Arbeit notwendigen Verrichtungen verschiedenen Aufgabenträgern übertragen. Dies kann z.B. auf der Ebene der Abteilungsgliederung eines Betriebes der Fall sein. Das extremste Beispiel für die horizontale Arbeitsteilung ist die Fließbandfertigung, bei der die Arbeit bis zur Ebene einzelner Handgriffe aufgeteilt ist.

Unter dem Gesichtspunkt der einzelwirtschaftlichen Rentabilitätssteigerung hat Arbeitsteilung als Organisationsprinzip große Vorteile. So ist zu erwarten, daß sich durch die Spezialisierung bei den Arbeiten-

---

1) KLAUS/BUHR 72, zitiert nach GRIEPHAN/WIEBER 76, S. 21
2) vgl. z.B. KOSIOL 66

den nach kurzer Zeit Erfahrung und Übung herausbilden,
was zu schnellerem und sichererem Arbeitsvollzug führt.
Der Ausbildungsaufwand kann geringer sein, was zugleich mit geringerer Entlohnung verbunden ist. Außerdem sind solche Arbeitskräfte innerhalb kurzer Zeit
austauschbar und deshalb sehr schlecht in der Lage,
ihre Interessen gegenüber dem Betrieb zu vertreten.
Die Hierarchie ist Voraussetzung für eine relativ zentrale Steuerung des Betriebs im Sinne der Unternehmensleitung. Durch die genaue Festlegung von Verantwortlich-
keiten und Aufgaben ermöglicht sie die Institutionali-
sierung von Kontrollfunktionen und leistungsbezogene
Lohnsysteme. Bei den letzten Punkten tritt der Aspekt
der Herrschaftssicherung als gleichberechtigtes Ziel
neben die Rentabilität.

Die Idee der Anwendung der Arbeitsteilung auf Kopfarbeitsprozesse ist übrigens keineswegs neu. Cooley berichtet: "Strangely enough, it was Babbage, the father
of the computer industry, who anticipated Taylor, and
stated in 1832: 'We have already mentioned what may
perhaps appear paradoxical to some of (the) readers, that
the division of labour can be applied with equal
success to mental as well as mechanical operations and
that it ensures in both the same economy of time'"[1].

Formalisierung

Unter Formalisierung von Arbeitsprozessen wird die eindeutige Festlegung von Arbeitsschritten oder Arbeitsabläufen verstanden. Als Plan für den Arbeitsablauf
regelt die Formalisierung die Kooperation der Arbeitenden oder einzelner Arbeitsschritte untereinander. Bei
der Festlegung von Arbeitsschritten wählt man die gün-
stigste Form, um eine Effektivierung zu erreichen.

---

[1] COOLEY 76, S. 311

Zur Formalisierung dient eine Vielzahl von Maßnahmen, von denen die wichtigsten hier im Zusammenhang ihrer Entstehung erläutert werden sollen:

"Innerhalb der Kopfarbeit entstehen durch Arbeitsteilung <u>Routinetätigkeiten</u>, d.h. Menschen müssen die gleichen Teilarbeiten oft wiederholen. Dabei werden diese Menschen Erfahrungen sammeln, wie sie ihre Teilarbeiten am schnellsten, sichersten und bequemsten verrichten können. Es werden sich Arbeitsformen herausbilden, die durch die Erfahrung der Kopfarbeiter relativ festgelegt und ausgefeilt sind. Diese Formen beginnen, sich auch äußerlich zu verfestigen, indem sie in den Rahmen von Formularen, niedergeschriebenen Arbeitsabläufen, Anweisungen usw. gegossen werden. Sie können zunächst als Mittel der Arbeitserleichterung von den Kopfarbeitern selbst erarbeitet werden, werden dann aber aus dem Arbeitsprozeß herausgezogen, festgelegt, und als Handlungsanweisung wieder eingeführt"[1].
Diese Art von Formalisierungen könnte man als "gewachsen" charakterisieren.

"Die zweite Quelle der Formalisierung ist die Festlegung von formalisierten Arbeitsschritten bei der <u>Abspaltung von Kopfarbeit</u> aus dem Produktionsprozeß. So hat Taylor bereits bei der Rationalisierung der unmittelbaren Produktion Tabellen, Arbeitsanweisungen und Formulare für bestimmte geistige Tätigkeiten entwickelt und eingesetzt. Wesentliches Unterscheidungsmerkmal zu dem zuerst beschriebenen Formalisierungsprozeß ist dabei, daß dieser Prozeß von Anfang an in direktem Auftrag des Kapitals geschehen ist"[2].
Diese Art von Formalisierung beruht also auf der systematischen Untersuchung des Arbeitsprozesses auf Formalisierungsmöglichkeiten, wie sie z.B. von Systemanalytikern durchgeführt werden kann. Die damit verbundene

---

[1] GRIEPHAN/WIEBER 76, S. 25
[2] ebenda

Aufspaltung der Arbeit in Planung und Ausführung ist
eine notwendige Voraussetzung für die vertikale Arbeitsteilung.

"Die dritte Art der Formalisierung geistiger Arbeit
kommt aus der <u>Anwendung der Wissenschaft</u>. In vielen
Bereichen geistiger Arbeit werden Berechnungen durchgeführt und Tabellen, Formeln, Graphiken und Statisti-
ken verwendet. Ein großer Teil davon ist von Wissenschaftlern ausgearbeitet worden. Einsatzgebiete dieser
Art von Formalisierung sind schwerpunktmäßig betriebs-
wirtschaftliche und physikalisch-technische Problem-
stellungen. Es wird also Arbeit von Wissenschaftlern
übernommen und in formalisierter Form in den Arbeitsprozeß eingegliedert"[1].
Hierzu ist zu bemerken, daß Wissenschaft ihrem Wesen
nach formal ist, indem sie sich um Abstraktion von der
Realität und Reproduzierbarkeit bemüht. Dies gilt besonders für alle Disziplinen, die sich mathematisch
formulierter Modelle bedienen. Aus der Bearbeitung von
in dieser Weise formalisierten Aufgaben entwickelte
sich der Algorithmusbegriff und die "Rechner-Technolo-
gie".

"Die vierte der hier aufzuführenden Entstehungsursachen der Formalisierung liegt darin begründet, daß jede Form von Arbeitsteilung notwendig in gewissem Sinne
<u>standardisierte Schnittstellen</u> erfordert. Soll ein ar-
beitsteilig organisierter Arbeitsprozess funktionieren,
so muß festgelegt werden, wer welche Arbeit zu machen
hat, welche Eingangsbedingungen er vorfindet und in
welcher Form er Resultate abzuliefern hat. Diese
Schnittstellen werden oft formalisiert, um Koordina-
tionsgespräche durch einmal aufgestellte, präzise de-
finierte Anweisungen zu ersetzen. Diese Formalisierung
bezieht sich also nicht auf die eigentliche Tätigkeit,

---

[1] GRIEPHAN/WIEBER 76, S. 26

sondern setzt mehr die Randbedingungen von Tätigkeiten
fest. Mit zunehmendem Grad von Arbeitsteilung wird allerdings auch zunehmend die Einzeltätigkeit von ihren
Randbedingungen her bestimmt"[1].

Den vier bei Griephan und Wieber genannten Quellen der
Formalisierung sollen noch zwei weitere hinzugefügt
werden:

Als fünfte Ursache der Formalisierung ist die <u>Standar-
disierung von Arbeitsobjekten</u> zu nennen, die z.B. in
der Reduzierung eines komplizierten Produktspektrums
auf wenige allgemein verwendbare Standardprodukte bestehen kann. Diese Veränderung betrifft nicht nur die
unmittelbare Produktion, sondern verringert auch die
Komplexität der damit verbundenen planenden und ver-
waltenden Tätigkeiten und ermöglicht so deren Formalisierung.

Als sechste und letzte Quelle der Formalisierung sei die
<u>Anwendung von Normen und Gesetzen</u> genannt. Obwohl sie
als Spezialfall einer "gewachsenen" Formalisierung
interpretiert werden kann, wird sie wegen ihrer Bedeutung hier besonders aufgeführt. Normen, Gesetze und
Vorschriften reglementieren nicht nur die Verfahrens-
weisen in der öffentlichen Verwaltung. DIN-Normen,
Steuergesetze, Sicherheitsbestimmungen etc. müssen als
Richtlinien bei unzähligen Arten unterschiedlicher
Kopfarbeitsprozesse beachtet werden.

Algorithmisierung

Algorithmisierung soll in diesem Zusammenhang bedeuten,
daß für die Formalisierung eines Arbeitsprozesses ein
Algorithmus entwickelt und eingesetzt wird.

---

[1] ebenda

Ein Algorithmus ist "eine strukturierte Menge von Operatoren zur Umformung von Eingangsdaten, bei denen nach
Ausführung eines jeden Schrittes eindeutig feststeht,
welcher Operator beim nächsten Schritt anzuwenden oder
ob das Verfahren abzubrechen ist"[1].

Die einzelnen Operationen des Algorithmus entsprechen
Arbeitsschritten. Von einer Algorithmisierung eines
Arbeitsprozesses kann man dann sprechen, wenn sowohl
der Inhalt der einzelnen Arbeitsschritte als auch deren Folge, also der Arbeitsablauf, eindeutig festgelegt sind. Algorithmisierung stellt also den <u>Grenzfall
vollständiger Formalisierung</u> von Arbeit dar. Die Formalisierung gilt vor allem auch für die Ein- und Aus-
gänge des Arbeitsprozesses.

Die Formalisierung von Arbeit ermöglicht erhebliche Rationalisierungseffekte. Indem sie den Arbeitsvollzug
eindeutig festlegt, macht sie planende und koordinierende Anteile der Arbeit überflüssig und überläßt dem
Arbeitenden ausschließlich noch die Phase der Ausführung. Darüber hinaus sind die durch die Formalisierung
vorgeschriebenen Arbeitsformen zumeist im Sinne hoher
Produktivität optimiert, repräsentieren somit Erfahrungen, die nicht jeder Arbeitende mehr neu zu machen

---

[1] MÜLLER 67, S. 6.
Müllers Algorithmusbegriff ist weniger eng gefaßt als
der der theoretischen Informatik. Dort wird unter Algorithmus nur verstanden, was sich als Turingprogramm
fassen läßt. Müller trägt damit der Tatsache Rechnung,
daß über die inneren Mechanismen der Ausführung einer
"eindeutig" festgelegten Anweisung durch einen Menschen
sehr wenig bekannt ist. Die Interpretation eines Algorithmus durch einen Menschen ist deshalb strenggenommen
nicht reproduzierbar, wovon das Automatenmodell der
theoretischen Informatik gerade abstrahiert. Als Modell
für menschliche Informationsverarbeitung geht diese Abstraktion u.U. zuweit, so sehr sie auch als Modell für
maschinelle Datenverarbeitung geeignet ist. Sie ist aus
der Behandlung von mathematischen Fragestellungen hervorgegangen und nicht in Hinblick auf die Aufklärung menschlicher Denkprozesse entwickelt worden. In der Informatik
werden die beiden Algorithmus-Begriffe parallel verwendet.

hat. Dies führt außerdem zum Einsatz weniger qualifizierter, billiger Arbeitskräfte, weil ein umfassen-
der Überblick über den gesamten Arbeitszusammenhang
nur für die entfallenden planenden Tätigkeiten erforderlich war.

Für die Arbeitenden bedeutet die Formalisierung wegen
des Wegfalls von Alternativen beim Arbeitsvollzug eine
Einschränkung von Handlungsspielräumen, verbunden mit
einer lückenloseren (d.h. intensiveren) Ausnutzung
ihrer Arbeitskraft[1].

Grenzen für die fortgesetzte Zerteilung und Formalisierung von Arbeitsprozessen finden sich zum einen im
Aufwand für die notwendige Ablauforganisation, mit der
die zahlreichen Teilarbeitsprozesse koordiniert werden.
Zum anderen führt eine solche Umstrukturierung der
Arbeit zu Entfremdungserscheinungen bei den Arbeitenden, die sich in Desinteresse und nachlässiger Arbeit
äußern. Für die Aufrechterhaltung des Arbeitsprozesses
werden somit massive Kontrollen notwendig. Gerade in
einem hochgradig arbeitsteiligen und formalisierten
Arbeitsprozeß wiederum lassen sich solche Kontrollen
besonders leicht vorsehen.

Neben den genannten eher passiven Erscheinungsformen
von Entfremdung gibt es zahlreiche Beispiele dafür, daß
die Betroffenen gegen diese Art von Arbeit aktiven Widerstand in Form von Sabotage oder Streik geleistet haben.

Abschließend läßt sich sagen: Die Gestaltung der Arbeitsorganisation besteht in einer Zerlegung, Umge-
staltung und neuen Zusammenfassung von Arbeitsprozessen unter der Anwendung der Wissenschaft mit der
Zielsetzung der Rationalisierung. Im Zuge der Ent-

---

[1] Die Bedeutung von Handlungsspielräumen und Qualifikation
für die Arbeitssituation wird im Kap. 4 unter dem Ober-
begriff "Autonomie" noch ausführlich diskutiert werden.

wicklung der industriellen Produktionsweise haben
die Teilung und Formalisierung im Bereich der Handarbeit bereits einen sehr hohen Stand erreicht, als
deren Sinnbild das Fließband genannt wird. Der Bereich der Kopfarbeit befindet sich zur Zeit in einer
rapiden Entwicklung.

(2.) Maschineneinsatz

Zwischen der Entwicklung der Arbeitsorganisation und
dem Einsatz von Maschinen bei der Rationalisierung
von Kopfarbeitsprozessen bestehen enge Zusammenhänge.
Die folgenden vier Thesen sollen die mit dem Maschinisierungsprozeß verbundenen Veränderungen der Indikatoren "Arbeitsteilung" und "Formalisierung" genauer
zu bestimmen gestatten.

These 1:   "Arbeitsteilung und Formalisierung der
             Arbeit sind Voraussetzungen für den Ma-
             schineneinsatz."

Beim Einsatz von Maschinen wird menschliche Arbeit
durch Maschinenarbeit ersetzt. Dies setzt voraus, daß
eine Maschine existiert, auf die die menschliche Tätigkeit übertragen werden kann, daß es also technisch
möglich ist, eine solche Maschine herzustellen, und
daß sie auch wirtschaftlich einsetzbar ist.

Technisch ist es nur möglich, solche Teile von Arbeitsprozessen durch Computer zu ersetzen, für die eine
Algorithmisierung vorliegt, die also vollständig formalisiert werden konnten. Die Aussage, daß ein Kopf-
arbeitsprozeß dann und nur dann einer Maschine übertragen werden kann, wenn für ihn ein Algorithmus vorliegt, ist als sog. Turingsche These grundlegend für

die Informatik. Nur ein Arbeitsprozeß, der einem Algorithmus folgt, kann ohne schwerwiegende inhaltliche Veränderungen in ein Programm gefaßt und auf die Maschine übertragen werden.

<u>Wirtschaftlich</u> ist der Einsatz nur dann, wenn dem Aufwand für die Erstellung der Maschine und vor allem des Programms eine entsprechend hohe Auslastung gegenübersteht. Das setzt in der Regel die zentrale Zusammenfassung der automatisierten Funktion und deren Herauslösung aus den Teilarbeitsprozessen voraus, also eine bestimmte Form der Arbeitsteilung. Wirtschaftlich vorteilhaft ist auch die Ersetzung solcher Tätigkeiten, die bereits in Hinblick auf bestimmte standardisierte Einheiten formalisiert sind, die sich häufig wiederholen. Sie können durch standardisierte, billige Maschinen ersetzt werden, deren Auslastung zudem hoch ist.

These 2:   "Der Maschineneinsatz bewirkt die verstärkte Anwendung der Prinzipien "Arbeitsteilung" und "Formalisierung von Arbeit". Bestimmte menschliche Arbeiten werden durch die Maschine ersetzt."

Kubicek schreibt in einem Aufsatz[1]: "Das Streben nach weitgehender Programmierung der Aufgabenerfüllung (im Sprachgebrauch dieser Arbeit würde es Algorithmisierung heißen, d.V.) einschließlich der vom Menschen noch zu erledigenden Arbeiten" ..."ist keine Erfindung des Computerzeitalters. Vielmehr handelt es sich um Grundprinzipien tayloristischer und bürokratischer Organisation, die durch den Computereinsatz nur verstärkt und gleichzeitig weniger sichtbar werden."

---

[1] KUBICEK 78, S. 334 f.

Tatsächlich wurde unter der 1. These gezeigt, daß
Formalisierung und Arbeitsteilung nicht erst als Folgen des Computereinsatzes auftreten, sondern daß
vielmehr durch sie erst die Voraussetzungen für Entwicklung und Einsatz von Maschinen geschaffen werden.
Die in dieser Hinsicht am weitesten fortgeschrittenen
Teile des Arbeitsprozesses können durch Maschinen übernommen werden, die entsprechenden menschlichen Arbeiten entfallen. Dabei kann der Umstellungsaufwand für
die Maschinisierung solcher Tätigkeiten u.U. gering
sein. Die Übersetzung einer hinreichend detaillierten
Tätigkeitsbeschreibung in ein Computerprogramm besteht
dann nur noch in einer mechanischen 1-1 Abbildung.
Dies gilt ganz besonders für Arbeiten, denen numerische Verfahren zugrundeliegen, wie z.B. alle Arten von
Abrechnungen[1].

Durch die Substitution gerade der in Hinblick auf Arbeitsteilung und Formalisierung fortgeschrittenen
Teilarbeitsprozesse und ihre Festschreibung in Programmen wird der Inhalt des Gesamtarbeitsprozesses
immer stärker von diesen Prinzipien bestimmt.

Auf zwei wichtige Konsequenzen für die menschliche Arbeit soll noch hingewiesen werden:

Zum einen werden durch die Übertragung auf die Maschine die formalisierten Kopfarbeitsprozesse unabhängig
von den Kopfarbeitern verfügbar. Je besser es gelingt,
das Wissen und die im Laufe der Zeit erarbeitete Erfahrung der Kopfarbeiter in Programme zu fassen, desto leichter können diese Menschen ohne Folgen für
den Gesamtarbeitsprozeß ausgetauscht werden.

---

[1] Ein Beispiel ist das von Jaeschke und anderen vorgestellte Dialogsystem zur Maschinisierung von Tätigkeiten,
die durch die Verwendung von Formularen bereits weitgehend formalisiert sind (JAESCHKE et al. 77).

Zum zweiten entstehen durch die Maschinisierung von
Teilarbeitsprozessen Mensch-Maschine-Schnittstellen.
Wegen der formalen Natur der Verarbeitung in der Ma-
schine ist auch die Arbeit an den Schnittstellen durch
einen hohen Formalisierungsgrad geprägt. Die Mensch-
Maschine-Schnittstelle ist also als eine weitere
<u>Quelle der Formalisierung</u> anzusehen. Die Folgen dieses
Sachverhalts sind Gegenstand der Thesen 3 und 4.

These 3: "Die extremen Formalisierungszwänge der Maschine machen an der Mensch-Computer-Schnittstelle Codierungsarbeiten[1] erforderlich.
Diese neu geschaffenen Arbeiten werden im
Laufe der Zeit nach denselben Gesetzmäßigkeiten maschinisiert wie alle anderen
Arbeiten."

Der erste Teil der These drückt den zunächst trivial
erscheinenden Sachverhalt aus, daß man, um einen Kopf-
arbeitsprozeß zu maschinisieren, ihn nicht nur als
Algorithmus fassen muß. Vielmehr muß dieser Algorithmus sowie die "zugehörigen" Daten in maschinengerechte
Form codiert und der Maschine zur Bearbeitung übergeben werden.

Es hat sich herausgestellt, daß die dabei auftretenden
Arbeiten einen Umfang annehmen können, der die angestrebte Rationalisierungswirkung und eine weitere Ausweitung des Computereinsatzes zunächst bremst. Deshalb
soll die Problematik hier kurz anhand eines Beispiels
dargestellt werden.

Angenommen, es ginge um die Maschinisierung der Konstruktion von Getrieben. Man könnte von einer Algo-

---

[1] Das Wort "Codieren" wird hier in einem allgemeineren
Sinn gebraucht, als in der DV-Praxis üblich; s.u.

rithmisierung dieses Arbeitsprozesses sprechen, wenn die Struktur der bereitgestellten und der zu liefernden Daten festliegt und eine Vorschrift für die Bearbeitung, die von jedem entsprechend ausgebildeten Ingenieur in reproduzierbarer Weise abgearbeitet werden kann. Bei der (gedachten) Umstellung des zuvor äußerlich nicht formalisierten Arbeitsprozesses auf die algorithmisierte Form treten inhaltliche Veränderungen auf, deren Ursachen in Abb. 8 kurz zusammengefaßt sind. Diese Veränderungen wurden von Heibey, Lutterbeck und Töpel "direkte Informationsveränderungen" genannt[1]. Sie wurden von den Autoren ausführlich diskutiert und sollen hier nicht weiter verfolgt werden.

Menschliche Denkprozesse	maschinisierte Datenverarbeitungsprozesse
Anwendung unterschiedlicher Verfahren bei verschiedenen Individuen. Anwendung unterschiedlicher Verfahren durch das gleiche Individuum zu verschiedenen Zeitpunkten	strenge Reproduzierbarkeit durch algorithmische Arbeitsweise
Objekte des Denkprozesses eingebettet in den individuellen und hochkomplexen Kontext des internen Umweltmodells	Objekte isoliert, Kontext nur, soweit explizit angegeben
Objekte nicht vollständig formalisierbar	Objekte streng formalisiert
Verfolgung selbstgesetzter Zwecke	keine eigenständigen Zwecke
einfache Modifikation des Verfahrens zur Anpassung an neue Situation	keine selbständige Anpassung soweit nicht explizit vorgesehen
große Anzahl komplexer Operationen auf komplexen Objekten zur Auswahl	wenige einfache Operationen auf O-1-Folgen

Abb. 8 : Zur Unterscheidung zwischen Denkprozessen und Datenverarbeitungsprozessen

---

[1] HEIBEY/LUTTERBECK/TÖPEL 77, S. 105 ff.

Die Codierungsprobleme rühren von der letzten der aufgeführten Ursachen her: Die im Algorithmus niedergelegte eindeutige und vollständige Verfahrensbeschreibung muß auf die Binärdarstellung von Objekten[1] und die wenigen einfachen Operationen der Computer-Hardware zurückgeführt werden. Man könnte sagen, daß die hier als Codierung bezeichneten Arbeiten gerade die "Lücke" zwischen den Algorithmen im Sinne von Müller und denen im Turingschen Sinne zu überbrücken haben[2]. Bezogen auf Daten besteht diese Lücke zwischen intuitiv und formal eindeutigen Daten. Der Begriff Codierung weist darauf hin, daß die so bezeichneten Arbeiten in einer relativ mechanisch auszuführenden Übersetzung von im menschlichen Sinne eindeutigen Beschreibungen von Verfahren und Daten in ihre maschinengerechte Form bestehen.

Bezüglich der Codierungsarbeiten befindet sich die Maschinisierung in einem Dilemma[3]:

---

[1] Als "Objekte" werden hier die Gegenstände von Datenverarbeitungs- oder Denkprozessen bezeichnet.

[2] Man vergleiche die Ausführungen zum Algorithmus-Begriff im Abschnitt "Algorithmisierung". Auf denselben Sachverhalt scheint mir das folgende Zitat aus COMPUTERWOCHE 79b hinzudeuten:

> Hier läßt sich als eine der Ursachen
> der Softwarekrise identifizieren,
> daß ein Software-System aus zwei un-
> terschiedlichen Ebenen wächst: Eine
> Ebene ist die der Organisation, mit
> der kunden- und aufgabenbezogenen
> Logik, die zweite Ebene ist die ma-
> schinenbezogene Logik des Program-
> miersystems. Kritisch ist die Über-
> setzung des Konzepts der organisa-
> torischen Ebene in die maschinenbe-
> zogene Sprache durch die Inkompati-
> bilität beider Ebenen, besonders was
> ihre Flexibilität betrifft.

[3] Im Interesse der Deutlichkeit liegt der Darstellung des Dilemmas eine etwas künstliche Trennung zwischen Operationen und Datenstrukturen zugrunde.

- Sie kann die Codierung komplexer Objekte von Datenverarbeitungsprozessen in eine der Maschinendarstellung nahestehende einfache Form dem Benutzer überlassen. Die Verwendung von Schlüsselnummern in Formularen ist hierfür ein Beispiel, die Angabe der
geometrischen Gestalt einer Getriebewelle als Koor-
dinatenfolge ein anderes. Die - durchaus algorith-
misierbare - Codierungsarbeit verursacht einen zusätzlichen Aufwand[1]. Dieser Aufwand wäre bei der
Abarbeitung des Algorithmus durch einen Menschen
nicht angefallen wegen dessen Fähigkeit zur Ausführung komplexer Operationen an komplexen Objekten. Im
Abschnitt 1.3.3. werden Beispiele dafür genannt werden, daß der zusätzliche Arbeitsanfall durch Codierarbeiten im Gefolge der Maschinisierung die Einsparungen durch die Ersetzung menschlicher Arbeit u.U.
übersteigen kann.

- Die Codierung der Objektdarstellung aus der den Benutzern geläufigen Form in die Maschinendarstellung
kann ebenfalls maschinisiert werden. Einem verringer-
ten Codieraufwand im laufenden Betrieb steht dann
allerdings ein gesteigerter Codieraufwand bei der
Programmerstellung gegenüber. Beispiele hierfür sind
der natürlichen Sprache angenäherte Datenbankabfrage-
sprachen oder die Möglichkeit, graphische Objekte
direkt zu manipulieren. Daß auch hier der Codieraufwand unrealistische Ausmaße annehmen kann, wird
deutlich, wenn man an ein Objekt denkt wie "das bil-
ligste geeignete Zahnrad aus dem Katalog der Fa. XY",
das für den Fachmann durchaus eindeutig bestimmt sein
kann.

---

[1] Der mechanische Charakter dieser Arbeiten steht in
krassem Widerspruch zu der These von IBM, durch den
Computereinsatz würden nur Arbeiten geschaffen, für
die "Menschen zu schade sind".

Wegen der Konkurrenz der Ziele "minimaler Codieraufwand bei Objekten" und "minimaler Codieraufwand bei Programmen" sind die meisten Lösungen in der Praxis offensichtliche Kompromisse, die dem Benutzer erhebliche Anpassungsleistungen in Form von Codierarbeiten abverlangen.

Eine Verschiebung dieses nach wirtschaftlichen Gesichtspunkten bestimmten Gleichgewichtszustandes in Richtung auf eine Verminderung der Codierarbeiten ist darauf zurückzuführen, daß die Programme zur Maschinisierung von Codierarbeiten ihrerseits wieder als Objekte betrachtet werden können. Die Codierung der Programme aus einer der Benutzersprache nahestehenden Sprache in Maschinenbefehle ist durch den Compiler maschinisiert, die Codierung des Compilers durch den Compiler-Compiler etc.

Eine Vertiefung der unter der These 3 angesprochenen Fragestellungen unter Verwendung von Methoden der Informatik scheint mir vielversprechend, läßt sich aber im Rahmen dieser Untersuchung nicht mehr leisten[1].

---

[1] Ansätze hierzu unter Anwendung des Modells der virtuellen Maschine finden sich in HEIBEY et al. 77, S. 73 ff. Der dort behandelte Zielkonflikt zwischen Nutzungsflexibilität und Bedienungskomplexität steht in engem Zusammenhang zum oben dargestellten Dilemma.

These 4: "Der Maschineneinsatz fördert die Aufdeckung
          der Kopfarbeitsprozesse in den angrenzenden
          Bereichen und damit deren Maschinisierung.
          Bei der Ausweitung des Maschineneinsatzes
          wird der Schritt von der Stufe der Mechani-
          sierung zur Automation vollzogen."

Der erste Teil dieser These drückt aus, daß der Maschineneinsatz selbst Rückwirkungen auf die Arbeitsorganisation hat, die im Sinne einer positiven Rückkopplung
die Voraussetzungen für eine weitere Ausweitung des
Maschineneinsatzes schafft[1]. Ursache hierfür ist die
außerordentlich starke Formalisierungswirkung der
Mensch-Computer-Schnittstelle, die bereits unter der
These 2 erwähnt wurde.

Alle Bereiche, die in irgendeiner Form Zuarbeit zum
ADV-System leisten, sind von dieser Formalisierung betroffen: Sie müssen sowohl in den Inhalten als auch in
der Darstellungsform ihrer Informationsverarbeitung den
rigiden Anforderungen des verwendeten Systems Rechnung
tragen. Dies drückt sich z.B. in der Verwendung hochformalisierter Formulare aus.

Die Durchsetzung eines ehemals weniger formalisierten
Kopfarbeitsprozesses mit hochformalisierten Anteilen
trägt dazu bei, daß die Inhalte und Abläufe auch der
zunächst nicht formalisierten Teilarbeiten erkennbar
werden. Wo vorher mit vertretbarem Aufwand eine prak-
tikable Algorithmisierung nicht gefunden werden konnte
und darum eine Maschinisierung nicht möglich war, ist
dies jetzt erheblich leichter. Besonders stark ist diese

---

[1] Die Existenz eines solchen Mechanismus deutet Zemanek an:
"Und wir stehen erst noch am Anfang einer Entwicklung, die
noch ungeahnte Ausmaße annehmen wird. Denn jede Anlage
trägt dazu bei, weitere Anlagen aufzustellen; jede Umstellung auf Computer-Datenverarbeitung hat weitere Umstellun-
gen zur Folge". (ZEMANEK 79).

Wirkung für Kopfarbeitsprozesse, die bereits in automatisierte Funktionen eingebettet sind. So werden auch planende, koordinierende und kontrollierende Tätigkeiten transparent, wenn die Maschinisierung der angrenzenden ausführenden Tätigkeiten weit genug fortgeschritten ist.

Mit der Übernahme von Steuer- und Kontrollfunktionen vollzieht sich ein bedeutungsvoller Wandel im "Charakter" der Maschine, der mit Hilfe der Begriffe "Mechanisierung" und "Automation" gekennzeichnet werden kann. "Kennzeichen der Mechanisierung ist es, daß an einzelnen Stellen im Arbeitsprozeß Maschinen eingesetzt werden. Der Arbeitsablauf wird nicht von Maschinen vollzogen. Demgegenüber wird bei einem automatisierten Arbeitsprozeß auch der Arbeitsablauf der Maschine übertragen. Innerhalb dieses Arbeitsablaufes können einzelne Arbeitsschritte durchaus von Menschen vollzogen werden.

Der wesentliche Unterschied ist der, daß im Stadium der Mechanisierung der Vollzug von maschinisierten Arbeitsschritten von den Menschen veranlaßt wird, die den übrigen Arbeitsprozeß ausführen"..."Im Stadium der Automation führt entweder die Maschine den gesamten Arbeitsablauf durch oder veranlaßt den Menschen dazu, noch nicht maschinisierte Arbeitsschritte mit von der Maschine vorgegebenen Eingangsbedingungen zu bearbeiten. Die Ergebnisse werden dann vom Menschen wieder in die Maschine eingegeben ..."[1]

Spätestens zu diesem Zeitpunkt wird das Computersystem zum Organisationsmittel, einer Art materialisierter Arbeitsorganisation, deren anonymer Zwang seinerseits den Menschen zum Werkzeug, zum Hilfsmittel macht.

---

[1] GRIEPHAN/WIEBER 76, S. 49 f.

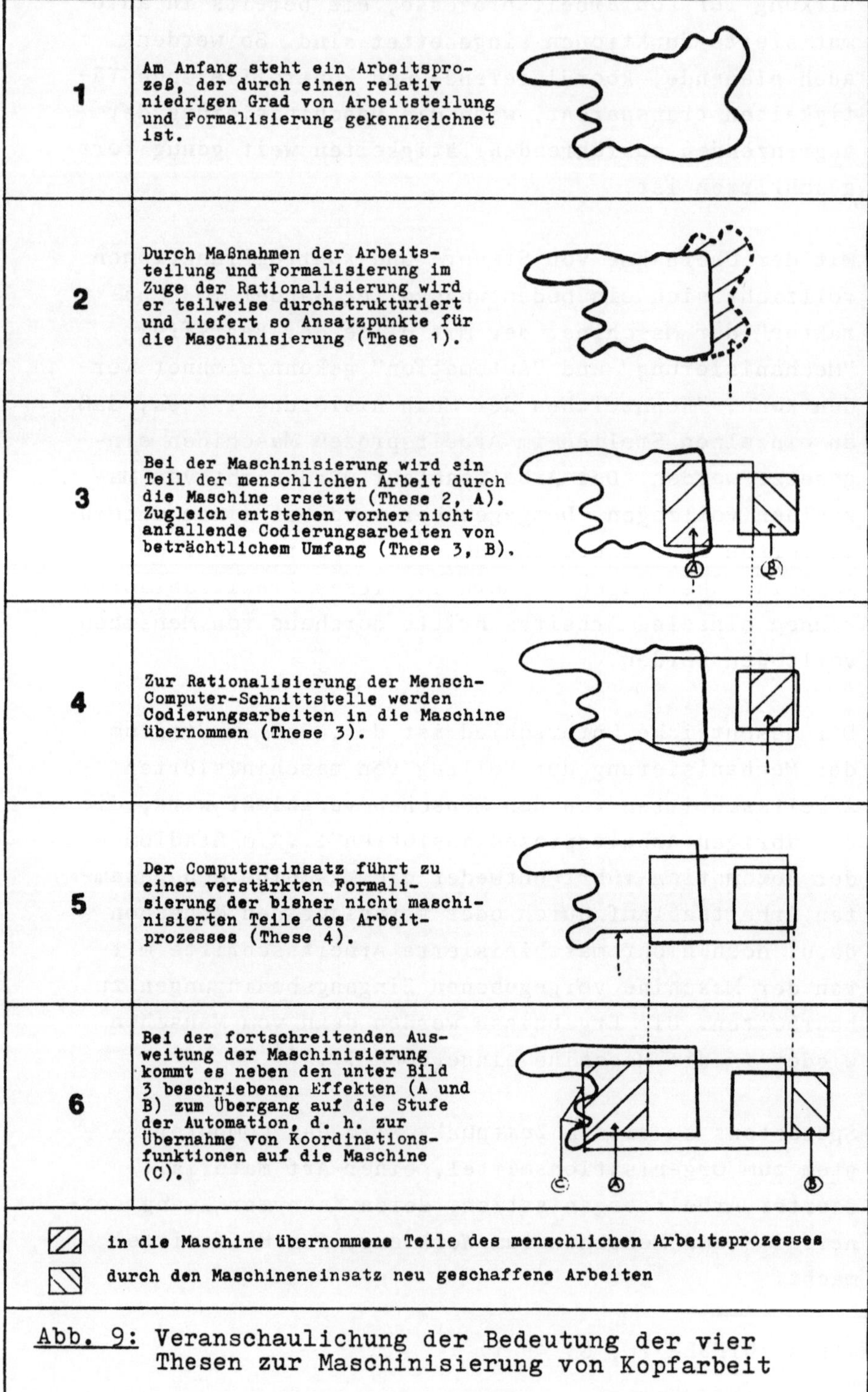

Abb. 9: Veranschaulichung der Bedeutung der vier
Thesen zur Maschinisierung von Kopfarbeit

Kubicek verwendet in diesem Zusammenhang in seinem
Aufsatz[1] die Begriffe "Herren- und Sklavensysteme",
wobei die ersten durch "das Prinzip der Unterstützung",
letztere als "Steuerungs- und Kontrollinstrument" sowie "Herrschaftsinstrument allerersten Ranges" gekennzeichnet werden. Sollte die Entwicklung der Computer-
Anwendungen tatsächlich den dargestellten Thesen folgen, so wird manch ein heutiger Benutzer eines "Her-
rensystems" im Sinne von Kubicek nur gerade solange
Herr bleiben, bis sich für seine Arbeit eine hinreichend weitgehende Formalisierung gefunden hat. In
seiner Anpassung an die Nutzungsbedingungen der Maschine, mit der er zunächst relativ autonom umgeht, kann
schon der Keim für eine künftige Algorithmisierung und
Automatisierung seiner Arbeit liegen.
Die Abb. 9[2] faßt die Aussagen des Abschnitts über
Maschinisierung zusammen.

1.2.2. EXKURS I

Gibt es Grenzen der Automatisierbarkeit geistiger
Arbeit?

Der folgende Abschnitt trägt der spekulativen Natur der aufge-
worfenen Frage Rechnung, in dem er eine Materialzusammenstel-
lung zu verschiedenen Aspekten des Problems liefert, ohne eine
stringente Argumentation für ein "Ja" oder ein "Nein" zu versuchen. Der an der Diskussion weniger interessierte Leser findet die wichtigsten Schlußfolgerungen, die sich für die Konstruktionsarbeit ziehen lassen, am Schluß dieses Abschnitts.

Ausgegangen wird zunächst von der im Bereich der künstlichen
Intelligenz (KI) geäußerten Auffassung, nach der unüberwindliche Grenzen der Automatisierbarkeit nicht bestehen. Die dort
getroffenen Aussagen werden in drei Punkten kritisiert werden:

---

[1] KUBICEK 78

[2] Die Form der Darstellung geht auf einen Vorschlag von Arno
Rolf zurück.

- Der Ansatz der KI-Forschung beruht auf einem reduzierten Menschenbild.
- Bei einer ganzheitlichen Betrachtungsweise lassen sich
  durchaus Grenzen der Automatisierbarkeit ausmachen.
- Die Betonung dieser in der Zukunft möglicherweise bedeutsamen Fragestellung lenkt die öffentliche Diskussion
  über den Computereinsatz weg von aktuellen Problemen auf
  einen Nebenschauplatz.

Im zweiten Teil des Abschnitts wird dann der Bedeutung der
Frage nach den Grenzen der Automatisierbarkeit für den Konstruktionsbereich nachgegangen werden.

Grundsätzliche Betrachtungen

Die spektakuläre Ausweitung des Computereinsatzes in den
sechziger Jahren war Anlaß für eine Euphorie, deren Natur
sich am besten durch den damals viel bemühten Begriff "Elektronengehirn" kennzeichnen läßt. Erfolgreiche Automatisierungen sowie die sprunghaften Fortschritte bei der Aufklärung
von Lebensprozessen durch die Anwendung von Informations- und
Regelungstheorie machten Journalisten wie Wissenschaftler
glauben, daß die Ersetzung der menschlichen Arbeit durch
"kybernetische Fabriken" unmittelbar bevorstand[1]. Die zunächst aus der Erfahrung der Automatisierung auch sehr komplizierter Berechnungen gefolgerte Analogie zwischen menschlicher Informationsverarbeitung und automatischer Datenverarbeitung wurde durch Erfolge der Neurophysiologie wissenschaftlich untermauert. Die Anwendung der Informationstheorie, wie sie sich aus rein technischen Fragestellungen entwickelt hatte, auf das menschliche Nervensystem schien nicht
nur Fortschritte bei der Aufklärung der physiologischen
Funktion des Zentralnervensystems zu versprechen, sondern sie
lieferte zugleich auch Erklärungsmuster für komplexes menschliches Verhalten.

Aus der engen Zusammenarbeit von Neurophysiologie, Denk- und
Wahrnehmungpsychologie und Informatik ging eine Disziplin
hervor, die man als "Human Problem Solving" bezeichnen könnte

---

[1] z.B. LARSEN 57

- zugleich Titel des bekannten Buches von Newell und
Simon.

Eberle bezeichnet die Methode von Newell und Simon als
"Informationsverarbeitungsansatz" und faßt ihn folgendermaßen zusammen: "Nachdem der Mensch in vielen Belangen
der MMK[1] und der sonstigen maschinellen Datenverarbeitung
den Engpaßfaktor darstellt, erscheint es sinnvoll, aus
seinen spezifischen Eigenschaften Anforderungen an die Gestaltung eines Systems abzuleiten, das dazu dient, seine
Informationsverarbeitungsaktivitäten zu unterstützen. Zu
deren Untersuchung scheint zunächst im Informationsverarbeitungsansatz ein vielversprechendes Instrument zur Verfügung zu stehen" ... "Im Zusammenhang mit der Formulierung einer Theorie des menschlichen Problemlösens bedienen
sich NEWELL/SIMON des Postulates, daß der Mensch als infor-
mationsverarbeitendes System fungiert und sein Problem-
lösungsverhalten sich dementsprechend mit Begriffen der
Rechnertechnologie beschreiben und schließlich simulieren
läßt. Dieser sogenannte "kybernetische Standpunkt" wird
auch in neueren Arbeiten der Denkpsychologie vertreten:
Menschliche Informationsverarbeitung kann auf eine kleine
Anzahl elementarer Prozesse reduziert werden und läßt in
dieser Betrachtung teilweise eine neurophysiologische Interpretation zu."[2]

Der Informationsverarbeitungsansatz stellt ein System von
Postulaten dar, aufgrund derer sicherlich außerordentli-
che Entdeckungen gemacht worden sind. Durch diese Erfolge
und die Tatsache, daß es sich hierbei um eine Darstellungsform handelt, deren äußerliche Exaktheit für technisch
vorgebildete Menschen besonders eingängig ist, scheint
allerdings in der Folge vielfach der Unterschied zwischen
Postulaten und Erkenntnissen verwischt worden zu sein:
Obwohl eine vollständige Rückführung des menschlichen Verhaltens auf die Strukturen des Informationsverarbeitungs-

---

[1] MMK steht für Mensch-Maschine-Kommunikation.
[2] EBERLE 76

ansatzes noch weit außerhalb des derzeit möglichen zu liegen scheint, wird diese Theorie bereits Bestandteil eines
"modernen" Menschenbildes[1], modern, weil es der technisch-
naturwissenschaftlichen Entwicklung Rechnung zu tragen
scheint. Die vollständige Simulation des Menschen erscheint
nicht nur als mit der Theorie vereinbare Möglichkeit, sie
erscheint auch als praktikabel.

Wie E.T.A. Hoffmanns Erzählung "Der Sandmann"[2] zeigt,
geht von der Frage nach der Unterscheidung von Menschen und
Maschinen eine große Faszination aus. Turings Gedankenexpe-
riment zum "Intelligenz"-Begriff[3] könnte einen Schritt
zur Verwissenschaftlichung darstellen, praktisch scheint
es mir eher zu einer unangemessenen Mythologisierung der
Maschine beizutragen: Daß es nur eine Frage der Zeit ist,
bis künstliche Intelligenz in diesem Sinne verfügbar sein
wird, wird selten angezweifelt[4]. Der Schritt von dort zur
verallgemeinerten Gleichsetzung von Mensch und Maschine
kann dann vollzogen werden, indem die Existenz aller solcher geistiger Fähigkeiten des Menschen, die außerhalb des
Intelligenzbegriffs liegen, schlicht unterschlagen wird:
"If the research is unsuccessful at producing a general
artificial intelligence, over a period of more than a
hundred years, then its failure may raise some serious doubt
among many scientists as to the finite describability of
man and his universe. However, the evidence presented in
this book makes it seem likely that artificial intelligence
research will be successful, that a technology will be de-

---

[1] Man vergleiche z.B. die Vorwürfe von Weizenbaum an die
KI, WEIZENBAUM 77.

[2] HOFFMANN 1817

[3] z.B. in JACKSON 74, S. 2 ff.

[4] "This experiment has yet to be performed, since no
machines yet displays enough intelligent behavior to
be able to do well in the test." JACKSON 74, S. 3,
Unterstreichung von mir.

developed which is capable of producing machines that
can demonstrate most, if not all, of the <u>mental abilities</u>
of human beings."[1]

Dies scheint mir eine unangemessene <u>Aufwertung der Maschine</u>
zu sein. Beardon schreibt: "Selbst wenn ein moderner Computer genau dieselben Aufgaben wie ein Mensch erfüllen
könnte und selbst wenn er dieselben logischen Fähigkeiten
wie ein Mensch hätte, würden wir ihn immer noch anders
klassifizieren wollen. Einfach weil der moderne elektroni-
sche Computer die letzte Manifestation eines langen historischen Entwicklungsprozesses ist und über mechanische
Sortierer, Rechenmaschinen, Schreibmaschinen, Uhren, Glüh-
birnen und Dosenöffner auf Räder und Steinäxte zurück-
geht."[2]

Tatsächlich wird ja auch mit der Übertragung menschlicher
Tätigkeiten auf Maschinen in der Regel nicht der Zweck der
Ersetzung des Menschen an sich verfolgt, sondern der seiner
Verdrängung aus der Produktion, d.h. der Ersetzung der
produktiven Aspekte von menschlicher Arbeit durch Maschinen[3]. Diese Ersetzung will und kann günstigstenfalls das
Ein-/Ausgabeverhalten des menschlichen Arbeitens nachbil-
den. Alle subjektiven Aspekte des Arbeits<u>vollzugs</u>, wie
z.B. Selbstverwirklichung, entfallen. Ihre Simulation erscheint möglich aber abwegig.

An diesem Punkt führt die postulierte Analogie zwischen
Mensch und Maschine zu einer schmerzlichen <u>Abwertung des</u>

---

[1] Ders., S. 395. In dieselbe Richtung gehen die Äußerun-
gen Schwenkels in DER SPIEGEL 79, der bei entsprechenden
Fortschritten der Computertechnologie ein "Überspielen"
seiner Persönlichkeit in den Computer für möglich hält.

[2] BEARDON 74

[3] Produktiv nutzbar sind in der Tat nur die intelligenten
Aspekte der geistigen Fähigkeiten des Menschen.

<u>Menschen</u>, deren Konsequenzen nicht nur philosophischer
Natur, sondern höchst manifest sind. Denn einstweilen
dienen die Theorien und Erkenntnisse über den Menschen,
die auf der Grundlage des Informationsverarbeitungsansatzes
gewonnen wurden, so fragmentarisch und teilweise umstritten sie auch sind, vielfach als Grundlage für die Gestaltung von Mensch-Computer-Schnittstellen[1]. Die Gefahren
dieser angeblich menschengerechten Sichtweise der Technik,
die mir eine technikgerechte Sichtweise des Menschen zu
sein scheint, schildert Kirsch sehr eindrucksvoll in seinem Aufsatz "Auf dem Weg zu einem neuen Taylorismus?":

"Der Ansatz bietet sich als Grundlage geradezu an, wenn es
um die Gestaltung der Interfaces zwischen Mensch und Computer im Rahmen des Dialogbetriebs geht, die eine explizite Berücksichtigung der Möglichkeiten und Grenzen kognitiver und automatisierter Informationsverarbei tungsprozesse
erforderlich macht. Der Eindruck entsteht, als ob die in-
formationstechnologischen Überlegungen durch diesen Informationsverarbeitungsansatz des menschlichen Entscheidungs-
verhaltens eine geradezu ideale Ausweitung erführen und
ein System von Aussagen bildeten, dessen Teile aufgrund
ihrer konzeptionellen Ähnlichkeit besonders gut 'zusammenpassen' ... . Aber gerade das gute 'Zusammenpassen' sollte
uns mißtrauisch machen und uns dazu bringen, die Grenzen
des Informationsverarbeitungsansatzes zu erkennen. Diese
Grenzen liegen meines Erachtens in dem Umstand begründet,
daß dem Informationsverarbeitungsansatz - zumindest gegen-
wärtig - eine rein instrumentale Sicht des menschlichen
Informat ionsverarbeitungsapparates immanent ist. Das
'kognitive Informationsverarbeitungssystem' des Menschen
wird als rein instrumenteller Mechanismus zur Steuerung
und Regelung des inneren und äußeren Verhaltens des Menschen gesehen. Dabei werden wesentliche Motivationen
des menschlichen Verhaltens vernachlässigt. Das kognitive
Informationsverarbeitungssystem ist nicht motivationsneu-

---

[1] Vgl. z.B.   EBERLE 76

tral, sondern wirkt selbst als Quelle von Bedürfnissen,
Befriedigungen, Ängsten, Freuden, Entfremdungen, usw."[1]

Als Folge sieht Kirsch einen "Taylorismus auf höchstem
wissenschaftlichen Niveau."[2]

Auf einen verwandten Aspekt weisen Heibey, Lutterbeck und
Töpel hin:
"Mit dem Erhalt oder der Abgabe einer Nachricht verbindet
der Mensch einen Zweck, der in der Ausführung einer bewuß-
ten oder unbewußten eigenen Aktivität oder in der Auslösung
der Aktivität eines anderen Menschen liegen kann. Die Verbindung zwischen Nachricht mit dem von ihr verfolgten
Zweck nennen wir <u>Pragmatik</u>. Mit Einbezug der Pragmatik
wird aus einer Nachricht eine <u>Information</u>."[3]

Da der Maschine das Vermögen, eigene Zwecke zu setzen,
fehlt, folgern die Autoren, daß es keine Verarbeitung von
Informationen im oben festgelegten Sinne in technischen
Medien geben kann[4].

Die Abgrenzung von Nachrichten und Informationen gegen
einen pragmatikfreien Datenbegriff geht über ein rein
naturwissenschaftliches Menschenbild hinaus. Läßt man das
Vermögen der subjektiven Zwecksetzung als speziell menschliche Fähigkeit gelten[5] und akzeptiert die von Heibey,
Lutterbeck und Töpel vorgenommene Begriffsfestlegung, so
kann man folgerichtig nicht mehr von einem "Informationsverarbeitungsansatz" sprechen, denn diese Betrachtungsweise
konzentriert sich bewußt auf die rein formale Verarbeitung
von Zeichen. Erfaßt wird also menschliche Datenverarbeitung.

---

[1] KIRSCH 73, S. 563
[2] ebenda; wie die Auseinandersetzung mit dem Menschenbild
der Arbeitswissenschaft im Abschnitt 2.1. zeigen wird,
stehen die Anhänger der KI-Philosophie mit ihrer funktionalen Sicht vom Menschen nicht allein.
[3] HEIBEY/LUTTERBECK/TÖPEL 77, S. 72
[4] Ders., S. 73, abweichend von DIN 44300
[5] Dies ist die Voraussetzung für die Zuschreibung von
Verantwortung.

Gibt es also Grenzen der Automatisierbarkeit geistiger Arbeit? Betrachtet man geistige Arbeit als möglicherweise komplizierte Transformation einer Eingabe in eine Ausgabe, so lassen sich prinzipiell unüberwindliche Grenzen nicht erkennen.

Eine "weiche" Grenze liegt allerdings in den von der Automatisierung betroffenen subjektiven Aspekten der Arbeit. Die Ersetzung menschlicher Informationsverarbeitung durch automatische Datenverarbeitung hat aus den angegebenen Gründen auf den Arbeitenden, aber auch auf den Arbeitsprozeß als Ganzes, Auswirkungen, von denen bisher nicht zu übersehen ist, wie weit sie in Zukunft durch technische Gestaltungsmaßnahmen in erträglichen Grenzen gehalten werden können [1].

Die Grenzen der Praktikabilität der Erforschung menschlicher Denkprozesse und ihrer Ersetzung durch Maschinen sind insbesondere in Anbetracht der Fortschritte der Computertechnologie fließend. Gemäß der 4. These des vorigen Abschnitts verläuft die Entwicklung auf diesem Gebiet nicht sprunghaft sondern als stetiger Prozeß, wobei jeder Automatisierungsschritt den Blick für weitere Automatisierungsmöglichkeiten freimacht. Vorläufig gibt es kaum Anzeichen für eine Stagnation [2].

Wie im Abschnitt 1.2.1. gezeigt wurde, werden in der Praxis der Maschinisierung der Rationalisierung dienliche inhaltliche Veränderungen des Arbeitsprozesses (z.B. Standardisierung) bewußt inkauf genommen. Bei dieser Praxis geht es nicht um ein möglichst umfassendes Verständnis der mensch-

---

[1] Eine ausführliche Diskussion findet sich in HEIBEY et.al. 77. Die Auswirkungen werden dort als sog. "Informationsveränderungen" diskutiert.

[2] Wieweit der in der Fachpresse diskutierten "Softwarekrise" prinzipielle Schranken der Automatisierung zugrundeliegen, wäre in diesem Zusammenhang interessant.

lichen Denkprozesse, sondern um die Auffindung wenigstens
eines Algorithmus, der die automatische Erledigung vormals
menschlicher Tätigkeiten ermöglicht[1].

Ein Endziel dieses Prozesses einzuschätzen bleibt eine Frage der Spekulation, solange sich Science Fiction-Autoren
des Problems häufiger annehmen als die verantwortlichen
Politiker. Zukünftige politische Maßnahmen, die, abgewandt
von der Faszination des theoretisch,technologisch und wirtschaftlich "Machbaren", die Entwicklung der Automation an
demokratisch festgelegten und sozial wünschbaren Zielen
orientieren würden, könnten ebenfalls zur Festlegung von
Automationsgrenzen führen[2].

Automatisierbarkeit der Konstruktion

Zum Abschluß dieser Überlegungen soll die Frage der Automatisierbarkeit noch aus der Sicht von Autoren behandelt werden, die auf die Besonderheiten der Konstrukteurstätigkeiten eingehen.

---

[1] Den folgenden Hinweis verdanke ich Prof. Kupka: Gerade
der Informatiker läuft allerdings Gefahr, allzu optimistisch in der Gewißheit der Existenz eines Algorithmus die
Schwierigkeiten, die mit dem Auffinden des Algorithmus verbunden sein können, zu unterschätzen. Dabei sind nur solche
Algorithmen von Interesse, die nicht nur die Lösung eines
isolierten Spezialproblems rekonstruieren, sondern die für
eine größere Problemklasse im vorhinein den Lösungsweg
angeben. Die Informatik sollte aus den Erfahrungen der
Mathematik lernen: Dort führte das Scheitern der Bemühungen um einen Algorithmus für das Lösen algebraischer Gleichungen zur sog. Galois-Theorie, die eine systematische
wenngleich nicht mehr automatisierbare Lösungssuche gestattet (vgl. auch den "heuristischen Algorithmus" von
MÜLLER 67). Kupka leitet aus seinen Überlegungen die
Forderung nach einer "Transalgorithmischen Ausrichtung
der Informatik" her (KUPKA 77).

[2] Wichtige Gedanken hierzu finden sich in der Literatur
über alternative Technologien, z.B. PROKOL-GRUPPE 76,
ILLICH 75.

In einer eher philosophisch ausgerichteten Studie versucht Müller[1] "Operationen und Verfahren des problemlösen-
den Denkens in der konstruktiven technischen Entwicklungsarbeit" zu beschreiben. Die gewonnenen Operatoren bzw. Algorithmen sollen geeignet sein, "die gedankliche Vorweg-
nahme der praktischen Tätigkeit zu rationalisieren" sowie
"die Notwendigkeit des dialektisch-materialistischen Stand-
punktes bei methodologischen Untersuchungen"[2] nachzuweisen.
Er räumt ein, daß die Angabe eines Algorithmus im Turing'
schen Sinne nicht möglich ist, versucht aber, dem "Irratio-
nalismus hinsichtlich der schöpferischen Tätigkeit"[3] durch
Angabe eines "heuristischen Algorithmus" zu entgehen, den
er folgendermaßen definiert:

"Als 'heuristischen Algorithmus' bezeichnen wir eine end-
liche strukturierte Menge von Operatoren wenigstens erster
Stufe, für die charakteristisch ist:

1. Eine Abfolge ist angegeben, in der sie abzuarbeiten
   sind.

2. Kriterien oder Normen sind formuliert, die zu entschei-
   den gestatten, ob die n-te Operation erfolgreich vollzogen und damit zur n+1-ten Operation übergegangen
   werden kann.

3. Es ist nicht sicher, ob mit ihrer Anwendung das Problem
   gelöst werden kann, es ist aber sicher, daß, wenn man
   sie anwendet, die Lösung mit größerer Wahrscheinlich-
   keit und höherer Effektivität gefunden wird. Durch ihre
   Anwendung wird also der Zufall gesteuert, bedingt, eingeschränkt ins Spiel gebracht, d.h. sowohl das bloße
   Spiel (trial and error) als auch die formale Kombina-
   torik überwunden.

4. Der heuristische Algorithmus erhält wenigstens einen
   nicht-elementaren Operator, d.h. einen Operator 2-ter

---

[1] MÜLLER 76
[2] Ders., S. 5
[3] Ders., S. 46

oder 3-ter Stufe, der, im konkreten Kontext angewendet,
eine Operatorenmenge erster (zweiter) Stufe erarbeiten
läßt. Es ist also in keinem Fall eine vollständig explizit formulierte Operatorenmenge.
Der heuristische Algorithmus ist dementsprechend nicht
eindeutig reproduzierbar, d.h. er kann einerseits durch
das konkrete Problem, andererseits durch das konkrete
Subjekt bedingt, viele Interpretationen finden."[1]

Müllers Anregung erscheint in zweierlei Hinsicht bedeut-
sam:

1. Sie liefert einen Begriffsrahmen und ein Darstellungs-
   mittel für die Behandlung von Denkprozessen zwischen
   dem strengen Algorithmusbegriff einerseits und einem
   mystifizierenden Verständnis von Kreativität andererseits.

2. Der von Müller vorgelegte heuristische Algorithmus für
   die konstruktive technische Entwicklungsarbeit liefert
   darüber hinaus eine Strukturierung der Konstrukteurstätigkeit, die wegen ihrer Differenziertheit und deren
   Interpretation als Informationsverarbeitungsprozeß einen
   geeigneten Ausgangspunkt für die Untersuchung der Automatisierbarkeit darstellen könnte.

Angemerkt werden soll noch, daß auch Müllers Ansatz die
bereits oben erwähnte, rein instrumentale Sicht menschlicher Informationsverarbeitung zugrundeliegt.

Franke stellte in seiner Dissertation Untersuchungen über
die Algorithmisierbarkeit des Konstruktionsprozesses an,
wobei er Aussagen aus der Konstruktionswissenschaft, der
Automaten- und der Algorithmentheorie, sowie aus der Er-
kenntnistheorie zusammentrug. Dabei kommt er zu folgenden
wichtigen Ergebnissen:

---

[1] MÜLLER 67, S. 46

1. "Die Menge <u>aller</u> Konstruktionsaufgaben ist algorith-
   misch nicht lösbar."[1]

2. "(Es hat sich)gezeigt, daß es bis zur Erstellung von
   Algorithmen, die größere Teile des Konstruktionsprozesses mit einer annehmbaren Anwendungsbreite über-
   nehmen können, ein weiter Weg ist. Es bedarf dazu geduldiger und logisch konsequenter Anstrengungen, die
   mit Sicherheit erst in Jahrzehnten, und auch dann nur
   teilweise, zu dem gewünschten Erfolg führen werden"[2].

Franke zieht aus diesen Befunden den Schluß, daß die Entwicklung und Anwendung von heuristischen Algorithmen der
richtige Weg für die langfristig angestrebte Auffindung
echter Algorithmen sei. Seine Arbeit enthält einige Beispiele für heuristische Konstruktionsalgorithmen.

Koller veröffentlichte einen Aufsatz unter dem Thema
"Kann der Konstruktionsprozeß in Algorithmen gefaßt und
dem Rechner übertragen werden?"[3] Darin stellt er zunächst
ausführlich einen von ihm entwickelten Algorithmus für die
Funktionsfindungsphase der Konstruktion vor, also derje-
nigen Phase, in der der Anteil kreativer Tätigkeiten allgemein als am höchsten angesehen wird. Der Algorithmus
beruht auf der Rückführung beliebiger Maschinenfunktionen
auf 12 physikalische Grundfunktionen und ihre Inversa[4].

In der Schlußbetrachtung seines Aufsatzes kommt Koller
zu folgenden Ergebnissen:

---

[1] FRANKE 76, S. 27
[2] FRANKE 76, S. 132
[3] KOLLER 74
[4] Ders., S. 26, vgl. die Abbildung unter These 1 in Abschnitt 1.3.1.

"Abschließend kann man zusammenfassend sagen, daß es
scheint, daß der ganze Konstruktionsprozeß vom Entwickeln
einer Funktionsstruktur bis zur Erstellung einer Detail-
zeichnung systematisch bzw. automatisch durchgeführt werden kann ... . Das Erstellen eines Rechnerprogramms ist
'nur' eine Frage der Zeit - allerdings meist von sehr viel
Zeit." [1]

Die folgenden Sätze zeigen, wie gering die Bedeutung der
Frage nach einer denkbaren Vollautomatisierung in der
Praxis eingeschätzt wird:

"Sicher kann die schöpferische Tätigkeit eines genial
oder auch nur durchschnittlich begabten Ingenieurs niemals
voll ersetzt werden - die Konstruktion würde, falls dies
je möglich wäre, sehr viel von ihrer Attraktion verlieren -;
aber durch dieses systematische bzw. automatische Vorgehen können sich beide in ihrer Effektivität unterstützen
und anregen lassen. Für viele Arbeitsschritte eines Konstruktionsprozesses ist es eine Frage der Wirtschaftlich-
keit, ob man diese in Zukunft rechnerunterstützt oder ma-
nuell durchführen wird. ... Voraussetzung für eine ökono-
mische Programmentwicklung ist die Garantie, daß die mit
diesem Programm konstruierbaren Systeme auch in absehba-
rer Zukunft noch gebraucht werden, daß diese Systeme aus
bestimmten Gründen nicht standardisierbar sind und daß
der entsprechende Algorithmus in einer angemessenen Zeit
realisiert werden kann." [2]

Kollers Arbeiten machen in besonderem Maße deutlich, welche Möglichkeiten der Formalisierung der Konstrukteurstätigkeit in deren Rückführung auf ihre formalwissenschaft-
lichen Grundlagen aus Physik und Mathematik liegen[3]. Hierin liegt jedoch zugleich auch eine Schwäche, die bereits
im obigen Zitat anklingt: Die automatisierte Einbeziehung

---

[1] KOLLER 74, S. 33
[2] Ders.
[3] Vgl. die Darstellung der Quellen der Formalisierung
     in 1.2.1. und 1.3.1.

der Randbedingungen der Konstruktion in ein solches System,
bzw. die laufende Anpassung des Systems an sich verändern-
de Randbedingungen stellt ein ungelöstes Problem dar, das
der Maschinisierung der Konstruktionsarbeit eine vorerst
unüberwindliche Grenze steckt. Als solche Randbedingungen
wären insbesondere zu nennen:

- die Marktstrategie des Unternehmens,
- der technische Wandel der Produktionstechnologien,
- der technische Wandel der Produkte.

Diese Größen haben alle erheblichen Einfluß auf den Ablauf
der gesamten Konstruktion und unterliegen einem schnellen
Wandel. Da sie jedoch außerhalb der eigentlichen Konstruktion liegen, ist ihre Einbeziehung extrem schwierig und
wahrscheinlich noch auf lange Sicht eine Domäne menschlicher
Arbeit. Abeln schreibt:[1]

"Hinzu kommt, daß der Konstrukteur selbst bei zahlreichen
vorgegebenen physikalischen Abhängigkeiten auch heute noch
eine ganze Reihe von Entscheidungen treffen muß, die sich
den programmierbaren physikalischen Gesetzen entziehen.
Typische Beispiele sind die Konstruktionen von Maschinen-
gehäusen, von Lagerschilden, speziellen Wellenenden, Stän-
dern von Maschinen, elektrischen Zu- und Abführungen und
installationsabhängigen Anbauteilen."

Krumhauer, der im Rahmen seiner Dissertation ein im wesentlichen Kollers Vorschlägen folgendes Programm implemen-
tiert hat, spricht folgerichtig auch nicht von Automatisierung der Konstruktion, sondern von "Brainstorming mit Rech-
nerhilfe."[2] Folgt man der angeführten Auffassung von Franke,
so stellt die Einführung eines solchen Systems allerdings
zweifellos ein "Vortasten" in Richtung auf zukünftige Automatisierungen dar.

---

[1] ABELN 78
[2] KRUMHAUER 74, S. 149

Einstweilen erweist sich die Abbildung von komplexen technischen Zusammenhängen in CAD-Programmsysteme ohne Berücksichtigung der oben genannten veränderlichen Randbedingungen, als so schwierige und kostspielige Aufgabe, daß an
weitergehenden Projekten in der Praxis zur Zeit kein Interesse besteht. So setzt beispielsweise die automatische
Anpassung abhängiger Größen bei Änderung einzelner Parameter einer Konstruktion die rechnerinterne Darstellung
von Wissen über die Struktur des Konstruktionsobjektes
voraus.

Folgerichtig schlägt Latombe die Anwendung von Methoden
der Künstlichen Intelligenz auf CAD vor[1]. Das von ihm vorgestellte Mustersystem TROPIC halte ich aber für typisch
für die Problematik dieses Ansatzes: Es enthält einen Ausschnitt aus dem Wissen des Konstrukteurs, der so klein ist,
daß es für praktische Anwendungen völlig unbrauchbar ist.
Es wird unterstellt, daß der Schritt zu einem funktionsfähigen - möglicherweise sogar "intelligenten" oder "kreativen" - System durch eine "einfache" quantitative Erweiterung
des bestehenden Modells vollzogen werden kann. Wieweit sich
das für die Konstruktion relevante Fachwissen vom allgemeinen Wissen eines Menschen isolieren läßt, ist vorläufig
ebenso unklar wie die Frage, ob sich die Komplexität einer
solchen zweifellos enorm großen Wissensmenge mit den vorhandenen KI-Methoden wirklich wird beherrschen lassen.

Die Ausführungen dieses Abschnitts sollen zum Abschluß zu
den folgenden Thesen zusammengefaßt werden.

1. Zwischen der Datenverarbeitung durch einen Computer und
   den geistigen Aktivitäten eines Menschen bestehen prinzipiell unüberwindliche Unterschiede.

---

[1] LATOMBE 77, LATOMBE 78; die Veröffentlichungen enthalten
    interessante Gedanken zum Zusammenhang zwischen Algorithmusbegriff und Mensch-Computer-Interaktion.

2. Eine praktisch anwendbare Automatisierung kreativer
   Tätigkeiten eines Konstrukteurs ist in den nächsten
   Jahrzehnten vollkommen ausgeschlossen. Wieweit sie
   prinzipiell möglich ist, ist umstritten.

3. Die spektakuläre Auseinandersetzung um die Möglichkeit
   der zukünftigen Automatisierung von Kreativität ver-
   stellt leicht den Blick für den nicht minder spektaku-
   lären aktuellen Wandel der Konstruktionsarbeit. Durch
   Automatisierung bereits hochformalisierter Tätigkeiten,
   zum Teil auch unter bewußter Inkaufnahme des Fortfalls
   kreativer Elemente, finden dort schon heute bedeutende
   Veränderungen von Produkten und Arbeitsstrukturen statt.

1.3. Die Maschinisierung von Konstruktionsarbeit

Die verwirrende Vielfalt der heute in der Anwendung oder
im Aufbau befindlicher CAD-Systeme läßt sich nur verstehen
als Ergebnis einer langjährigen Entwicklung, deren Wurzeln
auf die ersten Arbeiten zur Konstruktionssystematik zurück-
gehen[1]. Allan beginnt in seinem Schaubild "Milestones of
CAD-History" sogar mit dem Jahr 1736, in dem Euler sein
erstes Papier über Topologie veröffentlichte[2], vergißt dann
aber in seiner Aufstellung die Z3, die Zuse im Jahre 1937
als ersten Digitalrechner baute und für Berechnungen auf dem
Gebiet der Statik nutzte. CAD ist damit die älteste Computeranwendung überhaupt.

Die Entwicklung seitdem nahm einen recht komplizierten Verlauf. CAD-Fachleute[3] berichten von einem in Wellen ver-
laufenden Wechsel von Einschätzungen bei den Anwendern, an-
gefangen mit einer Euphorie über die scheinbar unbegrenz-
ten Einsatzmöglichkeiten des Computers in der Konstruktion

---

[1] Vgl. z.B. das Buch Wögerbauers aus dem Jahre 1943;
    WÖGERBAUER 43
[2] ALLAN 72
[3] So der Leiter des CAD-Projektes im Philips-Forschungslabor,
    Hamburg; persönliche Mitteilung

Anfang der siebziger Jahre, die sich auch in einer Reihe
von - aus heutiger Sicht naiven - Veröffentlichungen wider-
spiegelt[1]. Die Euphorie schlug in ihr Gegenteil um, als
mehrere kostspielige Projekte, die sich "integrierte Kon-
struktionssysteme" zum Ziel gesetzt hatten, in der Praxis
scheiterten. Die Schwierigkeiten und damit die Projekt-
kosten waren um ein Vielfaches unterschätzt worden und die
Konstrukteure empfanden die bereitgestellten Systeme nicht
als Arbeitserleichterung[2]. Es ist vor allem auf die wirtschaftlich erfolgreichen Anwendungen von CAD-Systemen, die
eine weniger umfassende Automatisierung anstreben, zurückzuführen, daß sich allmählich eine realistische Einschät-
zung der beträchtlichen aber nicht grenzenlosen Rationa-
lisierungsmöglichkeiten durch Computereinsatz in der Konstruktion durchsetzt.

Im folgenden soll versucht werden, die im Abschnitt 3.2.1.
entwickelten Thesen über die Maschinisierung von Kopfarbeit
auf die Arbeit im Konstruktionsbereich anzuwenden. Eine
solche am historischen Ablauf orientierte Sichtweise erlaubt nicht nur eine systematische Einordnung der heute
verfügbaren CAD-Systeme. Sie läßt auch erkennen, daß die
Probleme der Mensch-Computer-Interaktion im weiteren Sinne
bedeutenden Einfluß auf die CAD-Entwicklung hatten und haben. Darüber hinaus verspricht gerade eine historische Analyse, auch Anhaltspunkte für eine Vorhersage der zukünftigen Entwicklungen zu liefern.

1.3.1. <u>Zu These 1:</u> "Arbeitsteilung und Formalisierung
                         der Arbeit sind Voraussetzung für
                         den Maschineneinsatz."

Es ist hier zu klären, welcher Stand der Arbeitsorganisation in der konventionellen Konstruktion heute typisch ist
und welche Maßnahmen als Voraussetzung für den Computereinsatz angesehen werden.

---

[1] z.B. GARROCQ/HURLEY 74

[2] Die Gründe für diese Fehleinschätzungen sind ähnlich ge-
lagert wie bei MIS. Sie werden in dieser Untersuchung
im Abschnitt 1.2.2. sowie unter der These 3 in 1.2.1-
und 1.3.3. behandelt.

Arbeitsteilung

Für die <u>vertikale Arbeitsteilung</u> in größeren Konstruktionsabteilungen werden in der Literatur folgende Stufenschemata
angegeben:

" 1. Chefkonstrukteur

  2. Oberkonstrukteur, Oberingenieur

  3. Konstrukteur, Konstruktionsingenieur

  4. Detailkonstrukteur, Konstruktionstechniker

  5. Technischer Zeichner

  6. Zeichenhelfer, Zeichenlehrling"[1],

und in einer anderen Untersuchung

" 1. Gruppenleiter

  2. Konstrukteur

  3. Detailkonstrukteur

  4. Technischer Zeichner

  5. Helfer"[2].

Über die Personalstruktur macht Grabowski die folgenden
Angaben:

1. Gruppenführer	14 %	
2. Konstrukteur	43 %	
3. Detailkonstrukteur	14 %	
4. Zeichner	17 %	
5. Sachbearbeiter (für Stücklisten)	12 %	[3]

---

[1] Joseph Mathieu, Franz Hildebrandt: "Beitrag zur Verbesserung der Arbeitswirksamkeiten in Konstruktionsbüros", zitiert nach GRIEPHAN/WIEBER 76, S. 95

[2] HILDEBRANDT 68, S. 10

[3] GRABOWSKI 73, S. 481; die Zahlen beruhen auf einer
Analyse in der Konstruktion geleisteter Arbeitsstunden.

Neben einer solchen vertikalen Arbeitsteilung findet man
in größeren Konstruktionsabteilungen eine horizontale Arbeitsteilung vor, deren Ausprägung vor allem davon bestimmt ist, inwieweit die konstruierten Produkte eine
dauerhafte Spezialisierung zulassen.

Als Beispiel sei hier das Werk Bühlertal der Firma Bosch
angeführt. Dort sind ca. 60 Konstrukteure mit dem Entwurf
von elektrischem Zubehör für Kraftfahrzeuge beschäftigt.
Es gibt fünf Abteilungen, die für jeweils eine Produktgruppe zuständig sind (z.B. eine für Wischermotoren, eine
für Gebläse etc.). Innerhalb der Abteilungen setzt sich die
Arbeitsteilung noch weiter fort, so daß manche Konstrukteure Spezialisten für eine einzige Komponente einer bestimmten Produktgruppe sind[1]. Die Einführung von CAD wird dort
zur Zeit vorbereitet.

Eine so stark differenzierte Arbeitsteilung begünstigt
die Routinisierung von Arbeitsgängen. Die Arbeit eines einzelnen Konstrukteurs ist so weniger komplex als bei allgemeiner "freier" Konstruktion und deshalb leichter für
die Automatisierung nachzuvollziehen.

Der Stand der Formalisierung der Konstruktionsarbeit kann
im Rahmen dieser Untersuchung nicht in voller Allgemein-
heit dargestellt werden. Es soll aber versucht werden, die
unter dem Gesichtspunkt der Maschinisierung wichtigsten
Aspekte der Formalisierung zu erläutern. Als Gliederung
werden die sechs Entstehungsursachen der Formalisierung
aus Abschnitt 1.2.1 zugrundegelegt. Dabei wird sich zeigen,
daß ein hohes Maß an Formalisierung bereits unabhängig vom
Rechnereinsatz vorhanden ist.

---

[1] Ergebnis einer Befragung von Konstrukteuren durch
Heidrun Kaiser; persönliche Mitteilung.

Formalisierung im Gefolge von Routinisierung

In umfangreichen Untersuchungen im Vorfeld des Computereinsatzes wurde versucht, Häufigkeit und Gegenstand der
verschiedenen Konstruktionstätigkeiten empirisch zu ermitteln[1]. Die Ergebnisse sollen u.a. Aufschluß darüber
geben, welche Tätigkeiten im Zuge der bis dahin gewachsenen
Arbeitsorganisation soweit zur Routine geworden und damit
standardisiert sind, daß eine Maschinisierung praktikabel
erscheint.

Opitz macht dazu die in Abb. 10 wiedergegebenen Angaben.

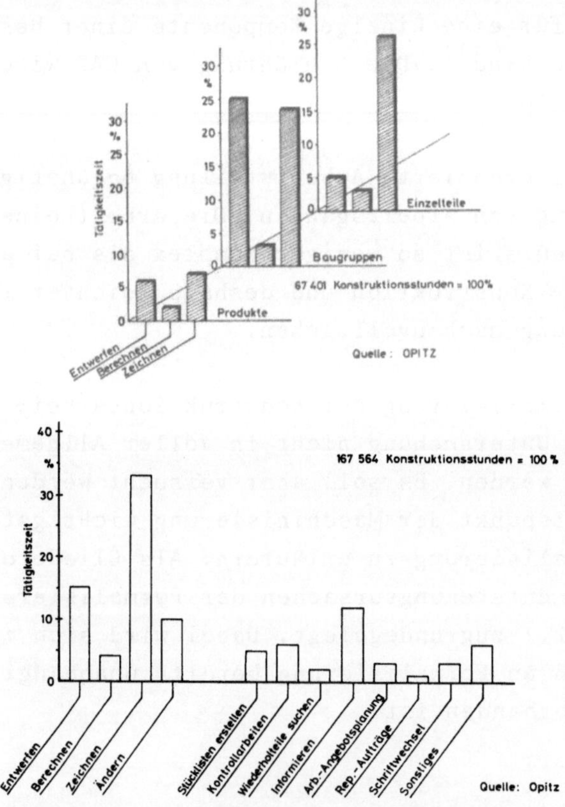

<u>Abb. 10:</u> Analyse der Konstruktionstätigkeiten

---

1) z.B. SZABO 77, EVERSHEIM/SANDER 78, OPITZ et al. 71
2) nach OPITZ et al. 71, S. 40

Baatz ermittelte die folgenden Werte (in Prozent der Arbeitszeit):

    32 %   Berechnen, Einholen von Information
    37 %   manuelle Zeichnungserstellung, -änderung
    15 %   Stücklistenerstellung
    16 %   Routinetätigkeiten. [1]

Über den Inhalt der "Routinetätigkeiten" macht Baatz keine Angaben.

Die genauesten methodischen Richtlinien zur "Analyse des Konstruktionsprozesses in Hinblick auf den Rechnereinsatz" finden sich in der VDI-Richtlinie 2210 (Entwurf). Neben Beispielen für sehr differenzierte Tätigkeitsanalyseschlüssel (vgl. Abb. 12) werden dort auch Hinweise für die praktische Durchführung solcher Untersuchungen gegeben (vgl. Abb. 11).

Analyse im Konstruktionsbereich		
Stufe	Methode	Aussage über
grob	Befragen des Konstruktionschefs (oder der Mitarbeiter) Hilfsmittel: Fragebogen	- Häufigkeit unterschiedl. Aufträge - Relative Durchlaufzeit - Erstellte Zeichnungsmenge - Personalstruktur - Organisationsform
mittel	Aufschreiben der Tätigkeitszeiten (auftragsunabhängig) Hilfsmittel: Erfassungsformular	- Häufigk. untersch. Konstr.-Arten - Tätigkeitsverteilung - Hilfsmittelverwendung - erford. Personalstruktur - Rationalisierungsschwerpunkte
fein	Aufschreiben der Tätigkeitszeiten (auftrags- und problembezogen) Hilfsmittel: Erfassungsformular	- Häufigkeit erstellter Unterlagen - Tätigkeitsverteilung je Unterlage - Kapazitätsbedarf - Hilfsmitteleinsatz - Terminierung - gezielte Rationalisierung

Abb. 11 : Stufen der Analyse im Konstruktionsbereich

---

[1] BAATZ 73, zitiert nach FACHSCHAFT ELEKTROTECHNIK 78, S. 6

Vertriebs- und Offerttätigkeiten

1111 Arbeitspläne unbezahlt
1112 Arbeitspläne bezahlt
1113 Offertunterlagen anfertigen (Offertbereich), Projektentwurf (Konstruktionsbereich)
1121 Kundenberatung und -besuche (im Verkaufsstadium)
1122 Vorkalkulation erstellen (Konstruktionsbereich)

Gestaltungstätigkeiten
Fertigungsunterlagen anfertigen

2111 Entwurfskonstruktion
2121 Detailkonstruktion
2131 Einzelteilzeichnungen und kleinere zeichnerische Untersuchungen (keine Detailkonstruktionen)
2141 Zusammenstellungs- und Montagezeichnungen
2142 Fundamentpläne
2151 Stücklisten anfertigen (durch Konstruktion)
2152 Materialaufgabe und -bestellung einschl. techn. Überwachung der Abwicklung, Lieferantengespräche für Auftrag
2161 Kleine Objekte und Konstruktionen (bis 10 Std.)

Berechnen

2211 Entwicklungs- und theoretische Untersuchungen (keine Entwurfskonstruktion)
2212 Berechnung konventionell
2221 Berechnung mit Tischrechner
2222 Rechnerprogramme für Tischrechner
2231 Berechnung mit mittl. und Großrechner
2232 Rechenprogramm für mittl. und Großrechner

Nebentätigkeiten
Normungstätigkeit

3111 Kaufteilekartei führen
3112 Norm- und Kaufteileverschlüsselung und Normteilkontrolle
3121 Zeichnungs- und Stücklistenkontrolle
3131 Erstellen und Bearbeiten von Normen (einschl. Einführung)
3132 Änderung von Normen außer „wegen EDV"
3141 Änderung von Normen „wegen EDV"
3151 Konstruktionsrichtlinien erstellen

Stücklistenverwaltung, Änderungsdienst für Stücklisten und Zeichnungen

3211 Stücklistenaufgabe
3212 Stücklistenänderungen
3213 Alte Stücklisten umstellen auf neue Organisation
3221 Zeichnungsänderungen
3222 Alte Zeichnungen umstellen auf neue Organisation
3231 Lochkartenkorrektur bei Unklarheiten

Technische Stabstätigkeiten

3311 Patentbearbeitung
3321 Betriebl. Vorschlagswesen und Wirtschaftsausschuß
3331 Stabstätigkeit in der KL (Assistent)

Zentrale Hilfstätigkeiten

3411 Zeichenarbeiten (Erneuerungen, Tabellen, Messe usw.)
3412 Zeichenarbeiten Patentwesen
3413 Zeichenarbeiten Konstruktion, Versuch, Betrieb
3414 Zeichenarbeiten Vertrieb
3415 Pauserei
3416 Registratur und Ablage
3417 Mikroverfilmung
3421 Schreib- und Verwaltungsarbeiten, Personalangelegenheiten und sonstige administrative Aufgaben
3422 Aufräumen, Umzug, Raumplanung usw. sowie nicht eingeordnete Tätigkeiten
3423 Ausarbeitung, Absprache und Einführung von Organisationsangelegenheiten

Informationstätigkeiten

4111 Beschreibungen (der Erzeugnisse)
4112 Bedienungsanleitungen
4113 Funktionspläne und -beschreibung
4121 Besprechungen und Diskussionen
4122 Informationen (geben und nehmen)
4123 Anweisungen entgegennehmen
4124 Spezialistenberatung (Stabsspezialisten)
4131 Weiterbildung und Erfahrungsaustausch mit Hochschulen, Verbänden, Firmen
4141 Dokumentation
4142 Lieferantengespräche allgemein

Lenkungstätigkeiten

5111 Anweisungen geben bzw. Anweisungen verteilen
5112 Koordinierung und Information
5113 Terminplanung
5114 Kostenplanung und -kontrolle

Produktionstätigkeiten

6111 Montagebesprechungen und Terminabstimmung
6112 Zusammenarbeit mit Montage und Abnahme in techn. Teilfragen einschl. Kontrollbesprechungen
6121 Versuche vorbereiten und laufende Betreuung
6122 Versuche durchführen
6123 Versuchsberichte anfertigen
6131 Kleine Versuchsobjekte und -tests (Grenze: 15 Std.)

Kundendiensttätigkeiten

7111 Bearbeitung von Kleinkommissionen bis 50 Std.
7121 Arbeiten für gelieferte Maschinen (Reklamationen, Anfragen außer Kleinkomm.)
7122 Kundenbesuche (nicht als Verkaufstätigkeit)

Abb. 12 : Schlüssel für die Tätigkeitsanalyse nach VDI 2210 (Entwurf), S. 19

Das der Norm als Beispiel beigefügte Ergebnis einer Tätigkeitsanalyse ist in Abb. 13 wiedergegeben.

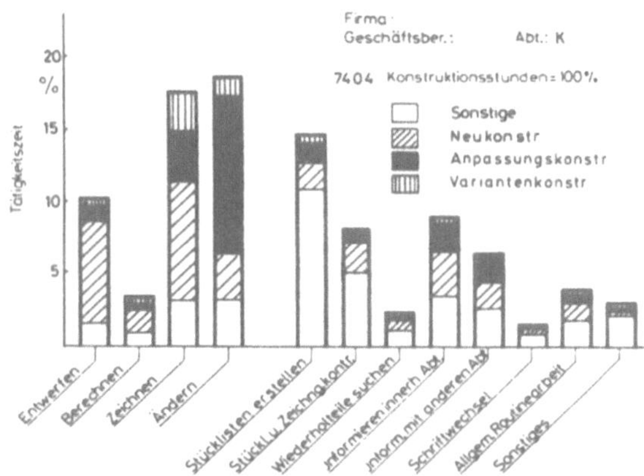

Abb.13 : Verteilung der Tätigkeitszeiten abhängig von den
         Konstruktionsarten (Beispiel einer Auswertung)

Auf dem Gebiet der Zeichnungserstellung und Dokumentation
haben sich in einigen Betrieben vereinfachte Darstellungsformen herausgebildet, deren Formalisierungsgrad über den
der Zeichnungsnormen hinausgeht. Bernhardt referiert in
seinem Artikel mehrere derartige Möglichkeiten[1]. Von besonderem Interesse sind hier die Vordruck- und die Sammelzeichnungen, weil sie auch in der rechnergestützten Variantenkonstruktion angewendet werden[2].

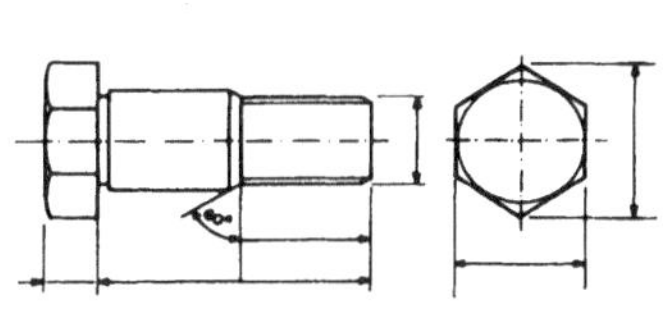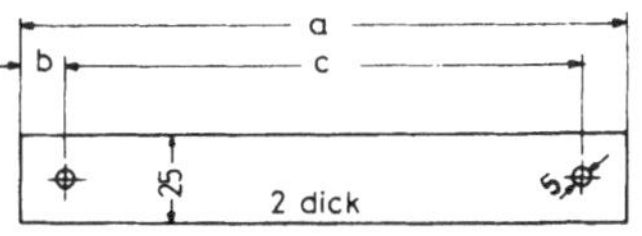

Teile Nr.	a	b	c
-01	70	5	60
-02	100	5	90
-03	200	10	180

Abb.14 : Beispiele für Vordruck- und Sammelzeichnungen
           (BERNHARDT 78)

---

[1] BERNHARDT 78
[2] Vgl. z.B. in GRIEPHAN/WIEBER 76, S. 105

Die Vordruckszeichnung erlaubt die Herstellung einer Werkstattzeichnung für ein Teil einer bestimmten Variantenklasse durch einfaches Bemaßen der vorgedruckten Gestalt. Eine Sammelzeichnung dokumentiert mehrere Teile einer Variantenklasse mit gleicher Gestalt, die sich nur in einzelnen Parametern unterscheiden.

Als weitere Möglichkeit weist Bernhardt auf die numerische Verschlüsselung von einfachen Teilen ohne Zeichnung hin. Diese Darstellungsform zeichnet sich durch einen hohen Formalisierungsgrad aus.

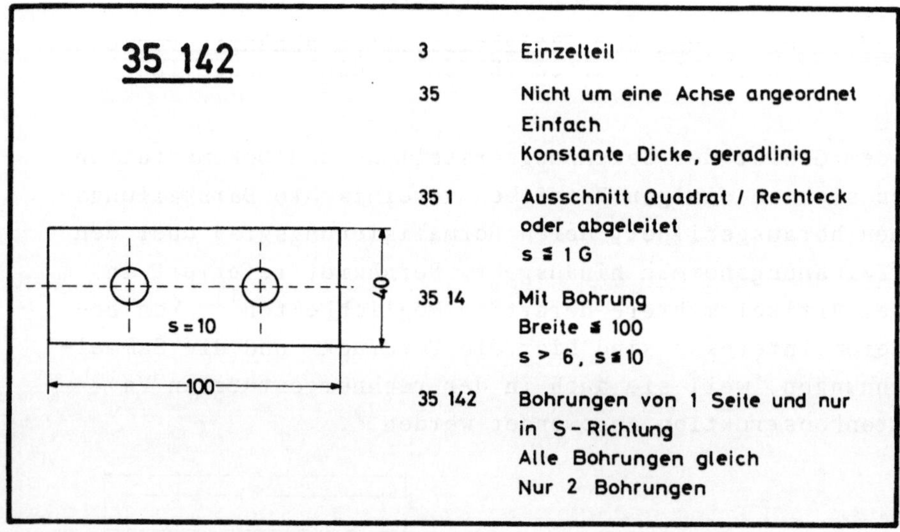

<u>Abb.15</u> : Verschlüsselte Angabe eines Einzelteils
            (BERNHARDT 78)

Formalisierung durch die Abspaltung von Kopfarbeit aus
dem Arbeitsprozeß

Das Prinzip der Abspaltung planender und koordinierender
Kopfarbeitsanteile aus dem Arbeitsprozeß findet bei der
Konstruktion in doppelter Hinsicht Anwendung:

1. Die Konstruktion ist aus der Abspaltung von Kopfarbeit
   aus der Produktion hervorgegangen.

2. Die wissenschaftliche Untersuchung des Konstruktionsprozesses, z.B. durch Hochschulinstitute, hat zu einer
   Reihe von Konstruktionssystematiken geführt. Ein Teil
   der Planung des eigenen Arbeitsvollzuges wurde den Konstrukteuren damit entzogen.

Die wichtigsten Entwicklungsstufen der so entstandenen Konstruktionswissenschaft sollen hier kurz referiert werden[1].

Die Entwicklung begann Anfang der vierziger Jahre. Zu dieser Zeit veröffentlichte Kesselring seine Vorschläge zur
systematischen Optimierung von Konstruktionen. "Kern seines
Vorgehens, in Grundzügen ein konvergierendes Näherungsver-
fahren, ist die Bewertung von erarbeiteten Gestaltungsvari-
anten mit technischen und wirtschaftlichen Beurteilungs-
kriterien."[2] Kesselrings Vorschläge betreffen also nur
einen Ausschnitt aus dem gesamten Konstruktionsprozeß.

Eine erste umfassende Strukturierung der Konstruktionsarbeit wurde von Hansen 1965 vorgelegt. Auf ihn geht die
systematische Zuordnung von Tätigkeiten zu 3 Konstruktionsphasen zurück (Konzipieren, Entwerfen, Gestalten, vgl.
Abb. 16).

---

[1] Die Darstellung folgt im wesentlichen der ausführ-
    lichen Übersicht von HELMERICH 78, dort finden sich
    auch Literaturhinweise (vgl. außerdem PAHL/BEITZ 77)
[2] Ebenda, S. 12

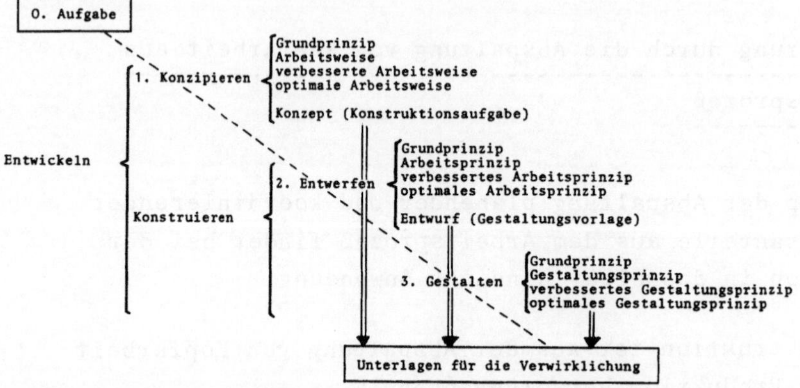

<u>Abb. 16</u> : Konstruktionsmethodik nach Hansen

Diese Arbeiten wurden von Koller Anfang der siebziger Jahre mit dem Ziel der Algorithmisierung aufgegriffen. Koller unterscheidet im Konstruktionsprozeß 17 elementare Tätigkeiten, die er in einem Ablaufschema ordnet (vgl. Abb. 17).

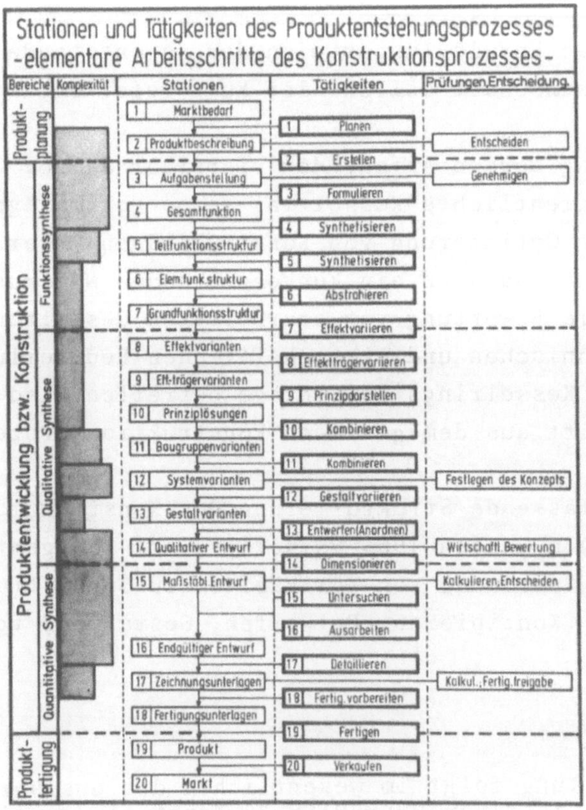

<u>Abb.17</u> : Stationen und elementare Tätigkeiten des Konstruktionsprozesses nach Koller
(die 17 Tätigkeiten von Nr. 2 bis Nr. 18 sind der Konstruktion zugeordnet)

Neben einer solchen Analyse, die den Konstruktionsprozeß
als eine Abfolge spezifischer Aktivitäten darstellt, be-
faßte sich Koller auch mit den Inhalten der einzelnen Aktivitäten. Zur Synthese von komplexen technischen Produkten
stellte er Kataloge von physikalischen Elementar-Effekten
zusammen und Regeln zu ihrer Kombination und stofflichen
Verwirklichung (vgl. Abb. 18). [1]

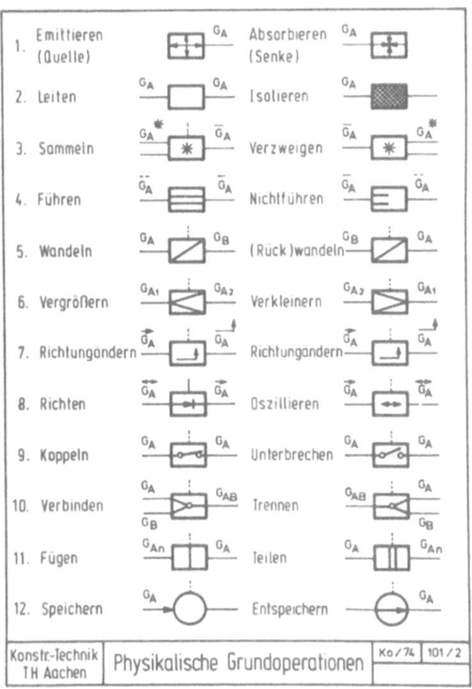

Abb.18 : Physikalische Grund- bzw. Elementarfunktionen
          nach Koller

Vor Koller hatte bereits Roth Vorschläge für ein systema-
tisches Konstruieren mit Konstruktionskatalogen gemacht.
Seine Methode setzt allerdings bei weniger elementaren
Effekten ein. Mit ihr beschäftigt sich eine spezielle VDI-
Richtlinie (VDI 2222 Blatt 2, Entwurf; Erstellung und Anwendung von Konstruktionskatalogen), so daß man annehmen
kann, daß sie erhebliche praktische Bedeutung erlangt
hat (vgl. Abb. 19).

---

[1] KOLLER 74. Nachdruck der Abb. 17, 18 mit freundlicher Ge-
    nehmigung von Prof. Koller, Quelle: R. Roller: Konstruk-
    tionsmethode für den Maschinen-, Geräte- und Apparatebau,
    Berlin/Heidelberg/New York 1976

5.5. Lösungskatalog für die Funktion
„Bewegung mittels Stirnradgetriebe spielfrei umformen"

ART DER SPIELBESEITIGUNG PRINZIP	AUSFÜHRG.	ZAHL DER ÜBERTRAGUNGS-ELEMENTE	STELLE DES SPIEL-AUSGLEICHS	NR.	PRINZIPBILD	BENENNUNG	GRÖSSE DER ÜBERTRAGBAREN KRAFT	ABHÄNGIGKEIT DES SPIELS V VERSCHLEISS	VERSTELLMÖGLICHKEIT IM BETRIEB	BEMERKUNGEN
kraftschlüssig	beliebige Krafterzeugungsart z.B. hydrostat.	Einzeleingriff	unmittelbar zwischen den Zahnrädern	1		Gegeneinanderdrücken durch beliebige Krafterzeuger			Ja	
			zwischen Zahnrad und Gestell	2		radiales Andrücken durch beliebigen Krafterzeuger	mittel			
				3		Pfeilverzahnung, axiales Andrücken durch beliebigen Krafterzeuger				Blindleistung kleiner als bei Lösung 4
	Federn	Doppeleingriff		4		durch Feder verspannter Doppeleingriff (hier Torsionsfeder)			Nein	unterschiedl. Federarten möglich
			zwischen den Zahnrädern des Doppeleingriffs	5		axiales Andrücken zweier Zahnräder gegeneinander (Schrägverzahng)	klein			
	elastische Verformung	Einzeleingriff	unmittelbar zwischen den Zahnrädern	6		'harmonic-drive' mit Vorspanng.	mittel		Nein	für große Übersetzungen
formschlüssig	einstellen und fixieren			7		Verstellen des Achsabstandes (hier durch Verschieben d. Gehäusehälften)				unterschiedl. Verstellmöglichkeiten (z.B. Exzenterbüchse)
			zwischen Zahnrad und Gestell	8		axiales Verstellen bei Pfeilverzahnung			Ja	
		Doppeleingriff		9		Verdrehen und Fixieren der beiden Zahnräder d. Doppeleingriffs	groß		Nein	
			zwischen den Zahnrädern des Doppeleingriffs	10		Pfeilverzahnung, axiales Verstellen gegeneinander durch Distanzstück				
	Distanzstück		zwischen Zahnrad und Gestell	11		Pfeilverzahnung, axiales Verstellen durch Distanzstück			Ja	
		Einzeleingriff		12		Verändern des Achsabstandes durch Distanzstück			Nein	

Abb. 19: Beispiel für einen Konstruktionskatalog

Koller nennt als Ziel für seine Bemühungen um eine gelungene Formalisierung der Konstruktionsarbeit die Substitution von Konstrukteuren durch Computer[1].

Etwas subtiler formuliert der unter der Leitung von Roth stehende VDI-Ausschuß in der Einleitung zur Richtlinie über Konstruktionskataloge:

"Nur mit der Benutzung solcher externer Informationsspeicher ist es möglich, den Konstruktionsprozeß aus seiner völligen Abhängigkeit vom Wissensstand des jeweiligen Konstrukteurs zu lösen, d.h. im Grenzfall, den Konstruktionsprozeß reproduzierbar zu machen"[2].

---

[1] KOLLER 74, vgl. auch 1.2.2.
[2] VDI 2222/2, S. 2

Formalisierung aufgrund der Anwendung der Wissenschaft

Nicht nur die Erforschung und Systematisierung der geistigen Arbeit beim Konstruieren trägt zu einer "wissenschaftlichen" Formalisierung der Konstruktionsarbeit bei. Die
Technik beruht auf der Beherrschung von Naturphänomenen
und hat deshalb auch die Naturwissenschaften, vor allem
Physik und Mathematik, zur Grundlage. Die theoretischen
Modelle zur Beschreibung dieser Phänomene sind ihrem Wesen
nach formal.

Ein Beispiel hierfür ist die Methode der finiten Elemente,
die es gestattet, die Festigkeit einer Konstruktion zu
berechnen. Die Gesetze des Kräftegleichgewichts aus der
Physik erlauben es, das Problem als Gleichungssystem zu
formulieren. Das Gleichungssystem kann mit Hilfe der Regeln
der linearen Algebra gelöst werden. Der Anwendung dieser
formalen Regeln muß allerdings die schwer zu formalisierende Abstraktion der realen Konstruktion auf ein Modell
vorausgehen, das sich mit der Methode der finiten Elemente
behandeln läßt (vgl. Bemerkungen zur These 4 in diesem Abschnitt).

Die mathematisch-naturwissenschaftlichen Grundlagen der
Konstruktion spiegeln sich auch in den vielen Tabellen,
graphischen Darstellungen usw. wieder, die der Konstrukteur
bei seiner täglichen Arbeit benutzt.

Formalisierung durch standardisierte Schnittstellen

Diese Art der Formalisierung tritt besonders an den Grenzen des Konstruktionsbereiches zu den angrenzenden Abteilungen auf. Sie zeigt sich vor allem in den Normen für die
in der Konstruktion erstellten Unterlagen. Einige dieser
Normen haben überbetriebliche Gültigkeit, z.B. für Zeichnungen, viele gelten nur betriebsintern, wie z.B. die

Formulare für Stücklisten.

Szabo weist auf die Probleme der Informationsweitergabe
im Rahmen der Arbeitsteilung innerhalb der Konstruktion
hin:

"Wie Informationsanalysen der Entwürfe zeigen, werden in
der Gestaltungsphase nicht alle erarbeiteten Informationen
dokumentiert, wodurch der Informationsfluß zur Detaillie-
rungsphase nur teilweise gewährleistet ist und deshalb die
fehlenden Informationen nochmals erarbeitet werden müssen." ... "Wegen der mangelnden Dokumentation im Entwurf
waren bei der ... Trennung dieser beiden Bearbeitungsphasen Detailkonstrukteure, die gegenüber Konstrukteuren
über eine geringere Qualifikation verfügen, überfordert."[1]

An anderer Stelle erläutert er:

"Ferner zeigt es sich, daß man bei der gegenwärtigen üblichen Planungsdurchführung die Qualifikation des Konstrukteurs nur z.T. nutzt. Während in der Gestaltungsphase seine Qualifikation den gehobenen Anforderungen der Informa-
tionsgewinnung entspricht, führt er in der Detaillierungs-
phase vielfach einfache Routinearbeiten aus, die seiner
Qualifikation nicht angemessen sind. Aus verständlichen
Gründen dokumentiert dabei der Konstrukteur im Entwurf nur
die für ihn notwendigen Informationen. Daher werden bei
einer evtl. Übertragung der Detaillierung an Detailkonstrukteure mit geringerer Qualifikation (z.B. auch Zeichner)
Rückfragen notwendig.

Aus der dargelegten Situation läßt sich unabhängig von
Maßnahmen zur Automatisierung die Notwendigkeit für die
Neugestaltung und Abgrenzung von Bearbeitungsphasen (z.B.
Gestaltung und Detaillierung) ableiten." ... "Daher müs-
sen eigenständige Tätigkeitskomplexe ebenso wie Bearbei-
tungsphasen hinsichtlich Planungsfunktion sowie Ein- und
Ausgangsinformationen exakt abgegrenzt werden."[2]

---

1) SZABO 77, S. 31
2) Ders., S. 63

Formalisierung im Zusammenhang mit der Produkt-
standardisierung

Für die Standardisierung von technischen Geräten, Baugruppen und einzelnen Bauteilen gibt es eine große Zahl möglicher Gründe, von denen hier nur drei genannt werden sollen.

Zum einen sind dies die Vereinfachungen bei Lagerhaltung
und Wartung, die sich aus der Einschränkung des Produktspektrums ergeben. Der zweite Vorteil besteht in der gesteigerten Auslastung der Fertigungsmaschinen durch hohe
Stückzahlen gleicher Teile. Drittens muß die Produktstan-
dardisierung nicht nur als Quelle von Formalisierungs-
prozessen betrachtet werden: Vor allem im Bereich der Fertigung sind Formalisierung von Arbeitsprozessen und Standardisierung der Arbeitsobjekte - d.h. der Produkte - vielfach gleichbedeutend. Sie treten dort auf als Voraussetzung
der Einführung von Maschinen oder der Ausweitung des Maschineneinsatzes. Wegen ihrer hohen Kostenverantwortung muß
die Konstruktion die beschriebenen Formalisierungsprozesse
in der Fertigung mitvollziehen.
Produktstandardisierungen mit überbetrieblicher Gültigkeit sind vor allem die zahlreichen DIN-Normen. Darüber
hinaus bestehen in den meisten Betrieben Werksnormen,
Wiederholteilkataloge sowie Festlegungen über Standard-
baugruppen und Vorzugsbaureihen. Sie schränken den Spielraum des Konstrukteurs häufig auf die Auswahl eines geeigneten Normteiles ein, das den vorgegebenen Mindestanfor-
derungen genügt. Im Interesse einer rationellen Fertigung
verpflichten sie ihn, seinen Entwurf auf möglichst weitgehende Anwendung von Normteilen hin zu überprüfen.

Formalisierung aufgrund der Anwendung von Normen
----
und Gesetzen

Neben den im vorigen Abschnitt behandelten Normen zur Pro-
duktstandardisierung hat der Konstrukteur eine Reihe weiterer, teilweise staatlich erlassener, Vorschriften zu
beachten. Diese Vorschriften betreffen technische und wirtschaftliche Aspekte der Konstruktion. Zu ersteren zählen
z.B. Sicherheitsbestimmungen für Umweltschutz und Arbeitssicherheit, Qualitätsnormen, wie sie zum Teil in DIN-Normen
niedergelegt sind, besondere Auflagen öffentlicher Auftrag-
geber sowie die gesetzlichen Bestimmungen über die Verwendung von Maßeinheiten. Die Anwendung solcher Vorschriften
bzw. der Nachweis ihrer Einhaltung nimmt einen beträchtlichen Raum in der Arbeit des Konstrukteurs ein. Nach den
Untersuchungen von Mathieu und Hildebrand steht der Ar-
beitsgang "Normprüfung" etwa gleichberechtigt neben "Konstruieren", "Konstruktionsprüfung" und "Konstruktionsbe-
wertung".[1]

Insbesondere bei der Konstruktion für die auftragsgebunde-
ne Einzelfertigung hat der Konstrukteur auch kaufmännische
Aufgaben bei der Erstellung von Angeboten. Bei der Erledigung dieser Aufgaben muß er die im Geschäftsverkehr
vorgeschriebenen oder üblichen Normen beachten.

Ansatzpunkte für den Computereinsatz

Dieser Abschnitt faßt die unter der These 1 gesammelten
Ergebnisse zusammen und ordnet die gefundenen Ansatzpunkte
den einzelnen Phasen des Konstruktionsprozesses zu.
Abb. 20 dient der Veranschaulichung der Zuordnung. Die
eingetragenen Balken geben an, welche Phasen von den ge-

---

[1] zitiert nach GRIEPHAN/WIEBER 76, S. 98.

fundenen Ansatzpunkten betroffen sein können, ihre Breite
symbolisiert den Automatisierungsgrad, der sich durch den
Einsatz des Computers in der Phase erzielen läßt[1]. Die
Übersicht über den heutigen Stand der Technik im Abschnitt
1.3.4. wird zeigen, daß die hier aufgezählten Ansatzpunkte
tatsächlich für die Entwicklung von CAD bis heute bestim-
mend waren.

Die Digitalrechner-Technologie wurde ursprünglich zur Ausführung von numerischen Berechnungen entwickelt und viele
heutige CAD-Anwendungen automatisieren technische Berechnungsverfahren, gingen also aus der "Formalisierung aufgrund
der Anwendung der Wissenschaft" hervor (1.). Im Laufe der Zeit
hat sich eine Reihe verschiedener Anwendungsformen für
die Ausführung von Konstruktionsberechnungen mit Hilfe
des Computers herausgebildet.

(1.1.) isolierte Spezialanwendungen

Für eine einmalig auftretende Berechnung wird ein spezielles Programm entwickelt. Dies Vorgehen ist wegen
des Programmieraufwandes nur bei relativ einfachen
Berechnungen (z.B. Basic-Tischcomputer) oder bei ma-
nuell schlecht handhabbaren Verfahren (z.B. Simulatio-
nen) praktikabel. Der Automatisierungseffekt ist relativ gering. Betroffen ist im wesentlichen die Phase
der Gestaltung und die angrenzenden Bereiche.

(1.2.) Standardprogramme für häufig auftretende Berechnungen

Entsprechend allgemein abgefaßte Programme für Rou-
tineberechnungen lassen sich immer wieder verwenden.
Wegen des nur einmalig anfallenden Programmieraufwandes hat ihre Anwendung überall dort eine spürbare
Rationalisierungswirkung, wo durch die Gleichartigkeit
der konstruierten Produkte oder die Anwendung der Konstruktionswissenschaft entsprechend routinisierte
Berechnungen auftreten.

---

[1] Ein durchgehender Balken symbolisiert dabei nicht unbedingt auch eine durchgehende Unterstützung durch eine
entsprechende CAD-Anwendung.

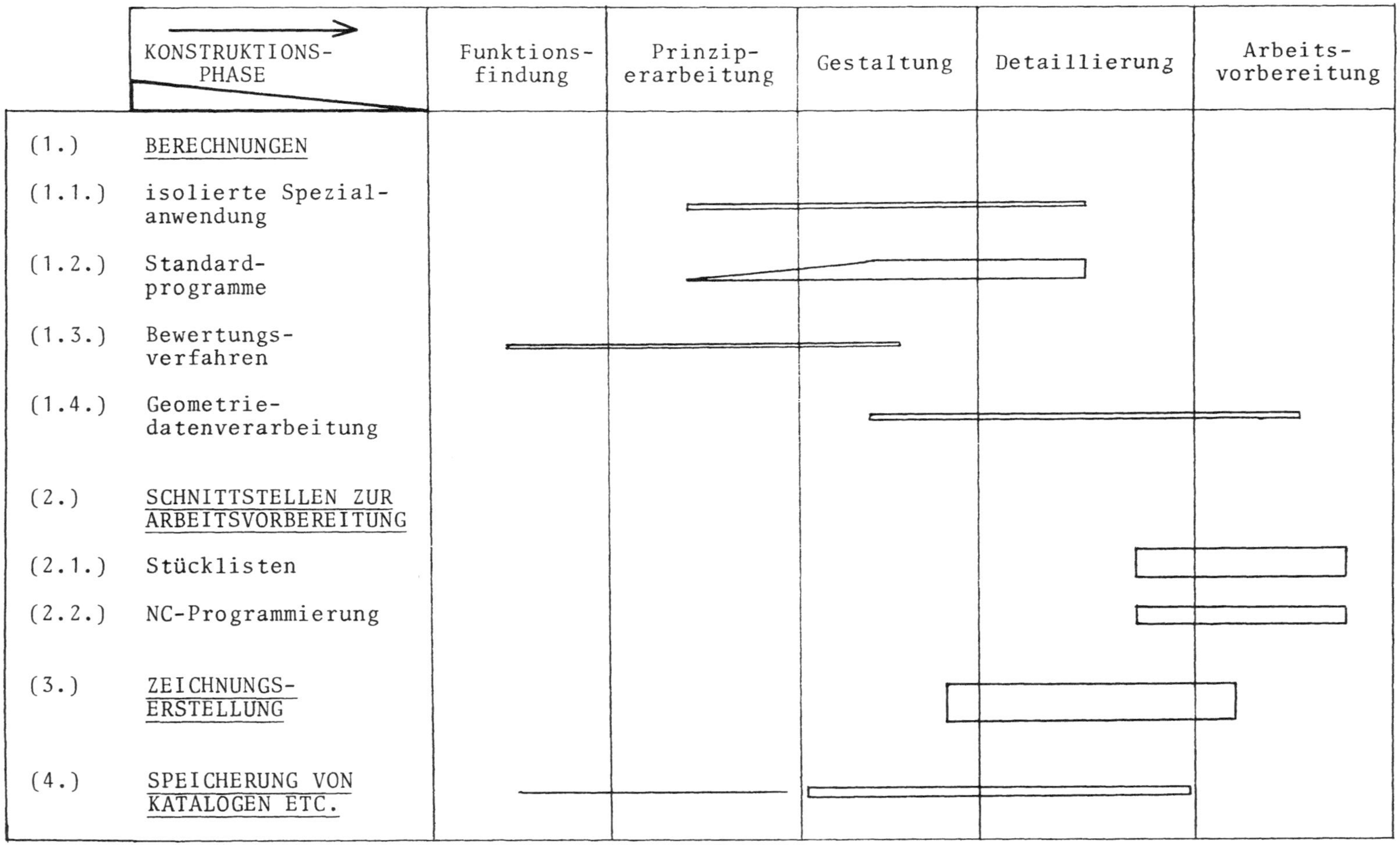

KONSTRUKTIONS-PHASE	Funktions-findung	Prinzip-erarbeitung	Gestaltung	Detaillierung	Arbeits-vorbereitung
(1.) BERECHNUNGEN					
(1.1.) isolierte Spezial-anwendung					
(1.2.) Standard-programme					
(1.3.) Bewertungs-verfahren					
(1.4.) Geometrie-datenverarbeitung					
(2.) SCHNITTSTELLEN ZUR ARBEITSVORBEREITUNG					
(2.1.) Stücklisten					
(2.2.) NC-Programmierung					
(3.) ZEICHNUNGS-ERSTELLUNG					
(4.) SPEICHERUNG VON KATALOGEN ETC.					

Abb. 20: Ansatzpunkte für den Computereinsatz

(1.3.) Bewertungsverfahren

Eine spezielle Form von Berechnungen stellen die systematischen Verfahren zur Bewertung von Konzeptvarianten dar (z.B. Nutzwertanalyse). Ihr Einsatz in der Prinziperarbeitung ermöglicht gewisse Rationalisierungserfolge, deckt jedoch nur einen geringen Teil der in dieser Phase zu erledigenden Aktivitäten ab.

(1.4.) Geometriedatenverarbeitung

Hierbei werden geometrisch kompliziert geformte Objekte, die sich anders nur schwer darstellen lassen, mit dem Computer behandelt. Die Geometriedatenverarbeitung beruht wesentlich auf der Anwendung geometrisch-mathematischer Gesetzmäßigkeiten. Sie wird vor allem eingesetzt zur Vorbereitung und Herstellung von NC-Programmen.

Durch Routinisierung und Standardisierung an den <u>Schnittstellen der Arbeitsvorbereitung</u> zu den angrenzenden Bereichen entwickelten sich ebenfalls Ansatzpunkte für den Computereinsatz (2.):

(2.1.) Stücklistenbearbeitung

Die Stücklistenbearbeitung setzt erst nach Abschluß der kreativ-planenden Aktivitäten ein und dient der Dokumentation von deren Ergebnissen in streng formalisierter Weise. Der hohe Formalisierungsgrad dieser Tätigkeit und ihr recht großer Aufwand legt ihre Maschinisierung nahe.

(2.2.) NC-Programmierung

Die Umsetzung einer gegebenen Werkstückgeometrie in ein NC-Programm ist ebenfalls eine sehr schematische und recht aufwendige Tätigkeit, die für den Computereinsatz in Frage kommt.

Die Maschinisierung der <u>Zeichnungserstellung</u> (3.) kann sich
auf Berechnungsverfahren aus der Geometriedatenverarbeitung
sowie auf die Normen über Konstruktionszeichnungen stützen.
Da nach diesen Normen alle Information über die Konstruktion in der Zeichnung enthalten sein soll, kann die automatische Erzeugung von Stücklisten und NC-Programmen direkt
angeschlossen werden. Bei der Variantenkonstruktion kann
die Produktsystematik die Maschinisierung erleichtern.
Automatisierte Zeichnungserstellungssysteme stellen zur Zeit
die weit verbreitetste und ausgereifteste Anwendung dar.

Der letzte der hier zu erwähnenden Ansatzpunkte für die Maschinisierung ergibt sich aus der Möglichkeit der maschinellen <u>Speicherung</u> von umfangreichen Datenmengen und deren ge-
zieltem Abruf (4.). Diese Möglichkeiten können im Bereich der
Gestaltung und Detaillierung für das Aufsuchen von Normteilen aus Normen oder Standardteilen aus Katalogen zur
Rationalisierung genutzt werden. In den Phasen der Prinziperarbeitung und der Funktionsfindung besteht die Möglichkeit
der Anwendung maschinisierter Konstruktionskataloge. Die
Effektivität einer solchen Anwendung ist allerdings umstritten[1].

Der Stand der CAD-Software-Entwicklung wird in den folgenden Abschnitten, insbesondere im Abschnitt 1.3.4., unter
den verschiedenen Gesichtspunkten noch detaillierter dargestellt werden.

---

[1] Vgl. die Auseinandersetzung mit Koller in 1.2.2.

1.3.2. <u>Zu These 2</u>: "Der Maschineneinsatz bewirkt eine
verstärkte Anwendung der Prinzipien
"Arbeitsteilung" und "Formalisierung
von Arbeit". Bestimmte menschliche
Arbeiten werden dabei durch die Maschine ersetzt."

Empirische Untersuchungen, die diese These für den Konstruktionsbereich zu belegen gestatten, liegen bisher noch nicht
vor. Sie werden sich in der Branche Maschinenbau auch erst
sinnvoll durchführen lassen, wenn die CAD-Anwendungen das
derzeitige eher experimentelle Stadium verlassen haben[1].

Im folgenden kann also nur gezeigt werden, daß die Entwicklung für die drei Aspekte "Arbeitsteilung", "Formalisierung"
und "Ersetzung von Arbeit" in der Tendenz der Aussage der
These 2 folgt.

Wie eng arbeitsorganisatorische Rationalisierung und Maschineneinsatz ineinandergreifen, belegt das folgende Zitat,
dessen Aussage mir von mehreren CAD-Experten bestätigt
wurde:

"The problem is that there are no reliable means of evaluating the impact (gemeint im ökonomischen Sinne,d.V.)of CAD
in those areas where it is used. Certainly, costs can be
compiled and compared and almost everyone <u>feels</u> that better
design results from the use of CAD. But management is
correct to ask, whether the improvements have come about
due to the CAD itself or the rationalization and revision
of procedures that came about whilst implementing it."[2]

---

[1] Die sozialwissenschaftliche Studiengruppe am Kernfor-
schungszentrum Karlsruhe hat sich dies Ziel gesteckt;
vgl. Pilotstudie BECHMANN et al. 78.

[2] LEESLEY 78, S. 229 f.

Ausbau der Arbeitsteilung

Ein Mitarbeiter am Institut für Rechneranwendungen im Maschinenbau der TU Karlsruhe, der in mehreren Betrieben an
der Einführung von Zeichnungserstellungssystemen der Firma
Computervision beteiligt ist, teilte mir die folgenden Be-
obachtungen mit:

Während es in allen Betrieben bis zur Umstellung üblich
war, daß die Konstrukteure selbst einen Teil der Konstruktionszeichnungen am Reißbrett anfertigten, soll dies in
der Regel nach Einführung des Systems nicht mehr der Fall
sein. Die Konstrukteure übergeben den in die Bedienung des
Systems eingewiesenen Zeichnern Handskizzen, die diese
dann ins System eingeben. Wegen der andersartigen Qualifikation der Zeichner kommt der Vollständigkeit und Genauig-
keit der Angaben des Konstrukteurs große Bedeutung zu.
Diese Ausweitung der Arbeitsteilung hat allerdings in einigen Betrieben zu so erheblichen Kommunikationsproblemen
geführt, daß noch unklar ist, ob sie aufrecht erhalten
werden wird.

Über die mit einer solchen forcierten Arbeitsteilung verfolgten Ziele gibt das Buch von Szabo Auskunft. Bereits
das Zitat im Abschnitt "Formalisierung durch standardisierte Schnittstellen" belegt das Ziel, die Konstrukteure ausschließlich an ihrer hohen Qualifikation entsprechenden
Problemen arbeiten zu lassen und für einfachere Teilarbeiten, soweit sie nicht automatisiert werden, minderqualifi-
zierte - d.h. billigere - Arbeitskräfte heranzuziehen.

Dies kann sowohl für die Konstrukteure als auch für die
Zeichner eine Arbeitsintensivierung zur Folge haben. Für
die Konstrukteure nimmt der Anteil anspruchsvoller Tätigkeiten zu, der Anteil möglicherweise entspannender Routinetätigkeiten wie Zeichnungserstellung dagegen ab. Cooley
schreibt: "In some design activities I have examined, the
decision making rate has been increased by something

like 1900 %."[1]

Über die Tätigkeit der Zeichner schreibt Szabo:
"Außer der unmittelbaren Automatisierbarkeit ergeben sich
durch die Abgrenzung von Bearbeitungsphasen bzw. Tätigkeits-
komplexen mehrere Vorteile. Es können z.B. Zeichnungs-
pools ausgegliedert werden, damit man eine hohe Flexibilität hinsichtlich der Kapazitätsplanung und -auslastung
erzielen kann."[2]

In Anbetracht der Erfahrungen, die mit der Einrichtung von
Schreibpools im Verwaltungsbereich gemacht wurden, erscheint
die Befürchtung nicht unbegründet, daß die angestrebte
flexiblere Kapazitätsauslastung auf eine Intensivierung
der Arbeit der Zeichner hinausläuft.

Die beschriebene rigidere Arbeitsteilung wäre im Prinzip
auch ohne den Maschineneinsatz denkbar gewesen. Mit der
Einführung des Zeichnungserstellungssystems wird sie aus
wirtschaftlichen Gründen förmlich erzwungen, denn der
kostspielige graphische Bildschirmarbeitsplatz arbeitet
nur bei optimaler Auslastung rentabel[3]. Eine hohe Auslastung läßt sich am ehesten durch hochgeübtes, spezialisier-
tes Bedienungspersonal erreichen und durch eine Arbeitsorganisation, die die Benutzung vom wechselnden Bedarf des
einzelnen Konstrukteurs möglichst entkoppelt.

Eine weitere Form der Arbeitsteilung ergibt sich aus den
unterschiedlichen Möglichkeiten der Benutzer, Modifikatio-
nen am System vorzunehmen, und aus den Unterschieden bei
ihrer DV-Qualifikation. Dieser Aspekt wird im Zusammenhang
mit der These 3 genauer ausgeführt werden. Zumindest auf

---

[1] COOLEY 76, S. 310

[2] SZABO 77, S. 63; unter einem Pool versteht man die Her-
auslösung bestimmter Tätigkeiten aus ihrem Abteilungs-
zusammenhang und ihre Zentralisierung in einer eigenen
Abteilung.

[3] Für alphanumerische Terminals gilt dies wegen des Preis-
verfalls der Hardware u.U. nicht mehr.

die Trennung zwischen Konstrukteuren und Zeichnern, die
für die Arbeit am CAD-System ausgebildet werden und dort
auch arbeiten, und solchen, die nicht am System arbeiten,
soll hier kurz hingewiesen werden. Mit der weiteren Verbreitung von CAD wird diese Trennung möglicherweise wieder verschwinden.

Verstärkte Formalisierung

Die verstärkte Formalisierung betrifft beim derzeitigen
Stand der CAD-Anwendungen, der durch Insellösungen gekennzeichnet ist, hauptsächlich den Bereich der direkten
Mensch-Computer-Interaktion sowie die Standardisierung
von Konstruktionsunterlagen.

Bei der Mensch-Computer-Interaktion sind strenge formale
Regeln zu beachten, die mit der Definition von Syntax
und Semantik der verwendeten Interaktionssprache bei der
Programmerstellung festgelegt werden[1]. Allein in der
Tatsache der Festlegung ist bereits eine gewisse Formalisierung zu sehen. Darüber hinaus schränken die Programme den Konstrukteur oder Zeichne r mehr oder weniger stark
ein hinsichtlich der Reihenfolge, in der er Aktivitäten
ausführt.

Die Bedeutung der Interaktionssprache für die Formalisierung soll kurz anhand von Beispielen erläutert werden.

Die Syntax der Sprachen zur Eingabe allgemeiner alphanumerischer Daten und geometrischer Objekte in CAD-Program-
me zeichnet sich in vielen Fällen durch eine Starrheit
aus, die in anderen Bereichen der Rechneranwendung, insbesondere bei modernen Programmiersprachen, längst überwunden ist. Hieraus ergibt sich für die Arbeiten an der

---

[1] Eine ausführliche interdisziplinäre Untersuchung dieses Sachverhalts findet sich in KAISER 79b.

Mensch-Computer-Schnittstelle ein hoher Formalisierungsgrad; selbst kleinste Darstellungsspielräume sind kaum
mehr vorhanden.

In einer Untersuchung des für die staatliche CAD/CAM-Förde-
rung zuständigen Projektträgers wurden Eingabekonventionen
für CAD-Berechnungsprogramme erarbeitet und zur Standardisierung empfohlen. Nach kurzer Vorstellung weniger stark
formalisierter Eingabemöglichkeiten berichten die Autoren:

"Dieses Ziel (der leichten Lern- und Merkbarkeit, d.V.)
wird jedoch häufig nicht erreicht. Deshalb beschränken
sich viele Anwender auf Eingabekonventionen, die nur einen
kleinen Teil der geschilderten Möglichkeiten ausnutzen,
die es jedoch gestatten, wirkungsvolle Hilfsmittel zur Datenerfassung, wie z.B. Eingabeformulare, anzuwenden[1].
Abb. 21 zeigt als Beispiel ein nach den Konventionen ge-
staltetes Eingabeformular.

Ebenfalls einen hohen Formalisierungsgrad weisen Sprachen
zur Werkstückbeschreibung auf. Das in der Sprache des Systems REKO 2 abgefaßte Teileprogramm in Abb. 22 soll dies
verdeutlichen[2]. Diese häufig aus der NC-Programmierung
hervorgegangenen Sprachen[3] lassen sich interpretieren als
Fortentwicklung der im vorigen Abschnitt dargestellten
Einzelteil-Verschlüsselung.

Die Formalisierung betrifft nicht nur die syntaktische
Ebene von Werkstückbeschreibungssprachen. Sie wird auch be-
stimmt von den zur Darstellung verwendeten geometrischen
Grundelementen und der eingesetzten Macrotechnik.

---

1)   AHN/BÖKELER/HAAS 77, S. 15
2)   aus OPITZ/WESSEL 77, S. 54
3)   z.B. COMPAC aus APT, vgl. OPITZ/WESSEL 77, S. 71

QUE1 Quer-schn.	Bezeichnung d. Querschnittes							Größe des Querschnittswertes					
	1	2	3	4	5	6		1	2	3	4	5	6

ZKZ	Spur 1	Spur 2	Spur 3	Spur 4	Spur 5	Spur 6	S1 S2	Schnitt	Wort 1	Wort 2	Wort 3	Wort 4	Wort 5	Wort 6
QUE1	Q1	I1							1.0					
QUE1	Q1						I1							1.0
QUE1	A98	I1	I2	IT	F	FVFW			1.0	10.0	5.0	4.0	4.8	4.8
QUE1	QA1	IT	I1		F				5.0	1.0		4.0		

Abb. 21 : Empfehlungen für Eingabekonventionen zu CAD-
Berechnungsprogrammen

```
5       WELLE 5
        CYL     / 60,  F,  X=0, Y=0, Z=0 /
        CYSSO   / 60, 296.5, 52, 6, X=0 /
        CYBEOL/ F,  4 /
        CYBEOR/ F,  4 /
        CYL     / 45, 42 /
        CYRRO   / F, 2.5, 1.25,  X=35.25 /
        CYTOOL/ F, 2.5 /
        CYBEOR/ F, 1 /
        SURFQU/ 0.016 /
        PLONG   / X=338.5 /
        MATERL/ 50 CR V 4 /
        END     /
```

KEILW. DIN 5461
N= 6 KEILE

Erläuterungen zur Teilebeschreibung WELLE 5

```
CYL       /60,F,X=0,Y=0,Z=0/
          Zylinder/Durchmesser = 60 mm, freie Länge, X,Y,Z-Koordinaten=0/

CYSSO     /60,296.5,52,6,X=0/
          Keilwelle/Durchmesser außen = 60 mm,Länge der Keilwelle = 296,5
          mm, Durchmesser innen = 52 mm, Anzahl der Keile = 6, X-Koordi-
          natenwert = 0/

CYBEOL    /F,4/
          Fase links/ freier Durchmesser, Länge der Fase = 4 mm/

CYBEOR    /F,4/
          Fase rechts/ freier Durchmesser, Länge der Fase = 4 mm/

CYL       /45,42/
          Zylinder/Durchmesser = 45, Länge = 42 mm/

CYRRO     /F,2.5,1.25, X = 35.25/
          Passungsabsatz,bzw.Einstich/freier Durchmesser, Länge des Ein-
          stichs = 2.5 mm,Radius des Einstichs = 1.25mm, X-Koordinate
          des Einstichs = 35.25 mm bezogen auf das vorherige Hauptelement/

CYTOOL    /F,2.5/
          Freistich/freier Durchmesser,Länge des Freistichs = 2,5 mm/

CYBEOR    /F,1/
          Fase rechts/freier Durchmesser,Länge der Fase = 1 mm/

SURFQU    /0.016/
          Oberflächengüte/Rauhigkeit = 16 um/

PLONG     /X = 338.5/
          Bauteillänge/in X-Richtung 338.5 mm/

MATERL    /50 CR V 4/
          Material/Werkstoffangabe/

END       Ende des Datensatzes
```

Abb. 22 : Beispiel für eine alphanumerische Eingabesprache für Werkstücke (System REKO2)

Die meisten Systeme gehen von einfachen geometrischen
Grundelementen aus, wie sie schon am Beispiel des REKO2-
Systems gezeigt wurden. Dies Vorgehen wird auch als Ele-
mente-Verfahren bezeichnet (Abb. 23). Bei nicht rotations-
symmetrischen Teilen sind die entsprechenden Grundelemente
Geraden, Kreisbögen etc. (für 2 D-Darstellungen) und einfache
Volumenelemente wie Kubus, Prisma, Zylinder etc. (bei 3 D).

Verfahren **zur** **Dimensionsvariation**		**Freie Gestalt:** nach Eingabe der Maße erfolgt Ausgabe der maßstabsgerechten Werkstattzeichnung
Standardteil- **verfahren**		**Standardisierte** **Gestaltvarianten:** nach Auswahl der Variante erfolgt Dimensionsvariation wie oben
Komplexteil- **verfahren**		**Komplexe geometrische** **Makros:** nach Auswahl der Makros und Eingabe der Makro-Maße erfolgt Aus- gabe d. Werkstattzeichnung
Elemente- **verfahren**		**Geometrische Grundelemente** Es werden Art, Reihenfolge und Abmessungen der Grundelemente eingegeben, die Verknüpfung zum Ein- zelteil erfolgt per Programm.

Abb. 23 : Techniken der Makrobildung bei Werkstück-
Beschreibungssprachen

Die Zerlegung aller einzugebenden Werkstücke in solche
Grundelemente bringt die geringsten Einschränkungen der
Darstellungsmöglichkeiten mit sich, erweist sich allerdings auch als sehr zeitraubend. Deshalb bieten viele
Systeme darüber hinaus Möglichkeiten der Macrobildung. Den
Verfahren ist gemeinsam die Möglichkeit, einmal zusammenge-
stellte geometrische Komplexe wieder aufzurufen. Beim Kom-
plexteilverfahren werden wichtige kompliziertere Formele-
mente als Macros bereitgehalten. Dabei besteht in der Regel die Möglichkeit, Macros und Grundelemente zu vermi-
schen (z.B. im CADDS3-System). Beim Standardteileverfah-
ren besteht diese Möglichkeit oft nicht mehr. Die vorgegebenen Standardteile können in ihrer Gestalt und Dimen-

sion durch entsprechende Parameter mehr oder weniger
stark variiert werden. Die Vereinfachung der Eingabe auch
komplexer Werkstücke auf die Auswahl eines geeigneten
Standardteils und Angabe der Parameter geht allerdings
zu Lasten der Flexibilität. Denn die Zahl der angebotenen
Standardteile läßt sich wegen des damit verbundenen Programmieraufwandes und der Unübersichtlichkeit des Angebots
nicht unbegrenzt erhöhen. Einen Spezialfall des Standard-
teileverfahrens stellen Verfahren zur Dimensionsvariation
dar, bei denen Teile einer fest vorgegebenen Gestalt nur
noch in einigen Abmessungen variiert werden können. Das
Verfahren entspricht den im vorigen Abschnitt erwähnten
Vordruck- und Sammelzeichnungen und wird diesen Techniken
zu weiterer Verbreitung verhelfen. Abb. 24 zeigt ein An-
wendungsbeispiel.

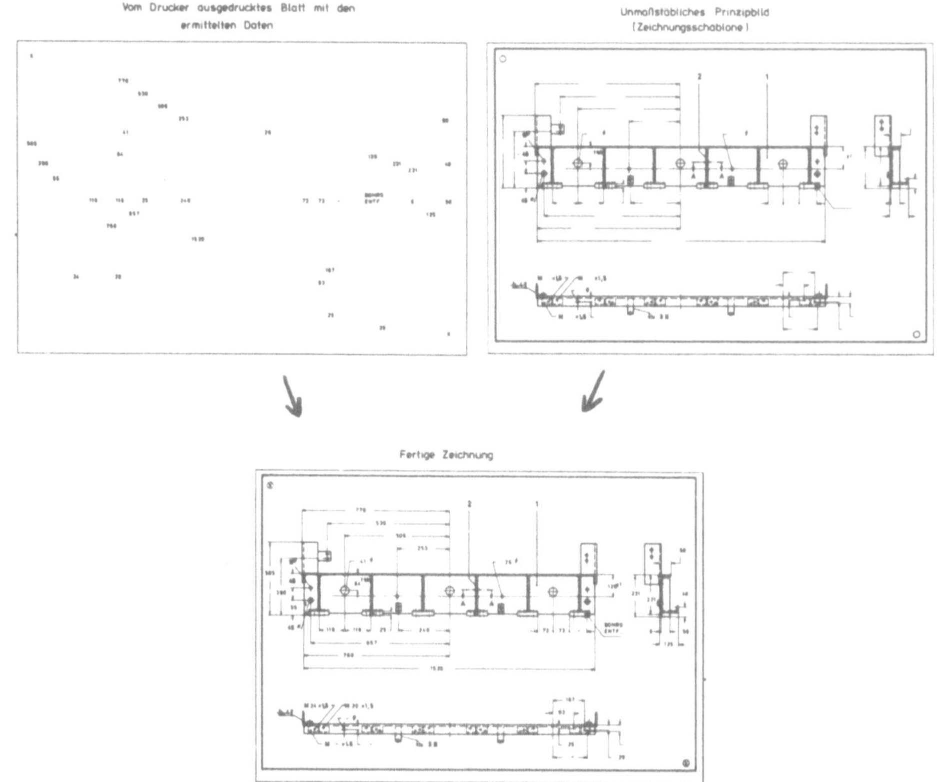

<u>Abb. 24 :</u> Werkstückbeschreibung auf der Grundlage der
Dimensionierung einer vorgegebenen Gestalt.
(aus: VDI 2211, Bl. 3, Entw., S. 25)

Die Reihenfolge der in der Abb. 23 dargestellten Verfahren entspricht einem von unten nach oben wachsenden Formalisierungsgrad. Die Verfahren lassen erwarten, daß die Tätigkeit des Auswählens aus vorgegebenen Elementen in der Tätigkeit der Konstrukteure und Zeichner eine wachsende Bedeutung haben dürfte. Eine ähnliche Entwicklung könnte langfristig auch für die Arbeiten in der Prinziperarbeitungsphase gelten, wenn sich einige z.Zt. noch experimentelle Systeme, die auf der Anwendung von Konstruktionskatalogen beruhen, durchsetzen können[1]. Das Fehlen von Kreativität des Computers, dessen Möglichkeiten sich auf den Rückgriff auf bereits Bekanntes beschränken, findet hierin einen sehr offensichtlichen Ausdruck.

Ein letzter Aspekt der Formalisierung im Zusammenhang mit den Eingabesprachen soll noch erwähnt werden: Für die Erstellung brauchbarer Zeichnungen und eine eventuelle Weiterverwendung der Werkstückdaten für andere Zwecke müssen neben den geometrischen Daten noch andere Datenarten vorgesehen werden:

- konstruktive Daten, z.B. Zugehörigkeit von Teilen zu Baugruppen[2],

- technologische Daten, z.B. Toleranzen, Oberflächenbearbeitung[2],

- organisatorische Daten, z.B. Zeichnungsnummer, Name des Verantwortlichen[3].

Für solche Angaben existieren in der Regel auch schon vor der Einführung eines CAD-Systems Normen, die jedoch gegebenenfalls von den Konstrukteuren durchbrochen werden konnten. Mit der Umstellung auf eine formale Eingabesprache

---

[1] Vgl. z.B. SPIEGELS 76, KRUMHAUER 74

[2] KAISER 79a

[3] SZABO 77

werden diese Möglichkeiten - z.T. bewußt - eingeschränkt,
weil genaue Formatvorschriften gegeben sind[1]. Standardisierung der Konstruktionsunterlagen und Formalisierung der
Arbeit durch Einführung der Mensch-Computer-Interaktion
lassen sich hier kaum trennen.

Die strenge Standardisierung von Konstruktionsunterlagen
ließe sich im Prinzip auch ohne den Computereinsatz durchführen. Die Möglichkeiten der Verwendung selbstdefinierter
Symbole, von Abweichungen von der vorgeschriebenen Formu-
larbenutzung oder ähnliche "Unregelmäßigkeiten" verbieten
sich von selbst, wenn sie in den Programmen zur Erstellung
der Konstruktionsunterlagen nicht explizit vorgesehen sind.
Die nach den Ergebnissen der Informations- und Tätigkeits-
analysen (vgl. den Abschnitt "Formalisierung durch Routinisierung") effektivste Form der Gestaltung der Unterlagen
wird mit der Software-Erstellung festgeschrieben. Da CAD-
Software wegen der hohen Herstellungskosten in der Regel
von mehreren Betrieben genutzt wird, werden die darin ent-
haltenen Standardisierungen entsprechend verbreitet.

Die bisherige Darstellung konzentrierte sich auf die for-
malisierenden Wirkungen des Maschineneinsatzes auf die
menschliche Arbeit in der Konstruktion. Zum Schluß dieses
Abschnitts soll noch kurz auf den Aspekt der Formalisierung
von bereits geleisteter Kopfarbeit in Gestalt der CAD-
Programme eingegangen werden. Diese Programme sind eine"Ver-
gegenständlichung" der in der langjährigen Arbeit von
Konstrukteuren, Wissenschaftlern und Systemanalytikern gewonnenen Kenntnisse und Erfahrungen.

Mit ihrer Festschreibung in Programmen werden diese Poten-
tiale unabhängig von ihren Urhebern verfügbar. In bewußter
Überspitzung könnte man von einer Enteignung der Kopfarbeit
sprechen. Im Zusammenhang mit den Problemen älterer Kon- ·
strukteure, denen die Bedienungskomplexität des Computers

---

[1] z.B. bei der Firma BBC, Mannheim, pers. Mitt.

besondere Schwierigkeiten macht, schreibt Cooley:

" The older members of the design community, who have de-
voted a lifetime to building-up the know-how embodied
in the software-packages, find that they experience a
'careers de-escalation'. At that stage, their status in
the design team, and their salaries begin to decline.."[1]

Schlechtendahl nennt "die größere Unabhängigkeit von Personal als Folge der Verlagerung eines Teils des Know-how in
die Programme" als Vorteil des CAD-Einsatzes[2]. Auch die
"Verantwortungsverlagerung von der aktuellen Problembear-
beitung zur Programmentwicklung" als Vorteil des CAD-Einsatzes, auf die Spur und Krause hinweisen, deutet in diese
Richtung[3]. Die Konstrukteure werden durch diese Entwicklung tendenziell leichter austauschbar.

Ersetzung menschlicher Arbeit durch CAD-Einsatz

Wegen des bereits oben erwähnten Mangels an empirisch er-
hobenem Material kann in diesem Abschnitt nur untersucht
werden, welche möglichen Gefahren der CAD-Einsatz für die
Arbeitsplätze der in der Konstruktion Beschäftigten mit
sich bringt. Zuvor sollen einige Rahmenbedingungen genannt
werden, die für Personaleinsparungen durch CAD-Einsatz von
Bedeutung sind.

1. Das in der Konstruktion - vor allem für auftragsgebun-
   dene Einzelfertigung - zu bewältigende Arbeitsvolumen
   nimmt wegen der wachsenden Konkurrenz auf dem Absatz-
   markt stark zu. Konnte eine Firma noch vor zehn Jahren
   damit rechnen, im Durchschnitt bei jeder zweiten ausge-
   arbeiteten Angebotskonstruktion den Auftrag zu bekommen,
   so steht heute nicht selten zehn Angeboten nur ein
   Auftrag gegenüber.

---

[1] COOLEY 76, S. 310
[2] SCHLECHTENDAHL 76, S. 490.
[3] SPUR/KRAUSE 76, S. 194

2. Wegen der hohen Kostenverantwortung der Konstruktion[1]
   sind von einer Leistungssteigerung in diesem Bereich
   höhere Rationalisierungserfolge zu erwarten als von
   einer dort unmittelbar erzielten Einsparung bei gleichbleibender Leistung.

3. Während Anfang der siebziger Jahre die Unternehmen
   große Schwierigkeiten bei der Deckung ihres Bedarfs
   an Ingenieuren und Zeichnern hatten, hat sich die
   Arbeitsmarktsituation inzwischen umgekehrt, wie die
   folgenden Zahlen zeigen:

   Für "technische Sonderfachkräfte" - hierzu zählen technische Zeichner und verwandte Berufsgruppen - registrier-
   te die Bundesanstalt für Arbeit

   - 1969   7756 offene Stellen   827 Arbeitslose
   - 1977   1827 offene Stellen   12 843 Arbeitslose .

   Die folgenden Angaben für Ingenieure der Maschinenbau-
   und Fahrzeugbauindustrie sind wegen der abweichenden
   Aufschlüsselung mit den obigen nicht vergleichbar:

   - 1969   5889 offene Stellen   3 053 Bewerbergesuche
   - 1977   2026 offene Stellen   2 435 Bewerbergesuche[2].

   Die vor zehn Jahren von der CAD-Entwicklung erhoffte
   Entlastung der Konstruktionsabteilungen von Personaleng-
   pässen hat sich somit erübrigt. Für den Bereich der
   technischen Zeichner ist stattdessen festzustellen, daß
   die Arbeitslosigkeit bereits aus Gründen, die noch
   nicht mit dem Computereinsatz zusammenhängen können, ein
   besorgniserregendes Maß erreicht hat.

4. Der CAD-Einsatz kann zu Freisetzungen, Entlassungen oder
   Personaleinsparungen führen. Bechmann et al. grenzen
   die Begriffe folgendermaßen gegeneinander ab:

---

[1] Vgl. Abschnitt 1.1.4.
[2] zitiert nach BECHMANN et al. 78

"Unter _Freisetzung_ wird die Auflösung besetzter Arbeitsplätze verstanden. Wo solche Freisetzungen erfolgen, muß nicht notwendigerweise die Entlassung der
betroffenen Arbeitskräfte die Folge sein. _Entlassungen_
können durch Umsetzung von Arbeitskräften in andere Fir-
menbereiche, durch das Ausnutzen der natürlichen Fluktuation und durch andere personalpolitische Maßnahmen
vermieden werden. Von _Personaleinsparungen_ soll dann
gesprochen werden, wenn bei relativ konstantem Personaleinsatz der Output des Konstruktionsbüros mit Hilfe
von CAD erhöht wird."[1]

Als wichtigste Ansatzpunkte für den CAD-Einsatz wurden im
Abschnitt 1.3.1. aufgrund ihres hohen Formalisierungsgrades
Berechnungen, das Anfertigen von Zeichnungen sowie die Arbeiten in den der Konstruktion nachgeschalteten Bereichen
herausgestellt. Diese Unterscheidung betrifft zugleich
auch die betroffenen Berufsgruppen:

- automatisierte Berechnungen betreffen die Arbeit der
  Konstrukteure, die meist Ingenieure sind,

- die automatische Zeichnungserstellung betrifft die
  technischen Zeichner,

- von der automatischen Stücklistenverarbeitung und NC-
  Programmierung sind die Angestellten der Arbeitsvorbereitung, in geringerem Maße auch Konstrukteure und Zeichner,
  betroffen.

Aufgrund einer Befragung in 10 Betrieben, die CAD einsetzen,
kommen Bechmann et al. zu folgendem Ergebnis:

" Im Zusammenhang mit dem Einsatz von CAD berichteten nur
drei Firmen von _Personalfreisetzungen_, die jedoch durch
Umsetzung und natürliche Fluktuation kompensiert werden
konnten. In einzelnen Konstruktionsgruppen fielen zwischen

---

[1] BECHMANN et al. 78, S. 210 f.

10 % und 50 % der Arbeitsplätze weg. Betroffen waren vor
allem ... technische Zeichner, aber auch Techniker und
einige Ingenieure. In sechs der zehn Unternehmen ermög-
lichte der CAD-Einsatz Personaleinsparungen, wobei in
zwei weiteren Betrieben ausdrücklich darauf hingewiesen
wurde, daß man für die Zukunft mit Einsparungen rechne ...
Die berichteten Personaleinsparungen liegen in der Höhe
sehr unterschiedlich. Offenbar kann mit Hilfe von CAD
im Konstruktionsbüro bei gleichem Personaleinsatz im
Durchschnitt ein 20 % bis 30 % höherer Output realisiert
werden. Die Einsparungen werden vor allem beim Zeichen-
personal erzielt; in einem Fall sind aber auch speziell
die Ingenieurleistungen bei gleicher Personalbesetzung
deutlich gesteigert worden."[1]

Da beim augenblicklichen Stand der Technik in der Regel
nur ein geringer Teil aus dem Tätigkeitsspektrum des
Konstrukteurs auf das CAD-System übertragen werden kann,
ist zu erwarten, daß es in der näheren Zukunft bei dieser
Berufsgruppe nur zu Personaleinsparungen im obigen Sinne
kommen wird.

Anders ist die Situation dagegen für technische Zeichner.
Daß sie in höherem Maße betroffen sein könnten, klingt
bereits in den oben zitierten Untersuchungsergebnissen an.
Nach Aussage des CAD-Projektleiters im Hamburger Forschungs-
labor der Firma Philips wird es hier langfristig zu Freisetzungen oder auch Entlassungen kommen[2]. Die Zeichner an
CAD-Arbeitsplätzen bei der Firma BBC in Mannheim produzieren, verglichen mit der Arbeit am Zeichenbrett, dreimal
mehr Zeichnungen in einer gegebenen Zeit[3]. In Anbetracht
so hoher Produktivitätssteigerungen ist damit zu rechnen,
daß bei einer Ausbreitung solcher Systeme Freisetzungen
und Entlassungen nicht mehr durch Kapazitätsausweitungen
aufgefangen werden können. Nach Buschhaus kann es zu einer

---

[1] BECHMANN et al. 78, S. 211 f., Unterstreichungen von mir
[2] persönliche Mitteilung
[3] nach Auskunft eines BBC-Mitarbeiters

solchen breiten Anwendung zwischen 1980 und 1985 kommen[1]. Einen "spürbaren Rückgang der Arbeitsplätze für technische Zeichner" sagt er für "nicht vor Ende der achtziger Jahre" voraus, räumt allerdings die Möglichkeit von Sonderentwicklungen in einzelnen Branchen ein[2].

Die Gefahr einer noch weiter wachsenden Arbeitslosigkeit unter technischen Zeichnern könnte möglicherweise durch eine Ausweitung von deren Aufgaben gemindert werden, wie es z.B. von Abeln vorgeschlagen wird:

" Läßt sich der gesamte Konstruktionsablauf nach bestimmten Regeln fixieren und einzelne Tätigkeiten an der Station organisieren, daß nicht laufend konstruktive Entscheidungen notwendig sind, so ist es ohne weiteres möglich, mit technischen Zeichnern derartige Systeme zu betreiben. Unter der Anleitung eines verantwortlichen Konstrukteurs können dann die Konstruktionszeichnungen erstellt werden und die zugehörigen Arbeitsunterlagen direkt aus den Daten generiert werden."[3]

Nach Buschhaus ist die Einführung von CAD für die Zeichner ohnehin mit einer deutlichen Steigerung der Qualifikation im konstruktiven Bereich verbunden, wohingegen die Bedeutung der rein zeichnerischen Qualifikation zurücktritt[4]. Diesen gestiegenen Anforderungen werden die technischen Zeichner mit dreieinhalbjähriger Berufsausbildung eher gerecht, als solche mit zweijähriger Ausbildung (sog. technische Zeichner<u>innen</u>), deren Qualifikation sich hauptsächlich auf die Handhabung des Zeichengeräts konzentriert. Für sie rechnet Buschhaus mit einem Rückgang der Nachfrage auf dem Arbeitsmarkt[5].

---

[1] BUSCHHAUS 78, S. 42
[2] ebenda
[3] ABELN 76, S. 127
[4] BUSCHHAUS 78, S. 95
[5] ebenda, auch: ders. S. 49, S. 50 f.

Erheblichere Rationalisierungseffekte als im Bereich der
Zeichnungserstellung stellt Buschhaus in den Abteilungen
der <u>Arbeitsvorbereitung</u> sowie der Materialwirtschaft fest.
"Entlassungen von Arbeitskräften sind in diesen Bereichen
bisher nicht zu verzeichnen, doch sind die Neueinstellungen
zurückgegangen."[1] Bei Einführung von CAD-Systemen, die die
Verarbeitung dreidimensionaler Werkstückmodelle erlauben,
müssen nach seiner Aussage "Arbeitsvorbereiter und NC-
Programmierer ... mit einem Verlust ihrer Arbeitsplätze
rechnen."[2]

---

[1] BUSCHHAUS 78, S. 85
[2] ders., S. 75

1.3.3.   <u>Zu These 3:</u>   "Die extremen Formalisierungszwänge
der Maschine machen an der Mensch-
Maschine-Schnittstelle Codierungsarbeiten erforderlich. Diese neu geschaffenen Arbeiten werden im Laufe der
Zeit nach denselben Gesetzmäßigkeiten
maschinisiert wie alle anderen Arbeiten."

Bei den Codierungsarbeiten wurde unterschieden zwischen
Programmierung und Datenaufbereitung.

Programmierung

Programmierarbeiten treten in zweierlei Zusammenhang auf:

- Anpassung bestehender CAD-Systeme an wechselnde Aufgaben.
  Bei vielen modernen Systemen ist diese Möglichkeit im
  Interesse von Flexibilität und Effizienz von vornherein
  vorgesehen. Als Beispiel mag das System ASAS zur Behandlung von finite-Elemente-Problemen gelten:

  "FORTRAN callable modules, each performing a logical
   task in the morphology of the finite element method
   (e.g. matrix decomposition), are strung together by
   an executive. The user can insert his own module, or
   modify an existing one (which is itself modular), because each is functionally quite independent of the
   others. In this way, it is possible to build subsets
   of the standard ASAS system with ease and reliability,
   which can then be used efficiently for verification
   of new ideas. Typical of such work, in addition to new
   element types, are the incorporation of Crawfords al-
   gorithm for reduction of eigen-value problems to
   standard form, subspace iteration methods, language
   multiplier techniques and nonlinear problems."[1]

---

[1] KNOWLES 76, S. 238

- Neuprogrammierung von CAD-Systemen oder erhebliche
  Ausweitung des Anwendungsbereiches bestehender Systeme

  In diesem Bereich sind die Probleme der Auffindung geeigneter Algorithmen (Formalisierungen) von denen der Codierung nur schwer zu trennen[1]. Insofern ließe sich die
  Neuprogrammierung auch den Thesen 1 oder 4 zuordnen.
  In Anbetracht des Arguments, daß die Programmierung als
  Tätigkeit durch den Computereinsatz erst neu geschaffen
  wird, soll jedoch der gesamte Bereich der Programmierung
  einheitlich unter der These 3 zusammengefaßt werden.

Wie in allen Bereichen der Computeranwendung, so stellt
die Programmierung auch im Bereich CAD einen schwerwiegenden
Engpaß dar, so daß die Software-Entwicklung in ihrem Tempo
weit hinter der der Hardware zurückbleibt.

Bei der Programmierung zur Anpassung bestehender CAD-Systeme
liegt eine wichtige Ursache hierfür in der hohen Bedienungskomplexität bzw. nicht ausreichender Qualifikation: In einer
Sammlung von "Barriers to the acceptance of CAD" schreibt
Leesley: "Learning FORTRAN is still a barrier to some
people. Newer, more basic languages have not really helped
the problem and indeed may have exercabated it by offering
a bewildering array of options."[2]

Bei der Neuprogrammierung entsteht ein enormer Arbeitsauf-
wand durch die Notwendigkeit einer lückenlosen Algorithmisierung der höchst komplexen Kopfarbeitsprozesse. Der Leiter des CAD-Projekts im Philips-Forschungslabor Hamburg
schätzt den Aufwand für die Erstellung eines allgemein an-
wendbaren, den meisten praktischen Erfordernissen gerecht
werdenden CAD-Systems auf 500 Mannjahre. Dabei ist der Umfang
der Programme relativ klein; um auch für Klein- und Mittel-
betriebe anwendbar zu sein, werden sie für Rechner in der

---

[1] In COMPUTERWOCHE 79c wird die Notwendigkeit einer solchen begrifflichen Trennung dargelegt. Die sich ergeben-
den technischen Konsequenzen werden angedeutet.
[2] LEESLEY 78, S. 230

Größenordnung der PDP-11/70 konzipiert.

Die geschilderten Engpässe führten zu starken Bemühungen
um eine Rationalisierung der Programmierung.

Bei der Arbeitsorganisation übernahm die staatliche For-
schungsförderung eine führende Rolle. Zur Vermeidung von
Parallelentwicklungen wurde die Arbeitsteilung zwischen
den an der Entwicklung beteiligten Instituten und Betrieben koordiniert. Mit den "Flexiblen Programmketten"[1] wurde
ein Modell geschaffen, das es zunächst gestattete, die allgemein verwendbaren Module "Ein-/Ausgabe" und "Technische
Datenbank" auszugliedern (vgl. Abb. 25). Mit den Berichten des Projektträgers "Eingabekonventionen für CAD-Pro-
gramme"[2] und "Anforderungen an einen Normbaustein Geometrie"[3] wurden Schritte zur Formalisierung der Schnittstellen
unternommen. Langfristig hofft man, hiermit Voraussetzungen
für eine umfassende Computerunterstützung für alle technischen Objekte und Konstruktionsphasen zu schaffen. Dies
symbolisiert die Darstellung der flexiblen Programmketten
nach Noppen (vgl. Abb. 26)"[4]

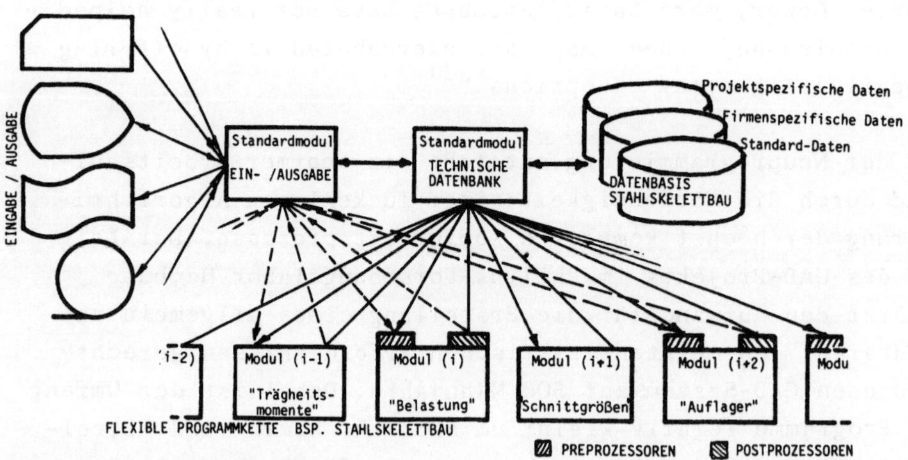

Abb.25 : "Flexible Programmkette" nach BÖSCH et al. 78

[1] BÖSCH et al. 78, S. 3 ff.
[2] AHN/BÖKELER/HAAS 77
[3] ROTHENBERG 77
[4] NOPPEN 77, S. 11

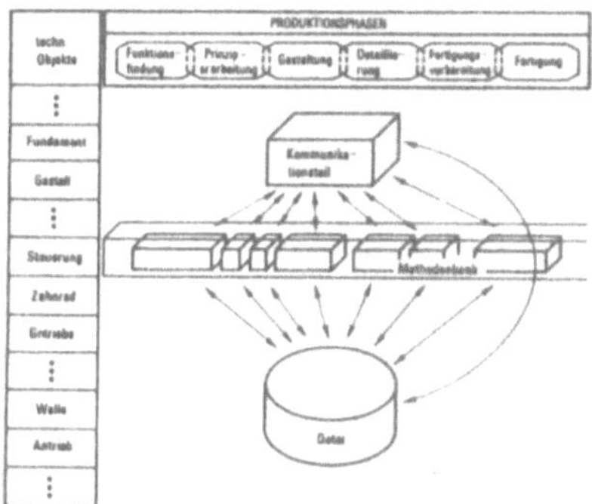

<u>Abb. 26 :</u>   Die Interpretation der flexiblen Programm-
ketten nach Noppen

Die Sicherung einer möglichst allgemeinen Anwendbarkeit
bezieht sich nicht nur auf die sog. Problemunabhängigkeit,
also der Unabhängigkeit von einer Branche oder den speziellen Produkten eines Betriebes, wie man aus der Abbildung
schließen könnte. Durch Ausgliederung von "maschinenabhän-
gigen" Funktionen in Gerätetreibern und die Anwendung von
standardisiertem FORTRAN soll die Portabilität der Programme
gewährleistet werden. In der Darstellung der Abb. 27
sind die problem- bzw. geräteabhängigen Komponenten eines
dialogfähigen CAD-Systems besonders gekennzeichnet. Als
Darstellungsform wurde ein Netz aus Instanzen und Kanälen
gewählt.[1]

Speziell für CAD-Entwicklungen erstellte Programmiersysteme
wie REGENT, GENESYS oder, als ältestes Beispiel aus dem
Jahre 1965, ICES, stellen einen Versuch dar, die Rationalisierung der Programmentwicklung durch Maschinisierung einzelner Funktionen voranzutreiben.

Beim REGENT-System wird zwischen drei Anwendungsebenen
unterschieden:

---

[1]   Vgl. OBERQUELLE 78

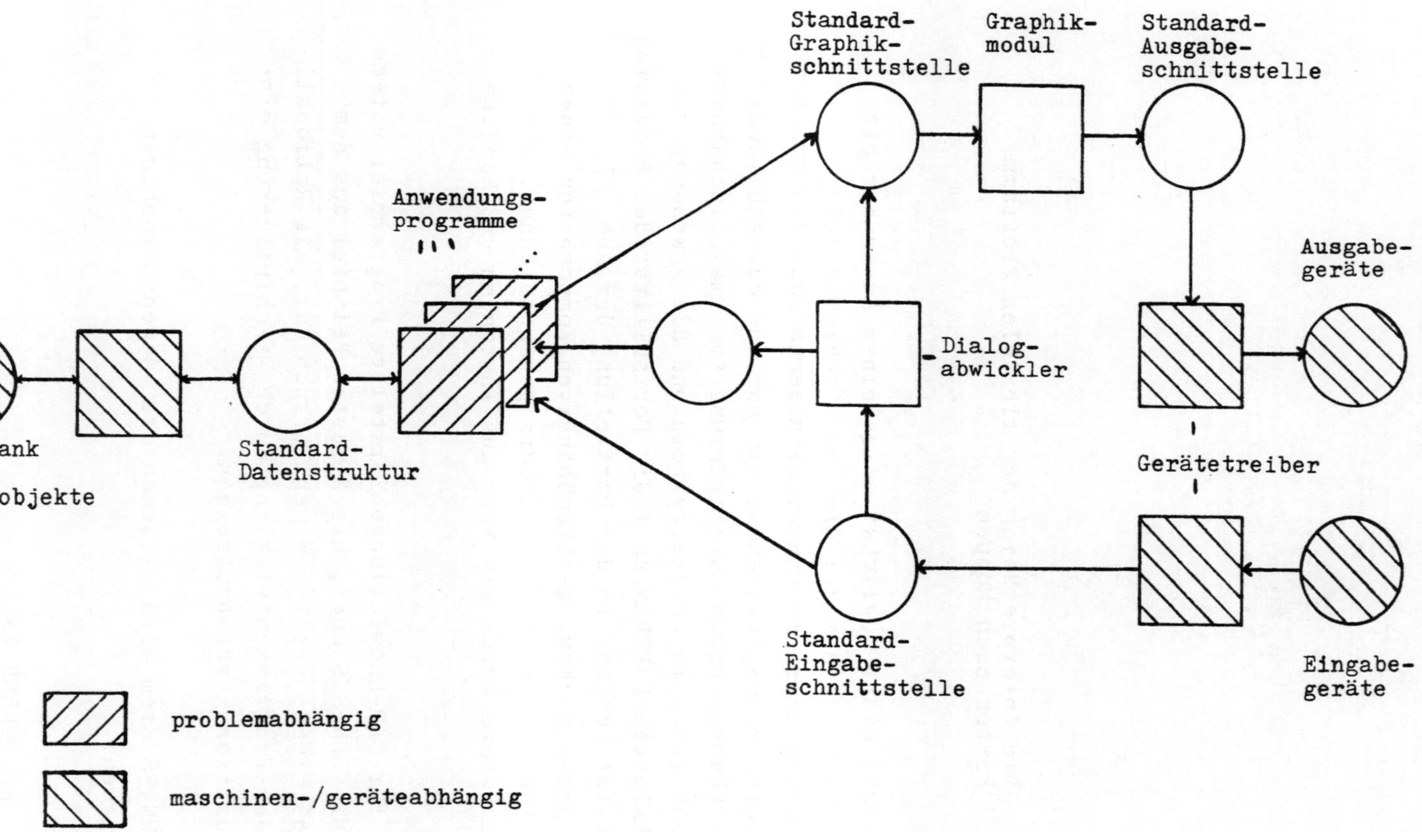

Abb. 27: Modell eines für CAD geeigneten Softwaresystems

- Subsystementwicklung
- Subsystemanwendung
- parametrische Benutzung.[1]

Dieser Trennung in drei Ebenen kann durch eine entsprechende Arbeitsteilung Rechnung getragen werden. Der Unterschied zwischen den Benutzungsebenen soll anhand des bekannten ICES-Subsystems STRUDL (Structural Design language)
erläutert werden. Der Subsystementwicklung "in diesem Fall
der Entwickler des Festigkeitsberechnungssystems STRUDL)
weiß nicht, in welcher speziellen geometrischen und topo-
logischen Konfiguration das von ihm zu entwickelnde Programm
einmal benutzt werden soll. Er muß daher nicht nur mathe-
matische Algorithmen bereitstellen, sondern auch Methoden
zur Definition der Struktur eines Modells. Im gewählten
Beispiel des ICES-Subsystems STRUDL mußten die Ersteller
dem Subsystemanwender geeignete Kommandos bereitstellen,
mit denen sowohl die Geometrie und die Topologie von Modellen auf der Basis finiter Elemente definiert werden können
als auch die Lastfälle, die zu berechnen sind" ....
"Der Anwender auf der zweiten Ebene"..."muß Berechnungen
für einen konkreten Fall durchführen. Dazu benutzt er das
existierende Subsystem und beschreibt mit den darin verfügbaren Mitteln seine Aufgaben" ...
"Er muß ferner in der Lage sein, den Entwurfsablauf an den-
jenigen Stellen, an denen die Subsysteme keine ausreichende
Unterstützung bieten, durch eigene Algorithmen zu ergän-
zen."[2]

Die Programmieraufgaben der beiden beschriebenen Ebenen
sind in hohem Maße maschinisiert:

- Die dem Anwender innerhalb des Subsystems bereitgestellte
  Sprache für die Anpassungsprogrammierung kann weitgehend
  an den Eigenarten des zu beschreibenden Problems

---

[1] SCHLECHTENDAHL 76, S. 492, vgl. die etwas abweichende
    Klassifizierung in KRAUSE 76, S. 47
[2] Ebenda

orientiert werden. Die Aufgabe der Codierung in eine
Programmiersprache (bei REGENT ist es PL/1) übernimmt
ein Übersetzerprogramm (PLS-Übersetzer).

- Die Bereitstellung der notwendigen Übersetzer im Rahmen
  der Subsystementwicklung ist ebenfalls maschinisiert.
  Ein sog. PLS-Definierer erzeugt den PLS-Übersetzer aus
  einer formalen Definition der gewünschten Sprache automatisch.

Die dritte Ebene ist eher unter dem Gesichtspunkt der Rationalisierung der Datenaufbereitung interessant:
"In vielen Anwendungsfällen wird jedoch ein einmal defi-
nierter Entwurfsablauf für eine bestimmte Art von Produkt
nicht nur ein einziges Mal durchlaufen. Es werden vielmehr Parametervariationen oder Optimierungen ausgeführt"
... "Für die Durchführung von Parameteruntersuchungen ist
eine interaktive Betriebsweise über ein Bildschirmterminal
wünschenswert, sofern das von der Rechenzeit des Programms
her überhaupt vertreten werden kann."[1]

Ein interessantes Beispiel für die Maschinisierung der Programmierung stammt von Baubök[2]. In seinem Konzept wird
die Ablaufsteuerung eines Dialogsystems durch spezielle
Zustandsgraphen beschrieben. Dabei stehen die "Action"-Kno-
ten für Verzweigungen aufgrund von Eingaben, die "Reaction"-
Knoten für die daraufhin ausgelösten System-Aktivitäten
(vgl. Beispiele in Abb. 28). Für die Zustandsgraphen wurde
eine einfache deskriptive Sprache entwickelt, über die
Baubök schreibt: "Während in den üblichen prozeduralen
Sprachen die Reihenfolge der Befehle eine entscheidende
Rolle spielt, ist sie hier belanglos, sofern nicht syntaktische Forderungen es verlangen. Die Benutzung dieser Sprache dürfte dem mehr bildhaft denkenden Spezialisten ohne
Programmiererfahrung leichter fallen, als wenn der Zwang
zum Denken in zeitlichen Abläufen besteht"[3].

---

[1] ebenda

[2] BAUBÖK 77

[3] ebenda

So formalisierte Beschreibungen der Dialogablaufsteuerung
können dann mit Hilfe eines Pre-Compilers automatisch in
eine im Rahmen des CAD-Systems ausführbare Form übersetzt
werden.

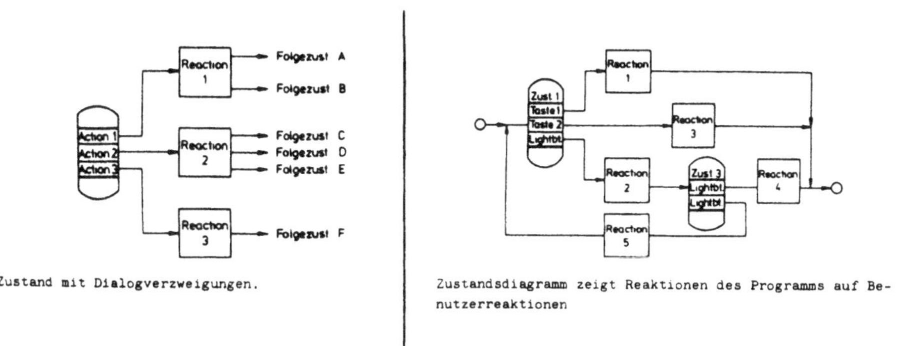

Zustand mit Dialogverzweigungen.

Zustandsdiagramm zeigt Reaktionen des Programms auf Be-
nutzerreaktionen

Abb. 28 :   Dialog-Zustandsgraphen nach Baubök

Im folgenden sollen noch zwei Aussagen zur Maschinisierung der Programmierung gegenübergestellt werden, wobei
die eine die Sicht eines Managers wiedergibt, die andere
die Sicht eines DV-Praktikers. Da sich beide nicht auf eine
spezielle Anwendung beziehen, kann unterstellt werden,
daß die Aussagen in der Tendenz auch für CAD gelten.

Die Aussagen von Scholz[1] belegen die beträchtlichen Sub-
stitutionspotentiale einer Maschinisierung der Programmierung sowie das Streben nach möglichst großer Unabhängigkeit
von menschlicher Arbeitskraft:

---

[1] SÜDDEUTSCHE ZEITUNG 79

> "Die Online-Programmierung führt zu
> einem besseren Ergebnis. Leistungs-
> steigerungen von mehr als 50 Prozent
> sind durchaus keine Einzelfälle. Als
> realistische Größenordnung läßt sich
> etwa ein Wert von 30 - 40 Prozent
> nach etwa einem halben Jahr erzielen,
> wenn die Einführung der Online-Pro-
> grammierung richtig vorbereitet
> worden ist...
>
> Wer mehr Programmierkapazität benö-
> tigt, sollte zunächst nicht Einstel-
> lungen vornehmen. Die Einführung
> von Online-Programmierung ist bil-
> liger, schneller und sicherer. Bei
> den bisherigen Mitarbeitern weiß
> man, was man hat. Neue Mitarbeiter
> sind schwer zu bekommen, benötigen
> lange Einarbeitungszeiten und ber-
> gen das Risiko in sich, daß sie
> nicht ins Unternehmen passen. Der
> Computer streikt nicht, verlangt
> keine Gehaltserhöhung, wird nicht
> krank, kennt keine emotionalen
> Probleme und wird zudem ständig
> preisgünstiger. Warum also Leute
> suchen, die sowieso nicht zu be-
> kommen sind? Installieren Sie lie-
> ber einen größeren Computer mit On-
> line-Programmierung. Dies ist in
> den meisten Fällen billiger."

Daß die Maschinisierung im Bereich der Programmierung für
die dort Beschäftigten Anlaß zur Sorge gibt, belegt das folgende Zitat eines DV-Praktikers[1]:

> "Das System/38 soll für die Program-
> mierung entscheidende Verbesserungen
> bringen: Zunächst einmal muß vieles
> überhaupt nicht mehr programmiert
> werden, denn es ist bereits Teil der
> Systemsoftware oder integraler Be-
> standteil der Maschine.
>
> Zudem können sich Benutzer mit vie-
> len Fragen und Wünschen direkt an
> das System wenden, ohne einen Programm-
> mierer einschalten zu müssen, weil die
> Bedienerführung und Umgangssprache des
> Systems so hoch entwickelt sind, daß
> die Benutzung deutlich einfacher wird."

---

[1] COMPUTERWOCHE 79

Hier wird deutlich, daß manche Aspekte der sog. "Benutzerfreundlichkeit" in einer Maschinisierung allzu aufwendiger
Codierarbeiten bestehen. Die Fortsetzung des Zitats zeigt,
daß die befürchteten Maschinisierungsfolgen in der Programmierung denen in anderen Bereichen durchaus ähneln:

> "Ist der Anwender, der zwar dieses System einsetzt, noch
> in der Lage, die Hard- und Software-Einrichtungen zu ver-
> stehen? ... Oder ist es nicht mehr notwendig, daß die An-
> wender Logik und Konzept verstehen? Ein schwacher Trost,
> wenn der DV-Mann zukünftig nur noch die Funktion eines Ro-
> boters innehat. Ich kann nur hoffen und wünschen, daß die
> oben aufgeführten Fragen wirklich nur Spekulation bleiben.
> Ich glaube, daß sich kein DV-Mitarbeiter als Roboter oder
> Marionette abstempeln läßt.
>
> Gefahr zu laufen, eines Tages monotone Arbeit verrichten
> zu müssen, weil ich das System nicht mehr verstehen kann,
> wäre für mich das Schlimmste, was ich mir vorstellen kann.
> Ich glaube, mit dieser Meinung nicht allein dazustehen,
> sondern hoffe, daß viele meiner Kollegen mit mir in die-
> ser Richtung solidarisch sind."

Datenaufbereitung

Die im Zusammenhang mit der Datenaufbereitung anfallenden
Arbeiten und ihre Rationalisierung und Maschinisierung sollen für zwei Anwendungsbereiche exemplarisch dargestellt
werden. Als Beispiele ausgewählt wurden

- Geometriedatenverarbeitung und
- Berechnungssysteme nach der finite-Elemente-Methode,

weil für beide Bereiche eine vergleichsweise lange Anwen-
dungserfahrung in der Größenordnung von 25 Jahren vorliegt.

> "Die Graphische Datenverarbeitung verdankt mit Sicherheit
> teilweise ihre Bedeutung der Tatsache, daß komplexe Flä-
> chengeometrien, so wie sie zum Beispiel im Flugzeug-,
> Schiffs- und Automobilbau vorkommen, sehr schwer oder
> überhaupt nicht mit graphischen Hilfsmitteln erfaßt wer-
> den können. Im Zusammenhang mit der Werkzeugherstellung

beziehungsweise der Fertigung von Bauteilen, insbesondere
auch mit dem Einsatz numerisch gesteuerter Werkzeugmaschi-
nen, war es notwendig, Flächen mit verwickelter geometrischer Struktur numerisch zu erfassen."[1]

Während die prinzipiellen Hardware-Voraussetzungen für die
Geometrie-Datenverarbeitung bereits seit Anfang der fünfziger Jahre existieren (Whirlwind I, 1951[2])und mit der
Entwicklung von APT und SKETCHPAD Anfang der sechziger Jahre auch wichtige Fortschritte auf dem Gebiet der Software
erzielt werden konnten[3], fand eine Anwendung zunächst nur
in Bereichen statt, in denen der Computereinsatz aus den
beschriebenen Gründen unvermeidlich war. Eine Automatisierung der Zeichnungserstellung in den klassischen Bereichen
des Maschinenbaus fand bis Mitte der siebziger Jahre aus
Wirtschaftlichkeitsgründen nicht statt."Die Hauptschwierig-
keiten bestehen bei komplexen Bauteilen des Maschinenbaus
in der arbeitsintensiven Eingabe der Daten, der notwendigen
großen Arbeitsspeicherkapazität und den langen Rechenzei-
ten"[4], stellt Buschhaus fest. Auch die folgende Abschätzung
für das Beispiel der interaktiven Zeichnungserstellung
zeigt, daß die Datencodierung ein bedeutsamer Engpaß für
einen rentablen CAD-Einsatz ist:
Beim heutigen Stand der Technik liegen die Betriebskosten
für die einstündige Benutzung einer CAD-Dialogstation an
einem Kleinrechner in der Größenordnung der Lohnkosten für
zwei Arbeitsstunden[5]. Sofern das System ausschließlich
der Zeichnungserstellung dient, muß es den Zeichner also in
die Lage versetzen, mehr als dreimal soviele Zeichnungen zu
produzieren, wie am Zeichenbrett, wenn eine Senkung der
Gesamtkosten eintreten soll. Eine solche Steigerung der

---

[1] KANARACHOS 78, S. 323
[2] nach ALLAN 72, S. 31
[3] SUTHERLAND 63
[4] BUSCHHAUS 78, S. 65
[5] Übereinstimmende Schätzung von Experten der Fa. Philips
    und Mitarbeitern des RIM, Technische Universität Karlsruhe

der Darstellungsgeschwindigkeit läßt sich - zumindest mit
den heute verfügbaren Eingabesprachen - nur bei Zeichnungen realisieren, bei denen auf bereits gespeicherte geometrische Komplexe zurückgegriffen werden kann. Bei einer
vollständigen Konstruktion der Zeichnung aus Linienelemen-
ten wie bei der konventionellen Zeichentechnik läßt sich
keine Steigerung der Arbeitsgeschwindigkeit feststellen.
Bei der Varianten- und Anpassungskonstruktion bestehen
solche Rückgriffmöglichkeiten und werden entsprechend
ausgenutzt. Eine gewisse Beschleunigung läßt sich auch durch
Möglichkeiten wie automatisches Schraffieren, Antragen von
Winkeln etc. erzielen[1].

Kanarachos weist darauf hin, daß die Geometriedatenverarbeitung erst dann wirtschaftlich wirklich interessant wurde, als sie "nicht mehr als reine Zeichnungserstellung
interpretiert wurde, sondern als computergespeicherte Geo-
metrieinformation, die sowohl das Speichern, das Abrufen
und das Ändern von Bauteilen und Konstruktionen, als auch
das Erstellen von Arbeits- und Fertigungsunterlagen einschließlich der NC-Lochstreifen zeit- und kostenoptimal
ermöglichen kann."[2]

Und Albien und Prior berichten:
"Die erreichbaren Einsparungen bei der automatischen Zeich-
nungsanfertigung für Einzelteile gehen aufgrund des häufig
sehr hohen Eingabeaufwands zur Beschreibung der Geometrie
oftmals wieder verloren. Erst mit zunehmender Integration
und rechnerinterner Weiterverarbeitung einmal gewonnener
Daten lassen sich nennenswerte Rationalisierungseffekte
erzielen."[3]

Das heißt, der zu verausgabende Codierungsaufwand an der
Mensch-Computer-Schnittstelle lohnt sich erst, wenn er auf
mehrere automatisierte Aktivitäten umgelegt werden kann.
Tatsächlich bieten fast alle am Markt befindlichen Systeme
zur Zeichnungserstellung zugleich auch Möglichkeiten zur

---

[1] GRABOWSKI/EIGNER/HAHN 80 liefern eine detaillierte
    Analyse solcher Möglichkeiten mittels MTM.
[2] KANARACHOS 78, S. 323
[3] ALBIEN/PRIOR,   S. 1

Herstellung von Stücklisten und zur NC-Programmierung auf der Grundlage der nur einmal eingegebenen Werkstückdaten[1].

Neben der Rationalisierung durch Integration mehrerer Teilsysteme gibt es eine Reihe von Bemühungen, die Codierarbeiten selbst zu rationalisieren, wovon die Möglichkeit des Rückgriffs auf gespeicherte geometrische Komplexe bereits oben erwähnt wurde. Hier soll eingegangen werden auf die Entwicklung von Sprachen zur Werkstückbeschreibung[2] und von interaktiven Grafik-Arbeitsplätzen.

Die einfachste Form der Geometrie-Datenerfassung ist die Auflösung der Objekte in Folgen von Punktkoordinaten, die durch Geraden verbunden werden. Für das punktweise Abtasten bereits vorliegender zwei- und dreidimensionaler Objekte wurden zu einem recht frühen Zeitpunkt Koordinatenerfassungsgeräte eingesetzt, die die Funktion der Bestimmung der Koordinaten eines Punktes maschinisieren und die teilweise auch heute noch in Gebrauch sind[3]. Für die Beschreibung gedachter abstrakter Objekte ist dies Verfahren nicht geeignet.
Bei modernen Geometrie-Eingabesprachen ist die explizite Bestimmung von Koordinatenfolgen weitgehend maschinisiert. Sie kann implizit über komplexe geometrische Operationen erfolgen, z.B. Eingabe von Geraden unter der Restriktion, tangential zu einem gegebenen Kreis zu sein; Eingabe von dreidimensionalen Objekten als Vereinigung, Durchschnitt oder Differenz bestimmter Grundelemente[4], etc. (Die Kenntnis solcher Zusammenhänge ist zugleich auch Voraussetzung für die automatische Verarbeitung der Objekte). Durch Makro-Bildung können aus solchen geometrischen Objekten funktionsbezogene Komplexe gebildet werden (z.B. Welle, Zahnrad), die dann nur noch dimensioniert und positioniert

---

[1] z.B. die Systeme von Computervision und Philips

[2] Solche Sprachen wurden im Abschnitt 1.2.2. bereits unter dem Aspekt "verstärkte Formalisierung" behandelt.

[3] z.B. "DIGITIZER" in OPITZ/WESSEL 77, S. 85

[4] Dies leistet z.B. die am Institut RIM der TU Karlsruhe entwickelte Sprache KOREGD, vgl. HOPF 78

werden müssen. Diese Möglichkeiten wurden bereits im vorigen Abschnitt ("verstärkte Formalisierung") behandelt.

Interaktive Graphik-Arbeitsplätze erlauben die sofortige Überprüfung der Wirkung von Eingaben. Deshalb kann in vielen Fällen eine explizite Angabe der geometrischen Position eines Objekts entfallen. Die Positionierung erfolgt dann aufgrund der Sichtkontrolle auf dem Bildschirm.

Nun zu den Berechnungssystemen nach der finite-Elemente-Methode, deren Entwicklung auffallende Analogien zu der der Geometriedatenverarbeitung aufweist.
Grabowski berichtet:

"Der Beginn der Entwicklung war 1940 durch HRENNIKOFF (USA). Die ersten Entwicklungen waren unmittelbar mit der Entwicklung von entsprechenden Rechenprogrammen und leistungsfähigen Rechenanlagen verbunden, die zunächst bei der Berechnung technologisch komplizierter Systeme (Flugzeuge, Raketen) praktische Anwendung fanden. ARGYRIS, TURNER und CLOUGH waren daran in den fünfziger Jahren wesentlich beteiligt."[1]

Zu einer weiteren Verbreitung der somit technisch verfügbaren Verfahren kam es zunächst ebenso wenig wie bei der Geometrie-Datenverarbeitung."Dies entspricht der Tatsache, daß man sich im Zusammenhang mit der Anwendung leistungsfähiger Finite-Element-Programme ebenfalls seit langem bemüht, die Entwicklung auf dem Gebiet des 'Data Pre- und Postprocessing' voranzutreiben. Dazu gehören sowohl die Geometrieerfassung" ... "der zu berechnenden Bauteile als auch die graphische Darstellung der Berechnungsergebnisse. Diese beiden Bereiche sind im Hinblick auf eine zeit- und kostengünstige Anwendung der Finite-Element-Methode als bedeutsame Engpässe anzusehen."[2]

---

[1] GRABOWSKI 76b
[2] KANARACHOS 78, S. 323 ff.

In welche Richtung die Entwicklung verläuft, verdeutlicht
ein Zitat von Shoppee:
"More sophisticated structural analysis techniques pose
the problem of data processing at all levels from input,
through calculation, to the analysis of results. The elap-
sed time associated with each of these stages for a typical analysis can be proportioned as in Table 8":

TABLE 8. Percentage effort in analysis stages

Stage	Elapsed time
Input data preparation	40%
Analysis calculation	5%
Output interpretation	55%

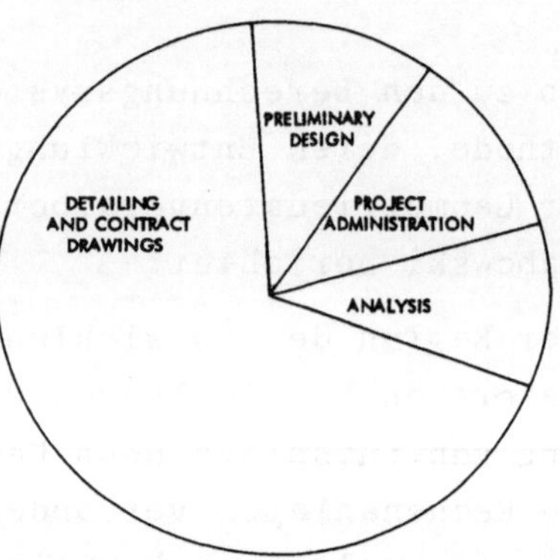

Abb. 29: Zur Bedeutung der Datenaufbereitung bei FE-Anwen-
dungen (nach SHOPPEE 76), Nachdruck mit freundlicher Genehmigung von IPC Science and Technology
Press Ltd.

"However, as a proportion of the total design time, analysis still counts as a small quantity because of the rela-
tively small mantime effort (Abb. 29). Thus, if real
savings are to be made in the design cycle, the worthwhile
area is the interface between analysis and design. This
is to some extent, model conception and subsequent data generation for analysis, but to a greater extent, interpretation, reduction, and translation of the results into
feasible design parameters. Graphics will be a powerful
tool for the future here"[1].

Auch hier werden die beiden Wege "Integration angrenzender
automatisierbarer Aktivitäten" und "Rationalisierung der
Codierarbeiten" begangen. Auf die Integration, z.B. mit

---

[1] SHOPPEE 76

einer automatischen Netzgenerierung, wird unter der These
4 noch zurückzukommen sein. Für die Codierarbeiten bei der
Eingabe gilt das bereits für die allgemeine Geometrie-Datenverarbeitung Gesagte. Trotz moderner Sprachentwicklungen
und der Verwendung interaktiver Graphik bleibt die Behandlung der großen Datenmengen allerdings problematisch. Dagegen konnte die Aufbereitung und Interpretation der Aus-
gabedaten durch graphische Veranschaulichungen (Vgl. Abb.30
und interaktive Techniken (vgl. Abb. 31) erheblich ratio-
nalisiert werden. So erlaubt z.B. das von Nasr El Din und
Young vorgestellte System nicht nur die graphische Darstellung von Belastungen und Verformungen der untersuchten
Strukturen, sondern auch die numerische Angabe der relevanten Daten für interaktiv ausgewählte einzelne Knoten[1].

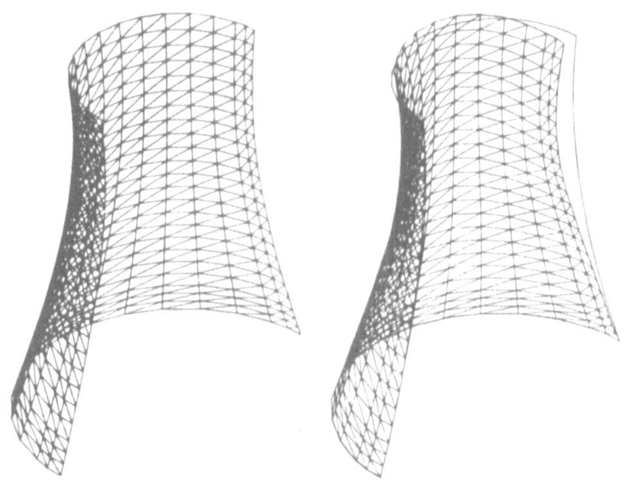

Abb. 30 : Graphische Veranschaulichung der Ergebnisse
           einer FE-Berechnung (nach COOLEY 72, S. 63)

---

[1] NASR EL DIN 76

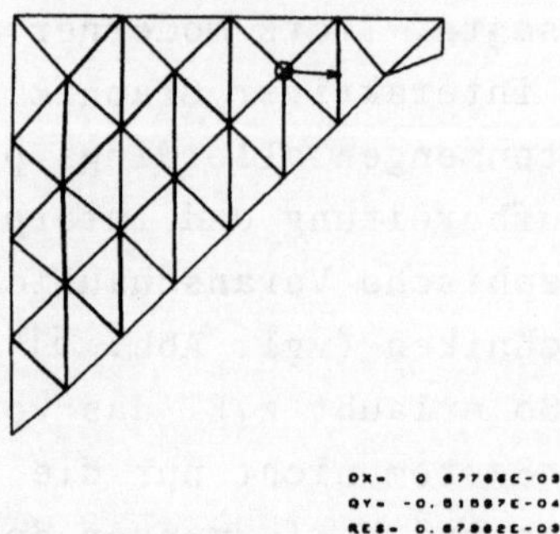

Numerical displacement

Abb. 31: Datenanalyse mit interaktiver Graphik
(nach NASR EL DIN 76, S. 223), Nachdruck mit
freundlicher Genehmigung von IPC Science and
Technology Press Ltd.

1.3.4. <u>Zu These 4:</u> "Der Maschineneinsatz fördert die Aufdeckung der Kopfarbeitsprozesse in den angrenzenden Bereichen und damit deren Maschinisierung. Bei der Ausweitung des Maschineneinsatzes wird der Schritt von der Stufe der Mechanisierung zur Automation vollzogen."

Bevor auf die in der These angesprochenen Entwicklungs<u>ten</u><u>denzen</u> eingegangen wird, soll ein kurzer Überblick über den <u>Stand</u> der CAD-Software und ihrer Anwendung gegeben werden.

Der Stand der Anwendung

Bei den zur Verfügung stehenden CAD-Systemen kann unterschieden werden zwischen

- Automatisierungsinseln, das sind solche Systeme, die nur isolierte Teilaktivitäten im Konstruktionsablauf oder nur die Behandlung isolierter Einzelheiten des Konstruktionsobjektes maschinisieren, und

- komplexen Systemen, das sind solche, die eine durchgehende maschinelle Ausführung mehrerer aufeinanderfolgender Aktivitäten an einem bedeutenden Anteil des Konstruktionsobjektes zulassen.

Die zur Zeit in der Maschinenbaubranche in der Anwendung befindlichen Systeme sind fast ausnahmslos Automatisierungsinseln in einem überwiegend konventionell ablaufenden Konstruktionsprozeß. Und selbst solche Anwendungen sind noch recht selten.

Zahlen über die Verbreitung von CAD-Anwendungen kann auch der Projektträger des Förderprojekts CAD nicht nennen[1].

---

[1] schriftliche Auskunft vom 27.7.1978

Mit Sicherheit läßt sich aber sagen, daß die Maschinisierung der Konstruktion gerade erst am Anfang ihrer Entwicklung steht.

Eine wichtige Ursache hierfür ist in der Tatsache zu sehen,
daß die Branche Maschinenbau durch.relativ kleine Unterneh-
menseinheiten gekennzeichnet ist. 80 % der Betriebe haben
weniger als 500 Beschäftigte. 26 % der Maschinenbaufirmen
verfügen über keinen programmierbaren Rechner[1]. Eigene
Programmentwicklungen sind nur in wenigen großen Betrieben
möglich. Ein großer Teil der CAD-Entwicklungsarbeiten läuft
deshalb an den Hochschulen, deren Produkte jedoch häufig
nur mit großem Aufwand den speziellen Erfordernissen eines
Betriebes angepaßt werden können. Hieraus erklärt sich auch
das Mißverhältnis zwischen dem scheinbar hohen Stand der
CAD-Technologie, wie er in der Literatur dargestellt wird,
und dem bescheidenen Umfang der Anwendungen. Weitere Gründe
für das Zögern der potentiellen Anwender bei der Einführung
von CAD nennt Eigner [2].

Die stärkste Verbreitung haben die schon mehrfach erwähnten einfachen Berechnungssysteme gefunden[3]. Beispiele
hierfür sind FE-Systeme wie NASTRAN aber auch spezialisier-
tere Systeme wie SOUND1 zur Berechnung des Schallübertra-
gungsverhaltens von Maschinenbauteilen[4].

Für die Konstruktion bestimmter Maschinenteile gibt es
Programmsysteme, die verschiedene zur Auslegung und Gestal-
tung notwendige Berechnungen kombinieren. Diese Systeme
arbeiten durchweg im Dialog, um die nicht vorprogrammierten
Entscheidungen dem Konstrukteur überlassen zu können. Ein
Beispiel hierfür ist das Programm BOLT1 zur Auslegung be-

---

[1] BÖSCH et al. 78, S. 63
[2] EIGNER 79
[3] BÖSCH et al. 78, S. 63; vgl. 3.3.1 "Ansatzpunkte"
[4] derselbe, S. 79

liebiger Schraubenverbindungen[1], oder HYSPIMU zur Konstruktion hydrostatischer Spindel-Mutter-Systeme[2]. Obwohl diese Systeme den Konstruktionsprozeß zum Teil über mehrere Phasen unterstützen, sind sie wegen ihrer extremen Spezialisierung ebenfalls als Automatisierungsinseln einzuordnen. Eine nennenswerte Verbreitung haben sie bisher nicht gefunden, weil ihr geringes Anwendungsspektrum die notwendigen Investitionen nicht lohnt, und weil der Aufwand für die Codierung der vom Konstrukteur einzubringenden Daten den Effekt der Automatisierung häufig wettmacht.

Keine Insellösungen stellen die modernen Zeichnungserstellungssysteme dar. Sie gestatten die Bearbeitung eines großen Teils der anfallenden Zeichnungsarbeit und der nachfolgenden Tätigkeiten. Dabei kann auf Erfahrungen mit bereits länger existierenden Programmen für die Stücklistenerstellung und die NC-Programmierung zurückgegriffen werden. Solche Systeme werden von zahlreichen Herstellern und Softwarehäusern "schlüsselfertig"[3] angeboten, d.h. als kompletter CAD-Arbeitsplatz bestehend aus einem Kleinrechner, graphischer und alphanumerischer Peripherie, einem Wechselplattenlaufwerk sowie der zugehörigen Software. In jüngster Zeit mehren sich die Anzeichen, daß die experimentelle Phase vorüber ist und mit einer breiten Anwendung gerechnet werden kann[4].

Bei Konstruktionsobjekten, die sich durch eine besonders einfache Konstruktionslogik auszeichnen (Varianten-, Baukastenkonstruktion) können Zeichnungserstellungssysteme in "Richtung" der Phase der Gestaltung erweitert werden. Hiervon gibt es - gemessen an der großen Zahl angebotener Systeme, die diese Möglichkeit explizit unterstützen - bisher nur eine verschwindende Zahl von Anwendungen, von denen

---

[1] BÖSCH et al. 78, S. 70
[2] derselbe, S. 76
[3] GRABOWSKI 79,
[4] Auskunft eines Mitarbeiters am RIM Karlsruhe, der an zahlreichen Pilotanwendungen beteiligt ist, ähnlich auch die zitierte Schätzung von Buschhaus im Abschn. 1.3.2.

nicht wenige gescheitert sind[1]. Die Gründe für das Scheitern liegen ähnlich wie im bereits oben behandelten Fall
der Programmsysteme zur Auslegung von Maschinenteilen.

Ein Beispiel für eine geglückte Anwendung ist die integrierte Computerunterstützung für den gesamten technischen
Bereich der Firma Mahle GmbH, die ausschließlich Kolben
für Verbrennungsmotoren herstellt. Es handelt sich also um
eine Variantenkonstruktion, deren häufige Wiederholung den
Aufwand für die Maschinisierung der vergleichsweise einfachen Gestaltungsphase rentabel macht[2].

Nach dem Baukastensystem arbeitet ein bei der Firma DEMAG
installiertes System zur Konstruktion von Laufkränen. Mit
Hilfe von Entscheidungstabellen werden die Bausteine für
die einzelnen Baugruppen entsprechend den Kundenspezifika-
tionen ausgewählt, zusammengestellt und die entsprechenden
Unterlagen zur Angebots- und Auftragsbearbeitung erstellt[3].

Zur Ausweitung des Einsatzes von CAD-Systemen

In diesem Abschnitt ist zunächst zu untersuchen, inwieweit
beim oben skizzierten Stand der Technik der Einsatz von
CAD-Systemen zur Aufdeckung von Kopfarbeitsprozessen an den
angrenzenden nichtautomatisierten Bereichen und deren Maschinisierung beiträgt. Im zweiten Teil des Abschnitts wird
dann die Frage behandelt, ob die Entwicklung von CAD zur
Automation in der Konstruktion führen kann.

Ein Beispiel für die Tendenz, zunächst nicht automatisierte
Bereiche in die Maschinisierung einzubeziehen, liefern die
Zeichnungserstellungssysteme. Hier wird die formalisierende
Rolle der Mensch-Computer-Schnittstelle besonders deutlich:

---

[1] Vgl. die einleitenden Bemerkungen zum Abschn. 1.3.
[2] FRANZ 78
[3] VEISMANN/PERTILLER/MATHIES 69, nach GRIEPHAN/WIEBER 76,
S. 161 ff.

Die Eingabe der Werkstückgeometrie ist umso rationeller,
je mehr dabei auf gespeicherte geometrische Komplexe zurückgegriffen werden kann. Bei den Bemühungen um eine laufende Verbesserung des Angebots an Eingabeelementen fallen
als "Nebenprodukt" Erkenntnisse über die Häufigkeit der
Verwendung bestimmter Funktionskomplexe an. Bewährt sich
ein geometrischer Komplex bei der Rationalisierung der
Eingabe, so ist zu prüfen, ob die dargestellten Werkstücke
zu einer dem geometrischen Komplex entsprechenden Variantenklasse zusammengefaßt werden können. Falls dies gelingt,
führt es zu einer Vereinfachung der Tätigkeit des Konstrukteurs, der die Gestalt des Werkstücks nicht mehr vollkommen
selbst bestimmt, sondern nur noch die entsprechende Gestalt-
variante auswählt und dimensioniert. Im laufenden Betrieb
eines Zeichnungserstellungssystems können so Informationen
über eine mögliche Verminderung der Komplexität der Tätigkeit des Konstrukteurs gewonnen werden, wie sie vor Einführung des Systems nicht oder nicht mit vertretbarem Risi-
ko möglich gewesen wäre. Für die bereitgestellten Teile-
varianten können dann auch Auslegungsrechnungen im System
vorgesehen werden, so daß auch einfache Funktionen aus der
Phase der Gestaltung von der Maschinisierung betroffen sind.

Ein Beispiel für die Aufdeckung eines komplexen Kopfarbeitsprozesses ist die Automatisierung der Netzgenerierung bei
Berechnungsprogrammen nach der finite-Elemente-Methode
(abgekürzt FEM). Die Anwendung dieser Methode setzt voraus,
daß von der zu untersuchenden Struktur ein mathematisches
Modell konstruiert wird. Das Modell besteht aus einem Netz
vieler einfacher gleichartiger Elemente, die mit unterschiedlicher Orientierung und unterschiedlich feiner Auflösung die Geometrie der zu untersuchenden Struktur nach-
bilden[1].

---

[1] Abb. 3o zeigt ein Beispiel für ein solches Netz.

Die ersten FEM-Programmsysteme erlaubten zwar die automati-
sche Berechnung der Modelleigenschaften, überließen die
Aufbereitung der Modelle selbst jedoch dem Konstrukteur.
Auf die Schwierigkeit dieser Aufgabe weist Grabowski hin:
"Finit-Element-Programme sind keine Automaten, die man nur
mit Daten zu füttern braucht, um fertige Lösungen zu erhal-
ten. Ihr Einsatz erfordert die theoretische Durchdringung,
Präzisierung und begründete Vereinfachung des vorliegenden
Berechnungsproblems."[1] Die Konstruktion eines geeigneten
Modells hing daher in hohem Maße vom Einsatz des Erfahrungs-
potentials des Konstrukteurs ab.

Wegen der extrem großen Datenmengen der Modellbeschreibun-
gen - moderne FEM-Systeme lassen Modelle aus einigen zehn-
tausend Elementen zu - wurden große Anstrengungen unternommen, auch diese Tätigkeit zu automatisieren. Bei augen-
blicklichem Stand der Technik können die Modelle nur in
einfachen Fällen vollautomatisch aus der Geometrie der zu
untersuchenden Struktur hergeleitet werden. Bei komplizier-
teren Strukturen wird dem Konstrukteur die Möglichkeit gegeben, das automatisch erzeugte Netz noch interaktiv zu mo-
difizieren[2]. Durch Formalisierung des Erfahrungswissens der
Konstrukteure und Weiterentwicklung der mathematischen Grundlagen des Verfahrens konnte so die Phase der Modellbildung
teilweise in die Automatisierung einbezogen werden.

Auch die der Strukturanalyse nachgeordneten Aktivitäten
des Bewertens der Berechnungsergebnisse werden zunehmend
maschinisiert. Die bereits im vorigen Abschnitt erwähnten
Systeme von Nasr el Din und Young leisten nicht nur eine
einfache Rationalisierung der Ergebnispräsentation. Funktionen wie die automatische Prüfung der errechneten Mate-
rialspannungen auf Überschreitung von Grenzwerten bereiten
die Entscheidung des Konstrukteurs über vorzunehmende Veränderungen von Konstruktionsparametern weitgehend vor.

---

[1] GRABOWSKI 76b, S. 11-23
[2] SINGH 76

Abb. 32 veranschaulicht das beschriebene Vordringen der
Automatisierung innerhalb eines Iterationszyklus der Kon-
struktionsoptimierung. Dieser Vorgang geht über die im
vorigen Abschnitt beschriebene Rationalisierung der
Mensch-Computer-Interaktion hinaus, weil er bisher eigenständige Aktivitäten in den Maschinisierungsprozeß hinein-
zieht.

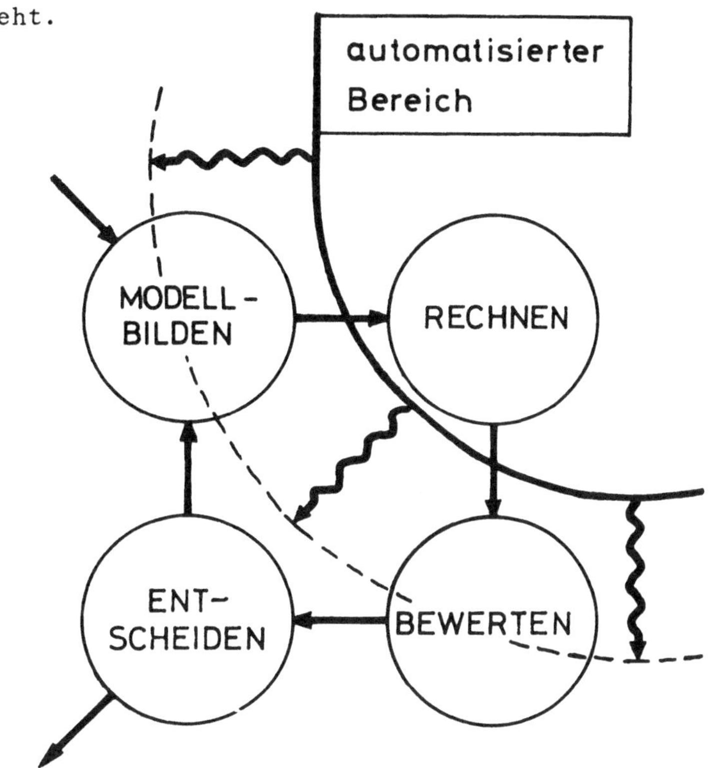

Abb. 32 : Zur Ausweitung des Rechnereinsatzes

Läßt sich aus der im Beispiel dargestellten Tendenz zur
Ausweitung der automatisierten Bereiche der Schluß ziehen,
unausweichliches Ziel der Entwicklung sei die Automation
des Konstruktionsbereiches? Daß eine vollständige Übernahme aller Tätigkeiten der Konstrukteure durch Computer
keine realistische Perspektive ist, wurde im Abschnitt
1.2.2. gezeigt. Für eine Automation im Sinne der Übernahme
bestimmter planender und koordinierender Aktivitäten in den

Computer[1] gibt es allerdings auf drei verschiedenen Ebenen
Hinweise:

1. das Vordringen der Automation im Betrieb.
   Die Maschinisierung nahm ihren Anfang bei typischen Aus-
   führungstätigkeiten in der Fertigung. Der Übergang von
   der Mechanisierung zur Automation wird hier durch die
   Einführung von NC-Maschinen sehr deutlich markiert.
   Die NC-Technik maschinisierte die individuelle
   Koordination des Arbeitsvollzugs an der Maschine. Die
   hierzu übergeordnete Planungsfunktion ist die Arbeitsvorbereitung. Nach anfänglichen Schwierigkeiten stehen
   hier neuerdings leistungsfähige Programme für die automatische Arbeitsplanung zur Verfügung. Die Konstruktion
   ist dagegen noch durch ein ausgesprochen "handwerkli-
   ches Gepräge"[2] zu charakterisieren. Eine Maschinisierung
   in diesem Bereich bedeutet unter Umständen - wegen seiner
   der Arbeitsvorbereitung wiederum übergeordneten Planungsfunktion - für die nachgeordneten Bereiche einen Schritt
   zur Automation[3]. In Extrapolation dieser Entwicklung
   erscheint es als denkbar, daß sich die fortschreitende
   Maschinisierung von Planungsfunktionen innerhalb der
   Konstruktion fortsetzen wird.

2. Automatisierung der Terminüberwachung in der Konstruktion.
   Von der technisch orientierten CAD-Literatur kaum beachtet haben in den letzten Jahren mehrere große Unternehmen
   Terminplanungssysteme für ihren Forschungs- und Entwick-
   lungsbereich installiert. Nach Stachow[4] ermöglichen
   diese Systeme eine "straffere Führung auch in Entwicklung und Konstruktion" sowie Produktivitätssteigerungen.

---

[1] Vgl. Bemerkungen zur These 4 im Abschnitt 1.2.1.

[2] BECHMANN et al. 78, S. 89

[3] Das in FRANZ 78 vorgestellte Variantenkonstruktions-
system (s.o.) scheint mir ein Beispiel hierfür zu sein.

[4] STACHOW 79; eine Übersicht über die zugrundeliegenden
Verfahren gibt HELMERICH 78

Der Computer ermittelt die optimale Eingliederung von
neuen Projekten in den Auftragsbestand und nimmt die erforderlichen Terminverschiebungen vor[1]. "Um überwachen
zu können, ob die geplanten Termine eingehalten werden,
müssen alle Mitarbeiter der Konstruktion täglich Stunden und Tätigkeiten pro Auftrag aufschreiben."[2] Die
Automatisierung von zeitlichen Planungs- und Koordina-
tionstätigkeiten stellt einen deutlichen Schritt in
Richtung auf eine Automation in der Konstruktion dar.

3. rechnergeführter Dialog.
   Eines der modernsten Systeme für die rechnerunterstützte
   Konstruktion von Baugruppen im Dialog ist das System
   FREKON[3]. Eine sogenannte Steuerlogik dieses Systems
   schaltet automatisch zwischen zwei Dialogebenen um:
   Die Auswahl der Funktionskomplexe erfolgt benutzer-
   initiiert[4], die für die Detaillierung notwendigen Angaben werden system-initiiert vom Benutzer angefordert.
   Bei einem system-initiierten Dialog übernimmt der Rechner
   einen Teil der Koordination im Arbeitsvollzug des Konstrukteurs, der in diesen Phasen Zuarbeit zum automatisierten Ablauf leistet. In Ermangelung ausreichender
   Anwendungserfahrungen mit FREKON kann keine endgültige
   Wertung dieser Art des Dialogs getroffen werden. Da
   jedoch individuelle Koordinationsfunktionen des Konstrukteurs betroffen sind, liegt auch hier eindeutig
   ein Schritt zur Automation vor.

---

[1] STACHOW 79, S. 63
[2] ebenda
[3] ALBIEN/PRIOR
[4] vgl. DEHNING/ESSIG/MAASS 78

T e i l   2
==========

GESTALTUNG DER MENSCH-COMPUTER-SCHNITTSTELLE
____

ALS HUMANISIERUNG DER ARBEIT
____

Nachdem im Teil 1 versucht wurde, einen Überblick über bereits erkennbare oder zukünftig mögliche negative Erscheinungen im Zusammenhang mit dem Einsatz von CAD-Systemen
zu gewinnen, stellt sich nun die Frage nach Alternativen.
Der Frage soll im 2. Teil hinsichtlich technischer Möglichkeiten zur Verbesserung der Arbeitssituation der vom CAD-
Einsatz Betroffenen nachgegangen werden.

Hierzu wird im Abschnitt 2.1. unter Bezugnahme auf arbeitswissenschaftliche Erkenntnisse der Begriff "humaner" Arbeitsbedingungen präzisiert. Auf dieser Grundlage werden
im Abschnitt 2.2. technikbezogene Vorschläge zur Verbesserung der Arbeitsbedingungen an interaktiven graphischen
Arbeitsplätzen erarbeitet.

Die Frage, ob es nicht unter bestimmten Bedingungen sinnvoll
sein könnte, CAD überhaupt nicht einzusetzen, z.B. wenn die
Anwendung in einem Betrieb zwangsläufig zu Entlassungen
führt, soll durch diese Fortsetzung der Untersuchung weder
positiv noch negativ beantwortet werden.
Sie läßt sich nicht mit informatischen Methoden klären.

2.1. <u>Grundlagen einer humanen Arbeitsgestaltung</u>

In diesem Abschnitt sollen Erkenntnisse der Arbeitswissenschaft dazu herangezogen werden, den Begriff einer "humanen" Gestaltung computerunterstützer Arbeitsplätze genauer zu bestimmen.

Um diese Begriffsbestimmung hat es innerhalb der Arbeitswissenschaft selbst eine Debatte gegeben, die zu wachsender Kritik an deren Menschenbild, das als zu eingeschränkt bezeichnet wurde, führte. Die Debatte wird im Abschnitt 2.1.1. in einigen wesentlichen Punkten dargestellt. Anschließend werden im Abschnitt 2.1.2. neuere Ansätze der Arbeitswissenschaft vorgestellt, die sich um eine Überwindung der Einschränkungen der klassischen Arbeitswissenschaft bemühen.

Der Abschnitt 2.1.3. behandelt das Problem der Umsetzung auf den <u>Menschen</u> bezogener - d.h. humaner - Ziele in <u>tech-nik</u>bezogene Anforderungen. Ein Vorgehen, bei dem diese Umsetzung in systematischer Weise erfolgt, wird als normativ bezeichnet.

Normatives Vorgehen setzt das Vorhandensein eines explizit formulierten Zielesystems voraus. Ein solches Zielesystem wird im Abschnitt 2.1.4. aus dem in Abschnitt 2.1.2. dargestellten Verständnis von Humanität entwickelt. Gegenstandsbereiche und Randbedingungen der Umsetzung der Ziele in Technik bei der Gestaltung der Mensch-Computer-Schnittstelle erörtert der Abschnitt 2.1.5.

Zwei Exkurse am Ende des Abschnitts 2.1. sollen dem interessierten Leser Materialien für eine vertiefende Beschäftigung mit Humanisierungsproblemen liefern. Der Zusammenhang zwischen dem hier entwickelten Verständnis von Humanität und dem Benutzerfreundlichkeitsbegriff der Informatik wird im Abschnitt 2.1.6. hergestellt. Der Abschnitt 2.1.7. enthält eine Zusammenstellung von Theorien

und empirischen Befunden der Arbeitswissenschaft über
psychische Belastungen und die in ihrer Folge auftretenden Ermüdungs- und Krankheitserscheinungen.

2.1.1. Zur Problematik der Humanisierungsbemühungen der klassischen Arbeitswissenschaft

Die Arbeitswissenschaft[1] erschließt Erkenntnisse der Me-
dizin, der Psychologie, der Ingenieurwissenschaften, der
Organisationslehre, der Informations- und Regelungstheorie
und der Philosophie zur Untersuchung und Gestaltung von
Arbeitsprozessen. Über die Schwerpunktsetzung in diesem
Konglomerat gehen die Auffassungen der Arbeitswissenschaftler allerdings auseinander, so daß sich eine einheit-
liche arbeitswissenschaftliche Methodik bisher nicht erkennen läßt.

Unterschiedlich sind auch die Aufgaben, die der Arbeitswissenschaft gestellt werden:

- Beiträge zur Lohnfindung[2]
- Arbeitsgestaltung, also "Anpassung der Arbeit an den
  Menschen und des Menschen an die Arbeit"[3]
- Humanisierung der Arbeit[4].

Sie trägt also die Verantwortung für Gestaltungsentschei-
dungen von erheblicher Tragweite und muß sich deshalb die
Frage nach ihren wissenschaftlichen Grundlagen, d.h. ihrer
Legitimation, gefallenlassen.

---

[1] Das Wort "Ergonomie" wird in dreierlei Weise benutzt:
1. Synonym mit Arbeitswissenschaft, 2. im Rahmen der Informatik als Lehre von der physischen Gestaltung von Ar-
beitsmitteln und -Umgebung, 3. bei Tietze im Sinne einer
erweiterten Arbei tswissenschaft (vgl. 2.1.2.).

[2] ROHMERT/RUTENFRANZ 75

[3] ROHMERT 73, S. 9

[4] TIETZE 74a

Das Menschenbild der klassischen Arbeitswissenschaft muß
als funktional bezeichnet werden. Dies scheint im Widerspruch zu stehen zu Rohmerts Aussage: "Durch Anpassung
sollen gesundheitliche und sozial schädliche Auswirkungen
der Arbeit auf den arbeitenden Menschen vermieden und Bedingungen für eine optimale Leistungsentfaltung des arbeitenden Menschen geschaffen werden."[1] Die Bedeutung dieses
Zitates wird erst deutlich, wenn man sich das Instrumenta-
rium vergegenwärtigt, mit dem die klassische Arbeitswissenschaft die Verwirklichung dieser Ziele verfolgt:

- Zur Vermeidung der oben genannten gesundheitlichen und
  sozial schädlichen Auswirkungen dienen im wesentlichen
  medizinisch bestimmte physiologische Dauerleistungs-
  grenzen.

- Die psychologischen Studien des human engineering beschränken sich auf die Optimierung der Leistungsfähigkeit von Mensch-Maschine-Systemen.

- Die Bewegungsstudien des REFA dienen der Effektivitäts-
  steigerung bei repetitiven Arbeiten.

Die Arbeitsgestaltung besteht damit in der Praxis in
einer Effektivierung der Arbeit unter der Randbedingung
der Vermeidung "irreversibler Funktionsminderungen"[2].
Diese Herangehensweise schließt nicht nur bereits im Ansatz denkbare positive Wirkungen der Arbeit auf den Menschen aus[3]. Selbst das Ziel der Vermeidung negativer
Wirkungen kann sie aufgrund ihrer Orientierung an quan-
tifizierbaren Größen - die Kurvenscharen in Ergonomie-

---

[1] ROHMERT 73, S. 9
[2] ROHMERT/RUTENFRANZ 75, S. 27
[3] Vgl. die Ausführungen zum Arbeitsbegriff in 1.2.1.

Lehrbüchern sprechen für sich[1] - nicht erreichen[2].

Arbeit erscheint so als das Erbringen einer Leistung gemäß von außen vorgegebenen Anforderungen, eine Auffassung, die den Realitäten der Arbeitswelt in gewisser Weise Rechnung trägt. Qualitäten des Arbeitenden außerhalb seines unmittelbaren Leistungsvermögens, z.B. sein eigenes Wollen, seine sozialen und geistigen Bedürfnisse, kommen nicht ins Blickfeld, ebenso wenig wie die möglichen schädlichen Auswirkungen einer solchen Mißachtung qualitativer Aspekte. In Anbetracht der Tatsache, daß es gerade diese qualitativen Aspekte sind, die man gemeinhin als typisch menschlich - eben "human" - bezeichnet, werden auch von Arbeitswissenschaftlern Zweifel daran laut, daß mit dem bestehenden Methodeninventar eine echte Humanisierung der Arbeit zu leisten sei. So kritisierte der Arbeitswissenschaftler Volpert in den WSI-Nachrichten des DGB: "Arbeitswissenschaft gibt vor, als überparteiliche Wissenschaft dem Menschen zu dienen, während sie tatsächlich einseitig auf Leistungssteigerung im Gewinninteresse der Unternehmer ausgerichtet ist."[3]

Diese Auffassung soll durch Tietzes Darstellung der Bemühungen zur Humanisierung der Arbeit am Datensichtgerät untermauert werden:

> "Die Humanisierungsbemühungen im Rahmen der Anpassung dieses Mensch-Maschine-Systems an die menschlichen Leistungsvoraussetzungen richteten sich zunächst auf den Arbeitsstuhl, der als unzumutbare Belastungsquelle identifiziert wurde und den Menschen daran hinderte, es allzu lange vor den entsprechenden Geräten auszuhalten." ....

---

[1] z.B. ROHMERT/RUTENFRANZ 75, S. 26

[2] Selbst in diesem schon eingeschränkten Bereich gibt es noch erhebliche Forschungslücken, z.B. bei der Erforschung von Langzeit- und Mehrfachbelastungen (NASCHOLD/TIETZE 77, S. 17).

[3] VOLPERT 78, S. 114

"Auch wenn dieses Vorhaben nach wie vor problematisch bleibt, so hat doch immerhin ein Stuhl
in die Arbeitswelt Eingang gefunden, der - sofern
die Leute die Mechanik begreifen - an ziemlich
viele Sitzbedürfnisse anpaßbar ist. Die Bandschei-
ben konnten durch den sitzgerechten Stuhl theoretisch erheblich entlastet werden. Diese Art er-
gonomischer Humanisierungsbemühungen garantierte
aber nur, daß die Leute vielleicht lange genug
vor dem Apparat sitzen konnten. Die Belastungs-
bilanz der daran arbeitenden Frauen verbesserte
sich jedoch nicht. Neue Formen der Belastung
traten an die Stelle der alten, erwiesen sich als
Grenzbedingung für die menschliche Leistungsfähigkeit: Die Leistungsmöglichkeiten des visuellen
Apparates der Informationsaufnahme sowie des motorischen Systems der Leistungsabgabe. In ihrem
gegenwärtigen Stand befaßt sich die Humanisierungs-
forschung deshalb mit der Bestgestaltung von Tastaturen und der Vermeidung visueller Störgrößen
(Blendung, Zeilengröße, Kontrast, Schrifttype etc.).
Doch auch damit ist kaum etwas gewonnen. Einzig
die Verweildauer an den Apparaten wird verlängert.
An die Stelle der psychophysischen Überforderung
tritt jetzt die Leistungsgrenze der psychischen
Anpassungsfähigkeit an extrem sinnleere und
gleichförmige Arbeitsvollzüge unter Leistungs-
druck."[1]

Diese Darstellung deckt sich mit den Aussagen zahlreicher
Betriebsräte aus der Versicherungsbranche[2].

In einer anderen Arbeit bezeichnet Tietze die Methode der
klassischen Arbeitswissenschaft als "Reduktionismus",
der "theoretisch von sinnhaften Handlungsvollzügen, sozia-

---

[1] TIETZE 78, S. 3
[2] Persönliche Mitteilung an den Verfasser

len Interaktionen und gesamtgesellschaftlichen Einfluß-
faktoren individueller Handlungen abstrahiert und methodisch auf Laboratoriumsmessungen und (vorschnelle) Quantifizierung ausgerichtet ist." Die "aktive kognitive Verarbeitung der Belastungsfaktoren" bleibt unberücksichtigt,
das Erklärungsmodell geht von einem "passiv aufnehmenden
Organismus" aus[1].

Ein Beispiel für die Reduktion des Menschen auf einige
funktionale Aspekte und die Konsequenzen eines solchen
Ansatzes liefert die Studie der GMD zur Benutzerfreundlichkeit von Dialogsystemen[2].

Dzida und andere führten 1977 eine umfangreiche Untersuchung durch, mit dem Ziel, ein "Bewertungskonzept Benutzerfreundlichkeit"für Dialogsysteme zu erarbeiten. In einer
Phase theoretischer Vorklärung definierten sie Benutzerfreundlichkeit auf der Grundlage eines systemtheoretischen
Dialogmodells (TOTE-Einheiten). Benutzerfreundlich sollen
nach dieser Definition solche Systeme sein, die dem Benutzer eine unvermittelte Koordination zwischen den Systemaus-
gaben und seiner in einer motorischen Operation bestehenden
Eingabe ermöglichen, d.h. der Rückgriff des Benutzers auf
seine höheren kognitiven Funktionen soll möglichst vermieden werden. "Die im System 'Benutzer' eingehende Information soll motorische Operationen veranlassen, ohne daß zu
ihrer Vorbereitung TOTE1 verlassen zu werden braucht."[3]
TOTE1 bezeichnet im Modell die niedrigste Komplexitätsstufe
der Informationsverarbeitung.
Es ist wohl kaum realistisch, zu unterstellen, die Benutzer
bewerteten dasjenige Dialogsystem am besten, bei dem ihre
höheren kognitiven Funktionen am wenigsten zur Anwendung
kommen. Vielmehr weist die mit der "unmittelbaren Koordination" geforderte mechanische Reaktionsweise Parallelen zur

---

1) NASCHOLD/TIETZE 77, S. 11.
2) DZIDA et al. 77a
3) DZIDA et al. 77a, S. 12

Fließbandarbeit auf[1].

Das Beispiel der Benutzerfreundlichkeitsstudie kann durchaus als typisch für die Tendenz der Arbeitswissenschaft angesehen werden, den Menschen zur Funktionseinheit eines in seiner Leistung zu optimierenden Arbeitssystems zu reduzieren. Wie Hedberg zeigen konnte, ist das hierin zum Ausdruck kommende reduzierte Menschenbild aber keineswegs unbedingt mit dem "privaten" Menschenbild der verantwortlichen Wissenschaftler identisch[2]. Als eine der sicherlich zahlreichen Ursachen für diese Diskrepanz ist die leichte Umsetzbarkeit von funktionalen Modellvorstellungen vom Menschen in technische Gestaltungskriterien anzusehen: Reduziert man den Menschen selbst auf ein quasi technisches System, so kann man andere technische Systeme vergleichsweise leicht "anschließen". Mit der Technik nicht in einfacher Weise "kompatible" Anforderungen bleiben in solchen Modellen von vornherein ausgeklammert.

2.1.2. <u>Ein Ansatz zur Überwindung des "Reduktionismus"</u>

Aus der Kritik der klassischen Arbeitswissenschaft entstanden neue Ansätze, die auf eine Perspektivenerweiterung abzielen. Ein Ansatzpunkt für eine solche Umorientierung stammt z.B. von Volpert, der mit der Forderung nach der Schaffung "persönlichkeitsfördernder Arbeitsplätze" auftrat[3].

Wesentliche methodische Arbeiten leistete Tietze. Sie definiert Ergonomie als eine erweiterte Arbeitswissenschaft, deren Forschungsgegenstände sie folgendermaßen charakterisiert:

---

[1] Die Verfasser thematisieren an einer späteren Stelle der Studie auch Lernprozesse des Benutzers und seine Motivation. Eine systematische Eingliederung in die der Definition zugrundeliegende Theorie unterbleibt jedoch.

[2] HEDBERG 74

[3] VOLPERT 78

"Die Ergonomie macht Aussagen über den zielgerichteten effizienten Umgang des Menschen mit den Dingen in seiner physischen und sozialen Umwelt. Damit sind die drei Aspekte (vgl. Abb. 33) der Ergonomie umrissen.

1. Der Prozeß des effizienten Umgehens mit den Dingen und seine Bestgestaltung. Hier ist die Ergonomie weitgehend identisch mit der Arbeitswissenschaft.

2. Die problembezogene Definition des Begriffs 'effizient' und seine Anwendung auf konkurrierende Ziele der Produkt- und Umweltgestaltung[1]. Dies ist die Ebene der Diskussion um ... Wohnwert und Humanisierung des Arbeitslebens, d.h. um die praktische Neubestimmung qualitativer und humanökologischer Standards."[2]

Diesem zweiten Punkt entspricht die in Abschnitt 2.1.3 aufgestellte Forderung nach Offenlegung der normativen Grundlagen.

3. "Das Ding selbst und seine Bestgestaltung ..."[2]

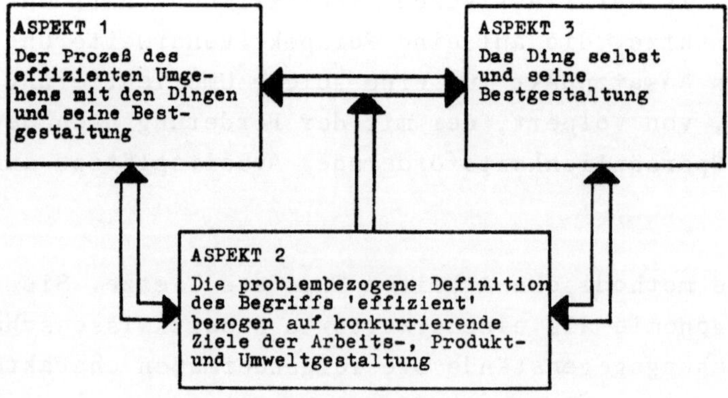

<u>Abb. 33</u> : Gegenstandsbereiche der Ergonomie nach Tietze

---

[1] z.B. billig vs. humaner Herstellungsprozeß
[2] TIETZE 78, S. 1

Tietze zeigt anhand von Beispielen, daß die Gestaltung
des Produkts von der Gestaltung der Produktion, also der
Arbeit, nicht zu trennen ist. Die Einbeziehung dieses
wichtigen Aspektes kann in dieser Arbeit nicht geleistet
werden, obwohl er interessante Fragen aufwirft. Bestimmt
doch die Produktgestaltung in der Konstruktion in erheblichem Maße die Bedingungen der das Produkt realisierenden
Arbeiten.

Tietze erläutert, daß die unterschiedlichen Konzepte zur
Humanisierung aus der wissenschaftlichen und politischen
Diskussion sich unterscheiden lassen hinsichtlich ihrer
Komplexität, also dem Grad der Einbeziehung des Kontexts
der Arbeit in den Gestaltungsprozeß (vgl. Abb. 34).

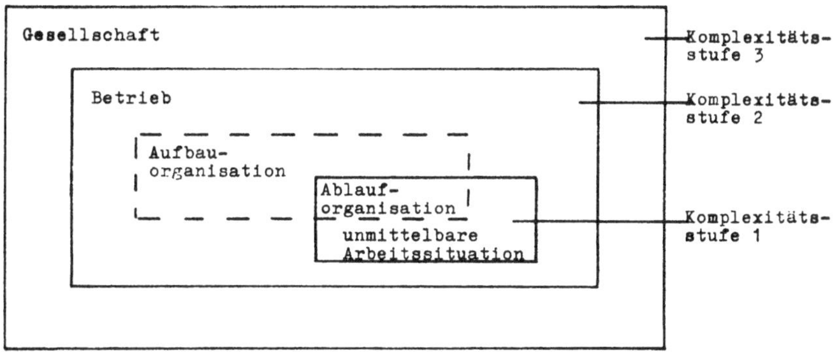

Abb. 34 : Komplexitätsstufen der Arbeitsgestaltung[1]

Eine umfassende Berücksichtigung der dargestellten drei
Aspekte der Ergonomie wird nur auf der höchsten Komplexitätsstufe möglich sein:
"Ergonomisch niederkomplexe Ansätze zur Humanisierung
 von Arbeitswelt - insbesondere solche, die den dreifa-
 chen Zugriff der Ergonomie auf die menschliche Umwelt
 vernachlässigen - sind kaum in der Lage, das qualitative
 Versprechen, das in dem Wort 'Humanisierung' liegt, ein-
 zulösen"[2] .

---

[1] nach einem Vorschlag von TIETZE 78 vgl. auch die sehr
     ähnliche Darstellung der "Problembereiche der Auswirkungs-
     forschung" in HEIBEY et al. 75, S. 12
[2] TIETZE 78, S. 4

In einer an anderer Stelle veröffentlichten Bestandsaufnahme unterscheidet Tietze folgende Humanisierungskonzepte
(geordnet nach steigender Komplexität, eine eindeutige Zuordnung zu den Stufen ist allerdings nicht möglich):

"a) Humanisierung als Strategie, die sich gegen eine Form
von Arbeit richtet, welche als <u>lebensverkürzender
Faktor</u> wirkt und sich in eindeutiger Weise auf die Be-
findlichkeit und Leistungsfähigkeit des arbeitenden
Menschen auswirkt (Arbeitssicherheit, arbeitshygieni-
sche Normen etc.).

b) Humanisierung als Strategie, die sich gegen die Tay-
lorisierung der Arbeit wendet und den Verhaltens- und
Entscheidungsspielraum des arbeitenden Menschen er-
weitern will (Job Enrichment, Job Rotation, Job Enlarge-
ment, Mitbestimmung am Arbeitsplatz). Entscheidungs-
freiheit gilt in diesem Ansatz als spezifisch menschliches Vehikel der Selbstverwirklichung."
....

"c) Humanisierung durch politische Mitbestimmung: Die Ausbreitung des arbeitenden Menschen soll durch die Insti-
tutionalisierung von Arbeit und Kapital als gleichbe-
rechtigte Faktoren bei gleichgewichtiger Marktvertei-
lung vermieden werden."
....

"d) Humanisierung durch revolutionäre Aufhebung der Klas-
sengesellschaft ... . Als wesentlicher Bedingungsfak-
tor für Arbeits- und Lebensbedingungen wird der gesellschaftliche Kontext gesehen. Kritik an inhumanen Arbeitsbedingungen ist Kritik an der Gesellschaft und umgekehrt.

e) Humanisierung zielt auf die Utopie einer herrschafts-
freien Gesellschaft. Voraussetzung für die Realisierung
dieser ... Konzeption ist, daß Sozialisationsprozesse

stattgefunden haben, die den Menschen für die Revolution und die Utopie emanzipieren" ...[1]

Die Aufstellung macht deutlich, daß Humanisierung nicht nur wissenschaftliche Probleme aufwirft, sondern auch ein konfliktträchtiges politisches Thema ist. Nach meiner Auffassung kann die Entscheidung für Humanisierungskonzepte und ihre politische Durchsetzung nur durch die Betroffenen und ihre Organisationen geleistet werden. Ziel dieser Arbeit ist es lediglich, auf das Vorhandensein von Gestaltungsspielräumen hinzuweisen und insofern Entscheidungshilfe zu sein. Die Bedeutung von gesellschaftlichen Interessenkonflikten wird deshalb im folgenden nicht weiter berücksichtigt.

Der im folgenden behandelte Gegenstandsbereich wird - im vollen Bewußtsein der daraus resultierenden Schwächen - auf die Komplexitätsstufe 1 (unmittelbare Arbeitssituation) eingeschränkt, um die Anwendbarkeit der Ergebnisse möglichst im bestehenden betrieblichen und gesellschaftlichen Kontext wahrscheinlich zu machen. Darüber hinaus ist dieser Bereich am stärksten durch die Mensch-Maschine-Interaktion geprägt und damit noch am ehesten vom Standpunkt des Informatikers sinnvoll zu behandeln.

2.1.3. Das normative Vorgehen bei der Technikgestaltung

Die als legitim anerkannten Anforderungen der Arbeitenden an die Bedingungen ihrer Arbeit sind in der Geschichte zahlreichen Wandlungen unterworfen gewesen[2]. Was zu einem Zeitpunkt als legitim gilt, spiegelt sich wieder in gesetzlichen, vertraglichen und ethischen Normen, die sich herausbildeten als Ergebnis der historischen Entwicklung und damit insbesondere der Auseinandersetzung gesellschaftlicher

---

[1] TIETZE 74a, S. 311
[2] vgl. TIETZE 74

Interessengruppen. Die Mitbestimmung sowie die aktuellen
Auseinandersetzungen um die 35 Stunden-Woche sind Beispiele hierfür.

Die Paragraphen 90 und 91 des Betriebsverfassungsgesetzes
schreiben die "menschengerechte Gestaltung" von Arbeitsplätzen vor. Daß der Grad der Verwirklichung dieser Norm
bislang nur einen Stand erreicht hat, der von vielen als
unbefriedigend empfunden wird, liegt unter anderem an zwei
Ursachen:

1. Attribute wie "menschengerecht" oder "human" sind wegen
   ihres großen Interpretationsspielraums in der Praxis
   sehr schwer nachprüfbar, geschweige denn einzuklagen.
   Einer menschengerechten Technikgestaltung muß also zunächst eine differenzierte Interpretation als Operationalisierung der zugrundegelegten Normen vorausgehen. Deshalb wird im folgenden Abschnitt 2.1.4. ein Zielesystem
   vorgestellt, das versucht, die Forderung nach humaner
   Arbeitsplatzgestaltung zu operationalisieren.

2. Die Umsetzung von auf den Menschen bezogenen Anforderungen in technische Anforderungen ist überaus problematisch,
   weil die ersteren eher qualitativen Charakter haben,
   letztere dagegen eher quantitativer Natur sind. Diese
   Schwierigkeit führt dazu, daß nicht-quantifizierte
   menschliche Anforderungen in der Praxis nicht selten
   als "nicht mit den technischen Sachzwängen vereinbar"
   keinen Eingang in die Technikgestaltung finden[1]. Beim
   Versuch der Umsetzung können sich darüber hinaus schwer
   zu lösende Konkurrenzbeziehungen zwischen den technischen
   Anforderungen ergeben, was die Skepsis der "Techniker"
   noch steigern mag.

   Die Lücke, die es bei der Umsetzung zu überbrücken gilt,
   findet ihr Spiegelbild in der Trennung naturwissen-

---

[1] Man vgl. Kirschs Bemerkungen zur Behandlung von "soft
facts" im Systemgestaltungsprozeß (KIRSCH 73, S. 565).

schaftlich-technischer Wissenschaftsdisziplinen und den
Human- oder Sozialwissenschaften. Jeder Versuch, hier
mit wissenschaftlichen Mitteln voranzukommen, wird deshalb notwendig interdisziplinär vorgehen müssen. Ohne
noch näher auf die methodischen Probleme, die sich daraus ergeben, einzugehen, werden im Abschnitt 2.2. einige
Beispiele für technische Umsetzungsmöglichkeiten zu den
Zielen aus den folgenden Abschnitten genannt.

Die Bezeichnung "normativ" für ein Vorgehen bei der Technikgestaltung, das seine menschenbezogenen Ziele explizit
benennt und daraus Technikanforderungen "deduziert", geht
auf Bernd Lutterbeck zurück.

2.1.4. Ein Zielesystem für das normative Vorgehen

Bei der Zusammenstellung eines Zielesystems, aus dem sich
verbesserte Arbeitsbedingungen herleiten lassen sollen,
ist der Wissenschaftler gut beraten, sich möglichst stark
an Forderungen der Betroffenen selbst zu orientieren. Da
eine systematische Befragung im Rahmen dieser Arbeit nicht
möglich ist, wird hier ausgegangen von Forderungen, die im
Rahmen von Gewerkschaften vorgetragen wurden. Das Zielesystem wird in drei Stufen hierarchisch entwickelt
(vgl. Abb. 35).

1. Zieleebene

Die Arbeitsgestaltung zielt auf eine positive Gesundheit
der Arbeitnehmerschaft.

Der Begriff der positiven Gesundheit wurde von der franzö-
sichen Gewerkschaft CFDT 1976 folgendermaßen charakterisiert:

"Gesundheit, das ist die aktive autonome Fähigkeit eines
 jeden, sich in den verschiedenen Beziehungen zu behaup-
 ten, die man in all seinen individuellen und sozialen

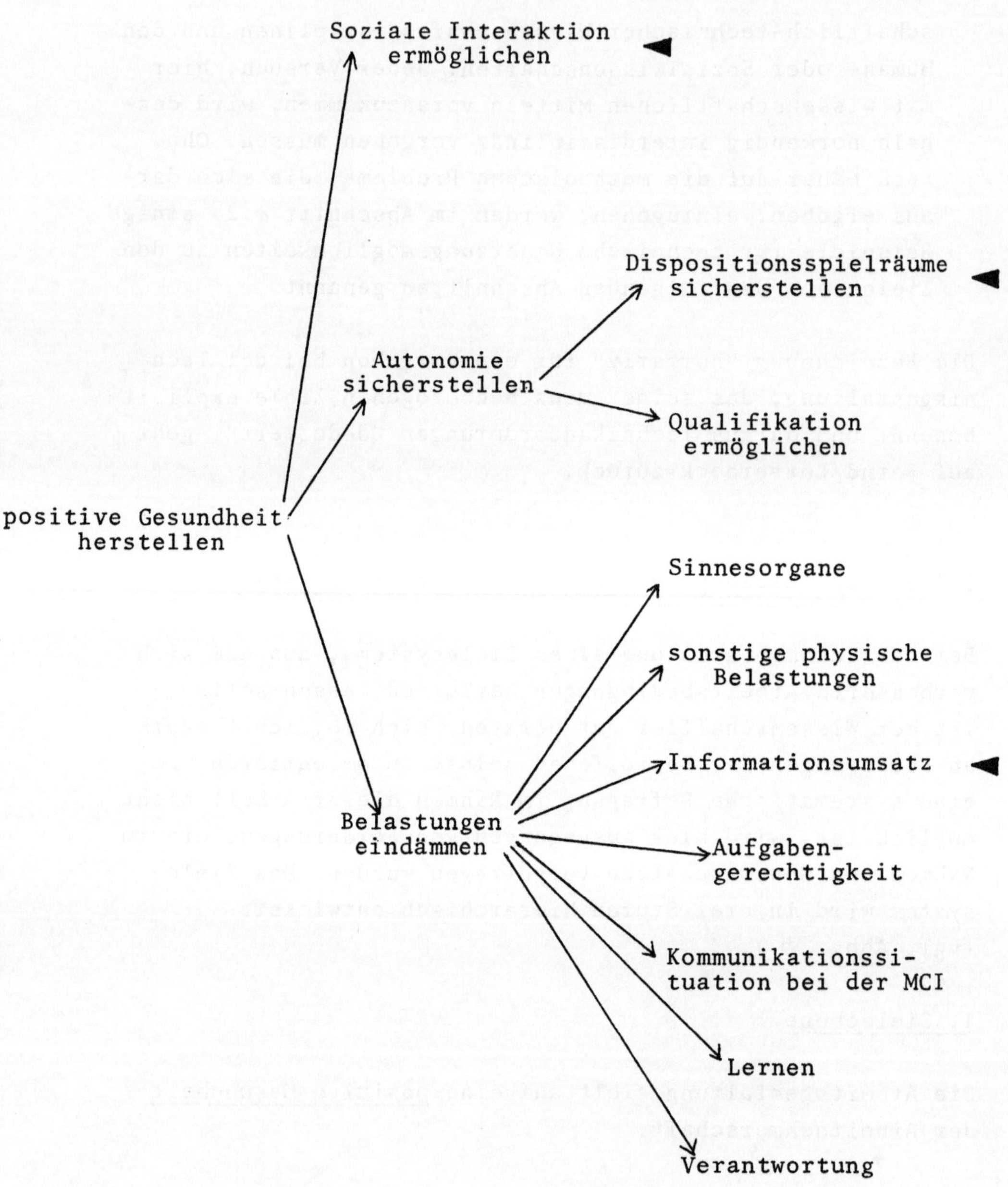

Abb. 35: Zielehierarchie für die Gestaltung
computergestützter Arbeitssysteme

(für die mit ◀ gekennzeichneten Ziele werden
im Abschnitt 2.2. Umsetzungsmöglichkeiten behandelt)

Aktivitäten eingeht: Die Beziehung zum eigenen Körper,
die interpersonellen Beziehungen und die gesellschaftlichen
Beziehungen. Die Gesundheit ist also ein gesellschaftli-
ches Produkt, bestimmt durch individuelle und kollektive
Bedingungen."[1]

Damit wird bewußt über die eher defensive und als nicht
ausreichend wirksam empfundene Forderung nach der Abwesen-
heit eindeutig lebensverkürzender Faktoren hinausgegangen.

2. Zieleebene

Der Belastungsbegriff allein erscheint damit als für eine
Operationalisierung der Forderung nach positiver Gesundheit
zu eng gefaßt. Deshalb werden die in der CFDT-Definition
versprochenen aktiven Entfaltungsmöglichkeiten als gleich-
berechtigte Ziele neben die Abwehr unerträglicher Belastungen
gestellt.
Eine erste Konkretisierung für dieses Vorgehen stellt eine
Äußerung von Schumann dar:

> "Auf dem Münchner Kongreß des DGB zum Thema 'Humanisierung
> der Arbeit' nannte Schumann 'Qualifikation und Belastung' -
> klammert man Sicherheit vor Arbeitslosigkeit und den Aspekt
> der Entlohnung bewußt aus - die wichtigsten Indikatoren
> für die Qualität der unmittelbaren Arbeitssituation aus der
> Interessenlage der Arbeiter."[2]

Allerdings ist der Begriff "Qualifikation" noch etwas zu
eng gefaßt. Volpert schreibt im DGB-Organ WSI-Nachrichten
unter Bezugnahme auf empirische "Untersuchungen zum Sozia-
lisationspotential gesellschaftlicher Arbeit":[3]

---

[1] Zitiert nach NASCHOLD/TIETZE 77

[2] VOLPERT 78, S. 114, Unterstreichung von mir. Sicherheit
vor Arbeitslosigkeit und Lohnfragen werden trotz ihrer
höchsten Priorität für die Bewertung von Arbeitssituationen
hier nicht weiter verfolgt, weil sie eher organisatorische
als technische Aspekte von Arbeitsgestaltung betreffen.

[3] VOLPERT 78, S. 115, die zitierte Untersuchung wurde
1977 von Lempert veröffentlicht.

"Je geringer die inhaltlichen Anforderungen und je
kleiner die <u>Dispositionsspielräume</u> bei der Arbeit
sind, desto eingeschränkter sind die allgemeinen Hand-
lungsmöglichkeiten der Betroffenen. In diesem Sinne
können restriktive Arbeitstätigkeiten auch als auslö-
sender Faktor für psychische Störungen gelten."[1]

Die eng miteinander zusammenhängenden Ziele "Ermöglichung
einer angemessenen Qualifikation" und "Sicherstellung von
Dispositionsspielräumen" werden auf dieser Ebene zu dem
Ziel "Sicherung der Autonomie" zusammengefaßt.

Als dritter wichtiger Punkt auf dieser Ebene soll noch
auf die Bedeutung zufriedenstellender <u>sozialer Interaktions-
möglichkeiten</u> bei der Arbeit hingewiesen werden[2].

3. Zieleebene

Hier ist nur noch eine Differenzierung des Teilziels "Belastungen eindämmen" zu leisten, denn für "Autonomie sicherstellen" liegt die Differenzierung in "Dispositionsspielräume sicherstellen", und "Qualifikation ermöglichen" bereits vor. Das Teilziel "soziale Interaktion ermöglichen"
wird nicht weiter differenziert.

Die Belastungen, die im Zusammenhang mit Computerarbeitsplätzen auftreten, sind überwiegend psychischer Art. Eine
vollständige Erfassung aller Belastungen in diesem Bereich
ist ein auch von der Arbeitswissenschaft bisher ungelöstes
Problem. In dieser Arbeit werden deshalb nur solche Belastungsquellen behandelt, über die mir ausreichendes Material
vorlag. Auf diese Weise kann zwar ein Beitrag zur Eindäm-
mung von Belastungen geleistet werden, ein Anspruch auf

---

[1] VOLPERT 78, S. 115, Hervorhebung von mir. Als bedeutend-
ster wissenschaftlicher Beitrag zur Rolle von Dispositionsspielraum und Qualifikation in Hinblick auf die
Humanisierung der Arbeit gilt in der Industriesoziologie
das Buch von Fricke (FRICKE 75).

[2] KERN/SCHUMANN 70, S. 85 ff.

vollständige Behandlung besteht aber nicht[1].

Folgende Belastungsarten und ihre Ursachen werden aufgeführt:

Im Bereich der <u>physischen Belastungen</u>

1. Belastungen der Sinnesorgane[2]

   Hier werden hauptsächlich Augenbelastungen zu behandeln sein. Lärm (z.B. durch Tastaturen, Drucker, Lüfter) ist neben der Belastung der Sinnesorgane auch als eine psychische Belastung anzusehen.

2. andere physische Belastungen[2]

   Unter diesem Punkt werden Belastungen, die sich aus der Körperhaltung und den erforderlichen Bewegungen bei der Arbeit ergeben (z.B. Tastatur, Stuhl) und solche der allgemeinen Arbeitsumgebung (z.B. Klima) zusammengefaßt.

Im Bereich der <u>psychischen Belastungen</u>

3. Belastungen durch hohen Informationsdurchsatz[3]

   Die Übertragungsrate der zwischen Mensch und Computer ausgetauschten Daten gibt einen Anhaltspunkt für die Belastungen, die für den Menschen bei der Interaktion auftreten. Der Informationsdurchsatz kann zusätzlich noch mit der Komplexität der vom Menschen geleisteten Verarbeitung der Daten gewichtet werden (z.B. zu fällende Entscheidungen).

---

[1] Allerdings zeigt ein Vergleich mit den 37 Gruppen des Arbeitswissenschaftlichen Erhebungsbogens zur Tätigkeitsanalyse (AET, ROHMERT/RUTENFRANZ 75, S. 37), der zur belastungsspezifischen Untersuchung allgemeiner Arbeitstätigkeiten dient, daß alle dort aufgeführten Aspekte sich in dem angegebenen Zielesystem wiederfinden, soweit sie für computergestützte Arbeitsplätze in der Konstruktion von Bedeutung sind.

[2] z.B. CAKIR et al. 78

[3] z.B. ROHMERT/LUCZAK 73; FRICZEWSKI/THORBEKE 76, machen Angaben zum Zusammenhang zwischen Informationsüberlastung und Kreislaufkrankheiten.

4. Belastungen durch nicht aufgabengerechte Arbeitsmittel[1]

Unabhängig von der Beurteilung des Sinns oder Unsinns
der ihm gestellten Arbeitsaufgabe, kann der Computer
vom Arbeitenden als bei der Erfüllung dieser Aufgabe
eher hinderlich oder eher förderlich angesehen werden.
Vor allem als "unpraktisch", "umständlich" oder "sinnlos" angesehene Arbeitsschritte, die bei der Erfüllung
der Aufgabe mit dem Computer notwendig werden, können
eine Belastung darstellen.

Die letzten Punkte gehen speziell auf psychische Belastungen im Bereich höherer kognitiver Funktionen ein:

5. Belastungen durch die Kommunikationssituation bei der
Mensch-Computer-Interaktion[2]

Gemessen an den Regeln menschlicher Kommunikation, wie
sie von der Kommunikationspsychologie aufgedeckt wurden,
stellt jeder Dialog zwischen Mensch und Computer zwangsläufig eine eingeschränkte Kommunikationssituation dar,
die Parallelen zur gestörten Kommunikation bei gewissen
psychischen Krankheiten aufweist. Hieraus ergeben sich
für den beteiligten Menschen Belastungen.

6. Belastungen in Lernsituationen[3]

Die Bedienung des Computers (bzw. Terminals) macht Lernprozesse notwendig, die sowohl hinsichtlich der Quanti-
tät des zu erlernenden Wissens als auch hinsichtlich
der Lernsituation eine Belastung darstellen können.

7. Belastungen durch Verantwortlichkeit[4]

Fehler bei den eingegebenen Daten können gerade in der
Konstruktion unter Umständen kostspielige Folgen haben,

---

[1] z.B. DEHNING/ESSIG/MAASS 78, S. 68
[2] DEHNING/MAASS 77, GRAUS et al. 75
[3] z.B. DEHNING/ESSIG/MAASS 78, S. 233 ff.
[4] z.B. ROHMERT/RUTENFRANZ 75, S. 37

wenn sie unentdeckt in das zu fertigende Produkt eingehen; Bedienungsfehler können die Ergebnisse umfangrei-
cher Arbeiten wieder zunichte machen, z.B. durch unbe-
absichtigte Löschung. Die Verantwortung für die Vermeidung solcher Fehler kann für den Betroffenen bela-
stend sein[1].

Zu dem vorgestellten Zielsystem sollen noch einige Erläuterungen gegeben werden:

Der Begriff der <u>sozialen Interaktion</u> am Arbeitsplatz
schließt neben arbeitsbezogenen Kontakten, also solchen,
die zur Erledigung der gestellten Aufgabe notwendig sind,
auch soziale Kontakte am Arbeitsplatz ein, die sich nicht
unmittelbar aus der Aufgabenstellung ergeben. Die Kontakte
können gegenüber Kollegen, Vorgesetzten oder Kunden bestehen.

Die <u>Qualifikation</u> ist bei Computerarbeitsplätzen zu diffe-
renzieren in die fachliche Qualifikation, die die Fähigkeiten und Kenntnisse des Beschäftigten im Bereich der mit
dem Computer zu lösenden eigentlichen Aufgabe umfaßt, und
die DV-technische Qualifikation. Bei bestimmten Berufen
fallen fachliche und DV-technische Qualifikationsanforderun-
gen zusammen (z.B. Programmierer, Operateur).

Der Qualifikationsbegriff soll hier nicht im statischen
Sinne verstanden werden. Vielmehr sollte eine kontinuier-
liche Weiterentwicklung der Fähigkeiten und Kenntnisse des
Arbeitenden möglich sein, die allerdings bei Überforderung
hinsichtlich des Lerntempos, ungeeigneter Darbietung der
Lerninhalte oder ungünstiger Lernsituation auch zu einer
Belastung werden kann.

---

[1] Die unter 6. und 7. genannten Belastungen werden bei
FRICZEWSKI/THORBEKE 76 mit dem Auftreten koronarer
Herzerkrankungen in Verbindung gebracht.

Weil die Möglichkeit des Umschlagens einer positiv formulierten Anforderung in eine Belastung durch falsche
Interpretation bei dem Ziel "Qualifikation ermöglichen"
besonders groß ist und für Computerarbeitsplätze besondere Bedeutung hat, wurde "Lernen" zugleich unter die möglichen Belastungsquellen aufgenommen.

Das Spektrum möglicher Dispositionsspielräume ist außerordentlich weit. Man kann unterscheiden zum einen in
fachlich-inhaltliche Handlungsspielräume, die in Entschei-
dungsbefugnissen, Ermessensspielräumen usw. bestehen, zum
anderen in arbeitsorganisatorische Spielräume, die dem Arbeitenden z.B. Freiheiten in der Wahl der zeitlichen Organisation seiner Arbeit (Tempo, Reihenfolge) oder in der
Auswahl von Arbeitsverfahren lassen, ohne daß davon die
Arbeitsergebnisse beeinflußt werden. In einer umfangreichen
empirischen Untersuchung konnte Müller-Böling einen engen
Zusammenhang zwischen der Beeinträchtigung von Dispositionsspielräumen infolge des Computereinsatzes und einer negativen Einstellung der Beschäftigten zum Computer sowie ge-
sunkener Arbeitszufriedenheit nachweisen[1].

Zwischen Qualifikation und Dispositionsspielraum besteht
ein enger Zusammenhang: Fachlich-inhaltliche Handlungsspielräume können nur unter der Voraussetzung ausreichender
fachlicher Qualifikation genutzt werden, arbeitsorganisatorische Spielräume kommen bei Arbeit am Computer nur zum
Tragen, wenn die DV-technische Qualifikation für einen
entsprechend flexiblen Umgang mit dem Computer vorhanden
ist.

Nicht als eigenständige Belastungsquelle ins Zielesystem
aufgenommen wurde der Punkt Wachsamkeit oder Konzentration.
Es wird davon ausgegangen, daß sie sich bei entsprechend
motivierender Tätigkeit von selbst einstellt (z.B. auch
unterstützt durch Abwechslung, Handlungsspielräume, Ver-

---

[1] MÜLLER-BÖLING 78

antwortung), und daß ein vorzeitiger Wachsamkeitsabfall infolge Ermüdung durch Belastungseindämmung vermieden werden kann. Sich langfristig einstellende Ermüdungserscheinungen sind eine normale und gesunde Reaktion des Menschen, gegen die nicht mit künstlichen Versuchen, die Wachsamkeit durch äußere Reize aufrechtzuerhalten, vorgegangen werden sollte Genauere Aussagen werden sich erst machen lassen, wenn die Arbeitswissenschaft gesicherte Erkenntnisse über die Ermüdung in größerem Umfang vorlegen kann, als es zur Zeit der Fall ist.

2.1.5. Gegenstandsbereiche und Randbedingungen der Gestaltung von Mensch-Computer-Schnittstellen

Nach Heibey et al. ist die Gestaltung der Mensch-Computer-Schnittstelle ein (schlecht strukturiertes) Optimierungsproblem mit folgenden Zielgrößen [1]:

(1.) möglichst effiziente Erledigung einer bestimmten Aufgabe

Menschen und Computer in einer Organisation sollen die durch die Organisationsziele vorgegebenen Aufgaben möglichst optimal lösen; in dieser Untersuchung also die Konstruktion von Maschinen.

(2.) möglichst weitgehende Erfüllung menschlicher Anforderungen

Menschliche Anforderungen an die Arbeit sollen durch die Gestaltung der Mensch-Computer-Schnittstelle möglichst weitgehend befriedigt werden; hier ist also das Zielesystem aus Abschnitt 2.1.4. anzuwenden.

---

[1] HEIBEY et al. 77, S. 31 ff, S. 48 ff.

(3.) Berücksichtigung der <u>Einsatzbedingungen des Com-</u>
<u>puters</u> als Randbedingung

Die Autoren verweisen hierbei auf die Eigenschaften
der Computertechnologie, wie sie sich im Modell des
endlichen Automaten widerspiegeln. Hieraus ergibt
sich als wesentliche Einschränkung zu (1.) die Notwendigkeit der Algorithmisierung, als wesentliche Einschränkung zu (2.) die Unmöglichkeit, die Mensch-Computer-Interaktion menschlicher Kommunikation vollkommen anzugleichen.

Die an diesen Zielgrößen zu orientierenden Gestaltungsentscheidungen fallen auf drei Ebenen. Da die Entscheidungen jeder Ebene die Gestaltung auf der nächsthöheren
Ebene beeinflussen, lassen sich die Ebenen auch als die
Gegenstände von aufeinanderfolgenden Gestaltungsschritten
interpretieren.

(1.) die Ebene der organisatorischen Einbettung

Hier wird insbesondere die im Rahmen der Mensch-Computer-Interaktion zu lösende <u>Aufgabe</u> festgelegt. Dazu
gehört neben der Bestimmung des Arbeitsinhalts auch
die Definition der zeitlichen und inhaltlichen Bedingungen an den Schnittstellen zu anderen Arbeitsplätzen.
Zum Arbeitsinhalt gehören auch solche Aufgaben, die
nicht mit Hilfe des Computers erledigt werden.

Als wichtigste menschliche Anforderungen auf dieser
Ebene lassen sich aus dem Zielesystem (vgl. Abb. 35)
herleiten:

- Ermöglichung fachlich qualifizierter Arbeit,
- Einräumen fachlicher Dispositionsspielräume (Ent-
  scheidungsbefugnis, Ermessen etc.),
- Ermöglichung sozialer Interaktion durch Kooperation
  und Kundenkontakt.

(2.) die Ebene der Strukturierung der Mensch-Computer-
Interaktion

Aus den Entscheidungen der Ebene (1.) über die zu lösenden Aufgaben lassen sich Anforderungen an eine ad-
äquate Form der Mensch-Computer-Interaktion herleiten.
Diese Anforderungen betreffen zum einen die Grund-
struktur der Interaktion, im wesentlichen gekennzeichnet
durch den Initiator (Mensch oder Computer), die Aus-
wahlmöglichkeiten des Menschen unter verschiedenen
möglichen Aufträgen an den Computer sowie die Möglichkeiten zur eindeutigen Angabe des Auftrags. Zum anderen betreffen die Anforderungen die Darstellungsform
der ausgetauschten Daten hinsichtlich Vokabular,
Syntax und Semantik. Auf dieser Ebene besonders zu
beachtende menschliche Anforderungen sind:

- Vermeidung von Überlastungen der höheren kognitiven
  Funktionen,
- Ermöglichung einer DV-Qualifikation,
- Einräumen arbeitsorganisatorischer Dispositions-
  spielräume.

(3.) die Ebene der technischen Realisation[1]

Die auf der Ebene (2.) festgelegte Strukturierung
der Mensch-Computer-Interaktion wird als Interaktionstyp[2] bezeichnet. Der gewählte Interaktionstyp ist
durch Bereitstellung geeigneter Ein- und Ausgabemög-
lichkeiten zu realisieren.
Die Gestaltung auf dieser Ebene hat vor allem folgende menschliche Anforderungen zu berücksichtigen:

- Vermeidung von physischen Belastungen
- Vermeidung von Belastungen der nicht-kognitiven
  psychischen Funktionen.

---

[1] Die Gliederung der Ebenen (2.) und (3.) wurde aus DEH-
NING/ESSIG/MAASS 78, S. 142 ff übernommen. Die dort für
Dialogsysteme getroffenen Aussagen lassen sich im Prinzip auf jede Form von Mensch-Computer-Interaktion ver-
allgemeinern.

[2] In Verallgemeinerung des "Dialogtyps" bei DEHNING/ESSIG/
MAASS 78

Offenbar lassen sich die zu berücksichtigenden menschlichen Anforderungen den einzelnen Gestaltungsebenen zuordnen, wobei kleinere Überschneidungen in der Gültigkeit der Anforderungen nicht völlig ausgeschlossen werden können. Die Darstellung läßt jedoch den wichtigen Schluß zu, daß Gestaltungsmängel in Form von Mißachtung bestimmter menschlicher Anforderungen auf einer Ebene <u>nicht mehr durch Gestaltungsmaßnahmen auf einer anderen Ebene korrigiert werden können.</u> Jede Anforderung läßt sich nur auf der ihr zugeordneten Ebene erfüllen.

2.1.6. <u>EXKURS II</u>

<u>Humanisierung und Benutzerfreundlichkeit - Gegenüberstellung zweier Zielesysteme</u>

Dehning, Essig und Maaß führten im Rahmen ihrer Diplomarbeit eine Bestandsaufnahme durch, die die mit dem Begriff "Benutzerfreundlichkeit" in Verbindung gebrachten Gestaltungsziele aus der Informatik-Literatur erfaßt und systematisiert[1]. Man kann davon ausgehen, daß das aus dieser Bestandsaufnahme hervorgegangene Zielesystem ein recht umfassendes Bild vom Benutzerfreundlichkeitsverständnis der Informatik abgibt.

Die Gegenüberstellung der von Dehning, Essig und Maaß gesammelten Ziele mit dem Informatik-fremden Zielesystem zur Humanisierung aus Abschnitt 2.1.4. soll die Einordnung des Benutzerfreundlichkeitsbegriffs in eine auch außerhalb der Informatik-Fachwelt geführte Debatte erleichtern. Wegen des ausgeprägteren Bezugs der Benutzerfreundlichkeitsziele zur technischen Realisation läßt die Gegenüberstellung darüber hinaus Anregungen zur Lösung des Umsetzungsproblems (vgl. Abschnitt 2.1.3.) erwarten.

---

[1] DEHNING/ESSIG/MAASS 78, S. 57 ff

Im folgenden werden die von Dehning, Essig und Maaß gesammelten Ziele zur Benutzerfreundlichkeit einzeln in
der Reihenfolge der von den Verfassern erarbeiteten Systematik vorgestellt (vgl. Abb. 36). Es wird dann jeweils
versucht, die Ziele in die Terminologie der vorliegenden
Arbeit einzuordnen. Die zahlreichen Literaturzitate, mit
denen die Verfasser die angeführten Ziele belegen, werden
hier nicht wiedergegeben. Besonders ausführlich eingegangen wird auf das Problem der Kommunikationssituation des
Benutzers.

Noch eine kurze Anmerkung zum <u>Begriff</u> "<u>Benutzer</u>":
Der Gebrauch dieses Wortes wurde in der bisherigen Dar-
stellung bewußt vermieden, weil er eine Beziehung des
Menschen zum Computer suggeriert, die in der Realität der
Arbeitswelt häufig nicht gegeben ist.
"Benutzen" vermittelt den Eindruck der autonomen Bestimmung
des "Benutzers" über sein Werkzeug. Wo Menschen überwiegend
Zuarbeit zum DV-System leisten, z.B. bei der Datenerfassung,
ist aber eher das Gegenteil der Fall. Darüber hinaus sugge-
riert das Wort m.E. die Möglichkeit der Entscheidung, den
Computer zur Lösung einer Aufgabe heranzuziehen oder nicht.
Die Entscheidung über eine Benutzung in diesem Sinne fällt
aber häufig das Management ohne die betroffenen Beschäftigten.

Trotz dieser Bedenken wird der Begriff im folgenden verwendet, weil er ein informatischer Fachbegriff für "den
Menschen, der etwas mit dem Computer tut" ist.

```
Ziele, die sich auf den Benutzer als Mensch beziehen
====================================================
        1. Bedürfnisse
        2. Fähigkeiten
        3. Eigenschaften

Ziele, die sich auf den Benutzer gegenüber dem System beziehen
==============================================================
        4. DV-Ausbildung
        5. DV-Erfahrung
        6. Anwendungshintergrund
        7. Grund der Systembenutzung
        8. Voreinstellung / Erwartungen
        9. Ziele des Benutzers
       10. Aufgabenstruktur
       11. zeitliche Restriktionen
```

Abb. <u>36</u> : Die Systematik der Bestandsaufnahme von
                 Dehning, Essig und Maaß

Ziele, die den Benutzer als Mensch berücksichtigen

- Bedürfnisse des Benutzers

"1.1. Das Systemverhalten gegenüber dem Benutzer soll
      nicht fixiert sein, das bedeutet, daß auch der Be-
      nutzer nicht durch das System auf eine bestimmte
      Verhaltensweise festgelegt werden soll."

Dieses Ziel drückt das Bedürfnis nach arbeitsorganisatorischen Dispositionsspielräumen aus.

"1.2. Ein System muß in der Lage sein, zwischen verschie-
      denen Benutzern zu unterscheiden und sich an sie
      anzupassen" ...

Dieses Ziel steht in enger Beziehung zu (1.1.): Wurde dort
nur eine (passive) Flexibilität verlangt, die einen oder
unterschiedliche Menschen nicht auf rigide Handlungsschemata

festlegt, sondern ihnen einen gewissen Spielraum bei der
Anpassung der Computer-Arbeitsgänge an ihre Wünsche läßt,
so wird hier die aktive Unterstützung dieses Anpassungs-
prozesses durch den Computer gefordert.

Ein solches Vorgehen wird nur bei konsequenter Beachtung
von (1.1.) den Fehler vermeiden können, zu einer besonders
komplizierten Art der Einschränkung von Dispositionsspielräumen zu werden. Systeme, bei denen versucht wird, lediglich auf der Grundlage automatisch erhobener Benutzercha-
rakteristika (Anschlagzeit, Syntaxfehler etc.) den Dialog
selbsttätig zu optimieren, lassen dem Benutzer nicht den
gewünschten Spielraum.

"1.3. Das System sollte in seinen Verhaltens- und Wirkungs-
     weisen möglichst transparent für den Benutzer er-
     scheinen."

Die geforderte Transparenz ist zum einen Voraussetzung für
ein von unnötigen Belastungen freies Erlernen des Umgangs
mit dem System. Zugleich ermutigt ein überschaubares Systemverhalten dazu, gegebene Dispositionsspielräume auch
wirklich zu nutzen.

"1.4. Das System sollte dem Benutzer stets Hilfestellung
     geben und ihn nicht in Zwangssituationen bringen."

Die Erfüllung dieser Forderung ist Voraussetzung für eine
angstfreie Lernsituation beim - möglicherweise selbständigen - Erlernen der Bedienung des Systems oder neuer Funktionen. Zugleich wird die belastende Sorge abgebaut, durch
Bedienungsfehler in tatsächliche oder scheinbare Verklem-
mungszustände zu geraten, die nur mit Hilfe eines Spezialisten wieder verlassen werden können.

Im Sinne des Ziels (1.3.) sollte die Hilfestellung den
Benutzer stets in seinem Verständnis für die Wirkungsweise

des Systems fördern, d.h. z.B., daß ihm nicht nur die minimale Information zum Verlassen eines ungewollten Zustandes gegeben wird, sondern daß er auch das Auftreten dieses Zustands verstehen kann. Die Hilfestellung sollte in der Regel nicht überraschend, sondern auf Initiative des Benutzers geboten werden, um den Eindruck einer "Überlegenheit" des Rechners bzw. Abhängigkeit des Benutzers zu vermeiden.

"1.5. Mensch-Computer-Interaktion sollte soweit wie möglich menschlicher Kommunikation ähneln."

Dehning und Maaß erläutern in einer Arbeit[1] Grundregeln menschlicher Kommunikation und untersuchten, welche dieser Regeln bei der Mensch-Computer-Interaktion erfüllt werden können. Sie kommen zu dem Ergebnis, daß dies nicht für alle Regeln der Fall ist, daß also Mensch-Computer-Interaktion nur bis zu einem gewissen Grade menschlicher Kommunikation angenähert werden kann. Während bei menschlicher Kommunikation neben den sog. "Inhaltsaspekt" stets und untrennbar mit diesem verwoben ein "Beziehungsaspekt" tritt, durch den die soziale Beziehung der Kommunikationspartner definiert wird[2], beschränkt sich Mensch-Computer-Interaktion zwangsläufig auf den Inhaltsaspekt. Übernimmt der Computer für den Arbeitenden in größerem Umfang die Rolle eines "Kommunikationspartners"[3], so kommt es wegen der hinsichtlich des Beziehungsaspektes gestörten Kommunikation zu psychischen Belastungen. In deren Folge können u.U. auch psychische Erkrankungen auftreten.

Nach meiner Auffassung muß das Ziel 1.5. im Zusammenhang mit der konkurrierenden Forderung nach Transparenz diskutiert werden. Auf die menschlichen Kommunikationsgewohn-

---

[1] DEHNING/MAASS 77, vgl. auch GRAUS et al. 75
[2] WATZLAWICK/BEAVIN/JACKSON 69
[3] man vergleiche die Werbung für Dialogsysteme

heiten soll beim Entwurf eingegangen werden, soweit es
nicht zu einer Verschleierung des deterministischen Cha-
rakters des Computers führt. Von der weitestmöglichen Berücksichtigung der Vielfalt menschlicher Formulierungs-
möglichkeiten vor allem beim Sprachentwurf, ist eine erhebliche Entlastung des Benutzers, z.B. von unnötigen
Umformungen seiner Gedanken in eine starre Kommando-Syntax,
zu erwarten[1]. Damit wird auch ein gewisser arbeitsorganisatorischer Handlungsspielraum eingeräumt.

Wo jedoch die Bedingungen an der Mensch-Computer-Schnittstelle nicht mehr deutlich die formalen und deterministischen Abläufe im System widerspiegeln, ist die Forderung
nach Transparenz verletzt[2]. Dies hat nicht nur einschnei-
dende Folgen für die Erlernbarkeit und Erwartbarkeit von
Reaktionen, es legt auch nahe, im Computer gerade jenen
"Kommunikationspartner" zu sehen, der er nie sein kann und
soll.

Meine Arbeitshypothese, die nur durch eine eingehendere Untersuchung, als sie hier durchgeführt werden kann, zu belegen wäre, lautet:

> Die möglicherweise schweren psychischen Folgen,
> die aus mit menschlicher Kommunikation vergleichbaren
> Erwartungen an die Mensch-Computer-Interaktion folgen
> können, lassen sich vermeiden, wenn
>
> - der Computer dem Menschen nicht als gleichberechtig-
>   ter Partner, sondern als Werkzeug unter dessen auto-
>   nomer Verfügung gegenübertritt, und
>
> - ausreichende Möglichkeiten zur sozialen Interaktion
>   mit menschlichen Partnern bestehen.

---

[1] Solche Möglichkeiten wurden von Treu systematisch untersucht (TREU 75).

[2] Dies gilt besonders für CAD, wo der technische Charakter
der behandelten Objekte ohnehin zu recht formalen Ar-
beitsweisen zwingt.

Zum Abschluß der Erörterung des Ziels 1.5. noch zwei Beispiele für die Konsequenzen, die die Interpretation der
Mensch-Computer-Interaktion als "Kommunikation" haben
kann:

Die Filialen eines niedersächsischen Geldinstituts wurden
mit Kassenterminals ausgestattet. Macht der Kassierer mehr-
mals hintereinander syntaktisch fehlerhafte Eingaben, erscheint auf dem Bildschirm

 "Bitte etwas mehr Aufmerksamkeit, Herr Kassierer!".

Mit dieser automatisierten Zurechtweisung erscheint der
Computer in der Rolle eines Vorgesetzten.

Das zweite Beispiel bezieht sich auf eine Erfahrung, die
viele an on-line-Terminals Tätige bestätigen:
Man fühlt sich unter Druck, die Anforderungen des Computers
unverzüglich zu beantworten. In einer Fernsehreportage
sprachen an Datensichtgeräten Beschäftigte von einem "Sog
zum Abschluß von Arbeitstakten"[1].

Heiner Zillmer schlägt vor, dies Phänomen ebenfalls aus der
gestörten Kommunikationssituation heraus zu erklären:
Zwischen menschlichen Partnern wird die Kommunikation
auch während Gesprächspausen auf der Beziehungsebene durch
Gesten, Mimik etc. permanent aufrecht erhalten. Watzlawick,
Beavin und Jackson formulierten: "Man kann nicht _nicht_
kommunizieren".[2] Unterstellt man, daß der Mensch seine
Interaktion mit dem Computer als Kommunikation wahrnimmt,
so läßt sich der beschriebene Sog als Ergebnis des Aus-
weichens auf den Inhaltsaspekt beim Bemühen um Aufrecht-
erhaltung der Kommunikation interpretieren. Die gestischen
Möglichkeiten zur Überbrückung von Pausen der inhaltlichen
Kommunikation bestehen gegenüber dem Computer nicht.

---

[1] "Frauen zwischen Rationalisierung und Ratlosigkeit", ZDF
[2] WATZLAWICK/BEAVIN/JACKSON 69, S. 51

- Fähigkeiten des Benutzers

"2.1. Besondere physische und motorische Geschicklich-
      keit sollte nicht vorausgesetzt werden."

Diese Forderung zielt, neben einer Entlastung von sensu-
motorischer Arbeit, auf eine Minderung der belastenden
Angst vor Fehlbedienungen.

"2.2. Die normalen kommunikativen und verbalen Fähigkei-
      ten des Benutzers sollen als Grundlage für den
      Dialog zunächst ausreichen."

Diese für Datenbanken aufgestellte Forderung ist auf CAD
nicht übertragbar. Der qualifizierte Umgang mit einem
CAD-System setzt gründliche Kenntnisse über dessen Aufbau
und Funktionsweise voraus. Die Mensch-Computer-Schnittstelle wird sich weniger an den Bedürfnissen gelegentlicher
oder einmaliger Benutzer zu orientieren haben. Daß dem Benutzer keine Einschränkungen seiner Formulierungsmöglich-
keiten aufgezwungen werden sollten, die nicht durch die
Aufgaben, die Funktionsweise und den Charakter des Systems
notwendig sind, wurde bereits unter (1.5.) angedeutet.

"2.3. Das Systemverhalten sollte in sich so konsistent
      sein, daß es für den Benutzer durch eigene Erfahrung
      und Verallgemeinerung erwartbar wird."

Durch diese Forderung werden unnötige Belastungen beim
Erlernen des Umgangs mit dem System vermieden. Außerdem
vermitteln stets erwartbare Systemreaktionen dem Menschen
möglicherweise das Gefühl ihrer autonomen Beherrschung
(vgl. Hypothese zu (1.5.)) und ermutigen zum Ausnutzen
von Handlungsspielräumen.

"2.4. Die Art der Problemstrukturierung sollte nicht
durch das System festgeschrieben werden."

Diese ebenso wichtige wie schwer zu erfüllende Forderung
zielt auf die Sicherung arbeitsorganisatorischer Handlungsspielräumen, die allerdings bei der Lösung von echten
Problemen, also Aufgaben, für die kein geschlossener Algorithmus bekannt ist, nicht nur im Interesse der Humanität
für den Beschäftigten zu fordern sind. Im Gegensatz zur
einfachen Aufgabenerfüllung liegt das Wesen einer Problem-
lösung in einer geeigneten Nutzung bestehender Handlungsspielräume; restriktive Bedingungen können eine Lösungsfin-
dung verhindern oder erschweren. Insofern schließt diese
Forderung auch das Ziel Arbeitsgerechtigkeit ein.

"2.5. Die Fähigkeit des Menschen, bei der Arbeit zu
lernen, sollte in Maßen genutzt werden."

Die Formulierung läßt erkennen, daß die konkurrierenden
Ziele "Qualifikation ermöglichen" und "Belastungen durch
Lernen eindämmen" beide berücksichtigt werden müssen. Man
vergleiche auch die Erläuterungen zu diesen Zielen im Abschnitt 2.1.4.

- Eigenschaften des Benutzers

"3. Das System sollte angemessen auf Störeffekte in der
Interaktion, die auf menschliche Eigenschaften zurück-
gehen, reagieren können, bzw. ihnen vorbeugen."

Von der Erfüllung dieser Forderung läßt sich eine wesentliche Entlastung vom Verantwortungsdruck für Bedienungs-
und Datenfehler erwarten. Bei geeigneter Bereitstellung
von möglicherweise vergessener Information über den Umgang
mit dem System kann eine Überforderung des Lernvermögens
vermieden werden, ohne damit zugleich den Dispositions-

spielraum zu stark einzuschränken.

Ziele, die sich auf den Benutzer gegenüber dem System
----
beziehen

"4. Ein System sollte nicht erst aufgrund einer ganz be-
    stimmten EDV-Ausbildung benutzbar werden."

Diese Forderung ist in etwa analog zu (2.2.). Von besonderer Bedeutung ist sie im Zusammenhang mit öffentlich zu-
gänglichen Datenbanken, wo schon aus Gründen der Gleich-
berechtigung keine besonderen Anforderungen an den Kennt-
nisstand der Benutzer gestellt werden sollten.

Im CAD-Bereich ist, ohne eine gewisse EDV-Ausbildung vor-
auszusetzen, eine transparente Systembeschreibung und damit
die Einsicht des Benutzers in Funktionsweise und Charakter
des Systems kaum denkbar. Die Entlastung von <u>unnötigen</u>
DV-technischen Einzelheiten ist allerdings auch gerade im
Interesse der Transparenz wünschenswert.

"5.1. Ein System sollte auf die verschiedenen Grade von
      Systemerfahrung seiner Benutzer eingehen können."

Mit wachsender Sicherheit im Umgang mit dem System kann
der Benutzer den Wunsch nach Anpassung der Interaktions-
form an seine größere Qualifikation entwickeln, die am
Erlernen der Systembedienung orientierten Interaktionsformen dagegen allmählich als umständlich und nicht arbeits-
gerecht empfinden. Dem prozeßhaften Verständnis von Qualifikation entspricht der Wunsch nach einer Möglichkeit,
seine Interaktionsformen ständig weiterzuentwickeln. Zur
aktiven oder passiven Rolle, die der Computer hierbei
spielen kann, vergleiche man die Anmerkungen zu Ziel 1.2.

"5.2. So wie konsistentes Systemverhalten anzustreben
    ist - um die menschliche Fähigkeit, Erfahrungen zu
    sammeln, ausnutzen zu können (s.o. 2.3.) - sollten
    auch <u>verschiedene</u> Systeme eine möglichst genormte
    Benutzer-Schnittstelle anbieten."

Sofern eine solche genormte Benutzerschnittstelle die Umsetzung des Zielesystems nicht in wesentlichen Punkten
behindert, wäre eine solche Normung zu begrüßen.

"6. Ein System sollte auf die unterschiedliche Tiefe des
    Anwendungshintergrundes seiner Benutzer eingehen
    können."

Die Vorschläge zur Umsetzung der Forderung laufen hinaus auf
eine Unterstützung der Benutzer auch in fachlich-inhaltli-
chen Fragen wie der Methodenwahl durch das System. Solche
Maßnahmen können zur Selbständigkeit und Weiterqualifikation
beitragen, bergen allerdings auch die Gefahr einer Einschränkung von Dispositionsspielräumen bei der Erfüllung
weniger stark formalisierter Aufgaben (wie CAD) in sich.
Sind die Beschäftigten an solchen Arbeitsplätzen nicht
ausreichend fachlich qualifiziert, die Methodenwahl im
Prinzip auch selbst vornehmen zu können und vor allem die
Lösungsvorschläge des Systems gegebenenfalls zu modifizie-
ren, verliert die Unterstützung des Systems den Charakter
einer Beratung und schlägt um in ein Abhängigkeitsverhält-
nis vom "Wissen" des Systems.

"7. Ein eventuell vorhandener äußerer Zwang zur Systembe-
    nutzung sollte nicht als allzu belastend empfunden
    werden."

Wie in Abschnitt 2.1.5. gezeigt wurde, sind Mängel auf der
Ebene der organisatorischen Einbettung nicht auf anderen
Ebenen kompensierbar. Die Forderung ist daher mit dem An-
satz dieser Untersuchung nicht vereinbar.

"8. Das System sollte seine Benutzer möglichst nicht
    frustrieren, sondern sich als praktisches Arbeits-
    mittel erweisen."

Diese Forderung entspricht dem Ziel "Arbeitsgerechtigkeit",
d.h. das System soll den Menschen bei der Erledigung der
ihm übertragenen Aufgaben maximal unterstützen und ihm
möglichst wenig durch als sinnlos oder umständlich empfundene Arbeitsschritte belasten. Diesem Ziel kommt gerade im
Bereich CAD große Bedeutung zu, weil das Aufgabenfeld der
Konstrukteure recht vielfältig ist und der "Werkzeugcha-
rakter" des Computers bei der Erledigung dieser Aufgaben
in der Regel noch erkennbar ist.

"9.1. Die Systemhandhabung sollte möglichst einfach sein
      und den Benutzer nicht von seinem eigentlichen Pro-
      blem ablenken."

Daß die Lernfähigkeit des Benutzers nicht durch unnötig
komplizierte Bedingungen an der Mensch-Computer-Schnittstelle belastet werden soll, wurde bereits in verschiedenen
Forderungen formuliert. Es darf allerdings nicht übersehen
werden, daß die Forderung nach Handlungsspielräumen bei der
Mensch-Computer-Interaktion eine gewisse Flexibilität bei
der Benutzung notwendig macht. Die Auswahlmöglichkeit unter
mehreren Handlungsalternativen steigert aber zwangsläufig
auch die Bedienungskomplexität verglichen mit einem System,
in dem der Benutzer mangels Wahlmöglichkeiten nichts falsch
machen kann[1).

"9.2. Das Bestreben des Benutzers, die Systemhandhabung
      zu erlernen, sollte unterstützt werden."

Dieser Forderung entspricht das Ziel "DV-Qualifikation
ermöglichen".

---

1) Eine ausführliche Erörterung der konkurrierenden Ziele
   niedriger Bedienungskomplexität und hoher Nutzungsflexibilität findet sich in HEIBEY et al. 77, S. 77 ff.

"10. Das System sollte nicht von vornherein auf eine
     bestimmte Aufgabenstruktur ausgelegt sein."

In der Erläuterung zu diesem Ziel wird auf ein spezielles
Verständnis von Handlungsspielräumen hingewiesen: Da zum
Zeitpunkt der Systemerstellung in der Regel nicht alle
Benutzeranforderungen explizit vorliegen und da sich die
Beurteilung der Arbeitsgerechtigkeit des Systems auch mit
wachsender Erfahrung verändert, ist das System von vorn-
herein in einer Weise aufzubauen, die spätere Änderungen
- möglichst durch die Benutzer selbst - zuläßt.

Auswertung

Aufgrund der Gegenüberstellung lassen sich die Ziele
"Humanität" und "Benutzerfreundlichkeit" deutlich gegeneinander abgrenzen:
Als der Benutzerfreundlichkeit dienlich werden in der Informatik sowohl solche Maßnahmen betrachtet, die im individuellen Interesse des Benutzers liegen als auch solche,
die durch eine Effektivierung der Mensch-Computer-Interaktion auf Rentabilitätssteigerung abzielen[1]. Die beiden
genannten Interessen müssen sich nicht in allen Ebenen
widersprechen[2]. Mögliche Konflikte ergeben sich aus dem
dieser Untersuchung zugrundegelegten zweiseitigen Verständnis von (Lohn-)Arbeit: Während das unmittelbare Interesse
der den Benutzer beschäftigenden Organisation in einer
möglichst hohen Arbeitsleistung bei möglichst niedrigen
Lohnkosten liegt, ist ihr Interesse am Wohlergehen der
Beschäftigten nur mittelbar.

Die vorliegende Untersuchung beschränkt sich mit dem Ziel
Humanität auf die arbeitsplatzbezogenen Interessen des

---

[1] vgl. z.B. auch den Kriterienkatalog in DZIDA et al. 77a.
[2] Kirchner legte eine Verträglichkeitsanalyse vor
    (KIRCHNER 77).

Benutzers. Durch die bewußte Ausklammerung von Effektivie-
rungsüberlegungen soll keineswegs von der Bedeutung des
Computers als Mittel der Rationalisierung abgelenkt werden. Vielmehr geht es darum, den vielfach suggerierten
Eindruck, jeder Schritt zur Benutzerfreundlichkeit bringe
den Benutzern ausschließlich Vorteile[1], überprüfbar zu
machen.

Neben der mangelnden begrifflichen Trennung von Humanisie-
rungs- und Effektivierungszielen bei der Debatte um Benutzerfreundlichkeit, vernachlässigt die Orientierung am
Individuum Benutzer die sozialen Aspekte seiner Arbeit.

2.1.7. <u>EXKURS III</u>

Psychische Belastung, Ermüdung und Krankheit -

Theorien und Befunde der Arbeitswissenschaft

Die zunehmende Verbreitung von Maschinen in der industriellen Produktion bewirkte eine Tendenz zur Verschiebung von
Arbeitsinhalten von schwerer körperlicher Arbeit hin zu
Bedienungs-, Steuerungs- und Überwachungsfunktionen. Dabei
wurde immer deutlicher, daß das "klassische" am Erzeugen
und Koordinieren von menschlichen Kräften und am Energieumsatz orientierte Methodeninventar der Arbeitswissenschaft
nur sehr ungenügend Aufschluß über die Schwere einer Arbeit
zu geben vermag, weil es die mit der Arbeit verbundene
geistige Leistung[2] unberücksichtigt läßt.

---

[1] Vgl. z.B. Tietzes Bemerkungen zur Humanisierung der
    Bildschirmarbeit, zitiert in Abschnitt 2.1.2., sowie
    die an die Betroffenen gerichtete Werbung der Firma IBM.
[2] Hacker unterscheidet bei den Regulationsfunktionen des
    Gehirns 3 Ebenen: 1. psycho-motorisch, 2. begrifflich-
    perzeptiv, 3. intellektuell (HACKER 73). "Geistige
    Leistung" bezieht sich hauptsächlich auf die Ebenen
    2 und 3.

Eine Ursache für diesen Mangel liegt sicher in den ungleich schwierigeren methodischen Problemen: Betrachtet man die körperlichen Anteile von Arbeit, so sind diese von außen wahrnehmbar und meßbar, die objektiv vorliegenden Arbeitsergebnisse sind nachprüfbar und die Wirkungen der Arbeit auf den arbeitenden Menschen lassen sich durch Messungen an Atmung und Kreislauf in einer vom Arbeitenden nicht beeinflußbaren Weise quantifizieren. Die geistigen Vorgänge dagegen sind nicht wahrnehmbar und selbst in ihren Ergebnissen schwer zu quantifizieren; man denke etwa an die geistige Leistung eines Kraftfahrers. Die vom arbeitenden Subjekt verausgabte geistige Anstrengung ist einer direkten Messung nicht zugänglich, weil über die Mechanismen geistiger Arbeit und die Rolle motivierender Faktoren wenig gesicherte Erkenntnisse vorliegen.

Vor allem an der Problematik der Frauenarbeit in Leichtlohngruppen wurde deutlich, daß die Praxis der Arbeitswissenschaft, die Schwere einer Arbeit ausschließlich an ihren körperlichen Momenten zu messen, in krassem Widerspruch zum tatsächlich erlebten Grad der Erschöpfung der Arbeitenden stand und zu Benachteiligungen bei der Entlohnung führte.

Es war also weniger reines wissenschaftliches Erkenntnisinteresse als vielmehr die politische Dringlichkeit, die zu den im folgenden kurz dargestellten Initiativen zur Behandlung des Problems der Quantifizierung von geistiger Arbeitsbelastung führte.

1. Die Bundesregierung gab im September 1973 den Arbeitswissenschaftlern Rohmert und Rutenfranz den Auftrag zu einer arbeitswissenschaftlichen Beurteilung von 204 unterschiedlichen industriellen Arbeitsplätzen. Dabei sollten auch die nichtkörperlichen Tätigkeitsmomente in die Beurteilung der Arbeitsbelastung einbezogen werden. Eine Einführung in die hierzu angewandten Methoden und die Ergebnisse der Untersuchung liegen als Bericht

vor[1].

Rohmert und Rutenfranz gingen aus von einer fünfstufigen
Klassifizierung von Arbeitsinhalten (vgl. Abb. 37).

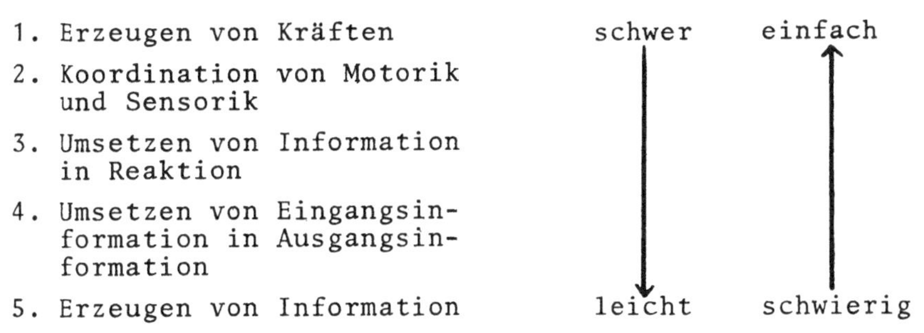

Abb. 37: Klassifizierung von Arbeitsinhalten nach
         Schwere und Schwierigkeit

Die "Schwere" der Arbeit nimmt bei dieser Einteilung von
rein körperlicher Belastung über Belastung von Sinnesor-
ganen bis hin zu rein geistiger Arbeit ab, während die
"Arbeitsschwierigkeit" in dieser Richtung zunehmend ist[2].

2. Im September 1976 veröffentlichte das Deutsche Institut
   für Normung den Entwurf für die DIN-Norm 33405 "psychische Belastung und Beanspruchung". In den Erläuterungen
   hierzu heißt es: "Die vorstehenden Festlegungen waren auf
   der Basis eines uneinheitlichen Standes der Literatur zu
   treffen. Vor allem waren Unterschiede in den wissenschaftlichen Grundauffassungen und damit in der Art und Anlage
   der Begriffe zu überbrücken."[3] Obwohl also anzunehmen ist,
   daß die getroffenen Festlegungen nicht eben in höchstem
   Maße wissenschaftlich ausgereift sind, wurde mit Rücksicht
   auf den Druck der Praxis eine Festschreibung vorgenommen.

---

[1] ROHMERT/RUTENFRANZ 75
[2] ROHMERT/RUTENFRANZ 75, S. 8; ders. S. 10
[3] DIN 33405, S. 4

Dem Normentwurf liegt die sog. Aktivationstheorie[1] zugrunde, die im folgenden kurz dargestellt werden soll. Einen Eindruck von der Vielzahl zum Teil widersprüchlicher Theorien auf diesem Gebiet der Arbeitswissenschaft gibt das Buch von Schmidtke[2].

Im Mittelpunkt der Begriffsbildung steht die "psychische Beanspruchung".
"Unter psychischer Beanspruchung wird die Auswirkung verschiedener psychisch belastender Faktoren auf die innere Anspannung verstanden."[3] "Die Höhe psychischer Beanspruchung ist als Grad innerer Anspannung erlebbar."[4]

Nach der Theorie entspricht der psychologischen Größe der inneren Anspannung die physiologische Größe der "allgemeinen zentralen Aktiviertheit"[5], so daß sich für die Intensität der psychischen Beanspruchung zwei Meßmöglichkeiten ergeben:

1. als psychologische Größe

   Hierbei ordnet die untersuchte Person ihren von ihr selbst wahrgenommenen inneren Zustand einer von zehn vorgegebenen und standardisierten "Ankersituationen" zu, die unterschiedliche Grade von innerer Anspannung kennzeichnen (sog. Skala allgemeiner zentraler Aktiviertheit, AZA, vgl. Abb. 38).

---

[1] DIN 33405, S. 4
[2] SCHMIDTKE 65
[3] DIN 33405, S. 2
[4] derselbe, S.1
[5] derselbe, S. 4

Ich befinde mich voller Todesangst in einem abstürzenden
Flugzeug

Ich bin in einen Verkehrsunfall verwickelt, den ich
verschuldet habe

Ich lasse mir bei schweren Schmerzen nichts anmerken

Ich versuche, bei starkem Verkehr die Straße zu überqueren
Ich sehe einen aufregenden Film
Ich lese einen Kriminalroman
Ich lese Zeitung

Ich löse Kreuzworträtsel

Ich liege auf einem Sofa und blättere in einer Illustrierten

Ich liege auf einer Waldwiese und träume mit offenen Augen

(Tiefer, traumloser Schlaf)

Abb. 38: Skala allgemeiner zentraler Aktiviertheit[1]

2. als physiologische Größe

Diese Möglichkeit stützt sich auf Messungen der Herz-
schlagfrequenz und des Energieumsatzes. Der Anteil der
im Verlauf der Arbeit gemessenen Steigerung der Herz-
schlagfrequenz,der sich nicht auf einen gesteigerten
Energieumsatz zurückführen läßt, wird als Maß für die
Aktiviertheit verwendet. Der Zusammenhang zwischen
Herzfrequenzsteigerung und Energieumsatz bei rein körperlicher Arbeit läßt sich in einem Vorversuch bestimmen. Dabei wird der Energieumsatz aus dem Sauerstoff-
verbrauch ermittelt.

---

1) nach CAKIR et al. 78, S. 431

"Die veranlassenden Faktoren für psychische Beanspruchung
werden unter der Benennung psychische Belastung zusammengefaßt."[1]

"Unter psychischen Belastungen werden alle überwiegend
von außen auf den Menschen zukommenden Faktoren verstanden, die ihn überwiegend nicht-körperlich beanspruchen
können, d.h. eine innere Anspannung hervorrufen können."[2]
Als Beispiele für belastende Faktoren werden u.a. angeführt:

- Verantwortung,
- Aufmerksamkeit,
- Informationsüberfülle oder -mangel,
- Lärm.

Schmidtke differenziert die psychisch belastenden Faktoren
nach

- Belastungen der Sinnesorgane,
- mentalen Belastungen
- emotionalen Belastungen[3].

Während der Belastungsbegriff eher die objektiven Gegeben-
heiten einer Arbeitssituation wiedergeben soll, bezieht
sich der Begriff der Beanspruchung auf die durch die Belastung bewirkte Anstrengung des Arbeitenden. Die Belastungs-
wirkungen werden bei unterschiedlichen Menschen unter der
gleichen Belastung unterschiedlich ausfallen. Abb. 39 veranschaulicht die Zusammenhänge der in der Norm festgelegten
Begriffe.

Psychische Beanspruchung als Zustand innerer Anspannung
kann je nach Dauer und Intensität Ermüdung mit sich bringen. "Unter psychischer Ermüdung wird der Vorgang des Ermüdens infolge psychischer Beanspruchung verstanden."[4]

---

1) DIN 33405, S. 1
2) ebenda
3) SCHMIDTKE 73; vgl. den dort abweichenden Sprachgebrauch
   für "Belastung" und "Beanspruchung".
4) DIN 33405, S. 2

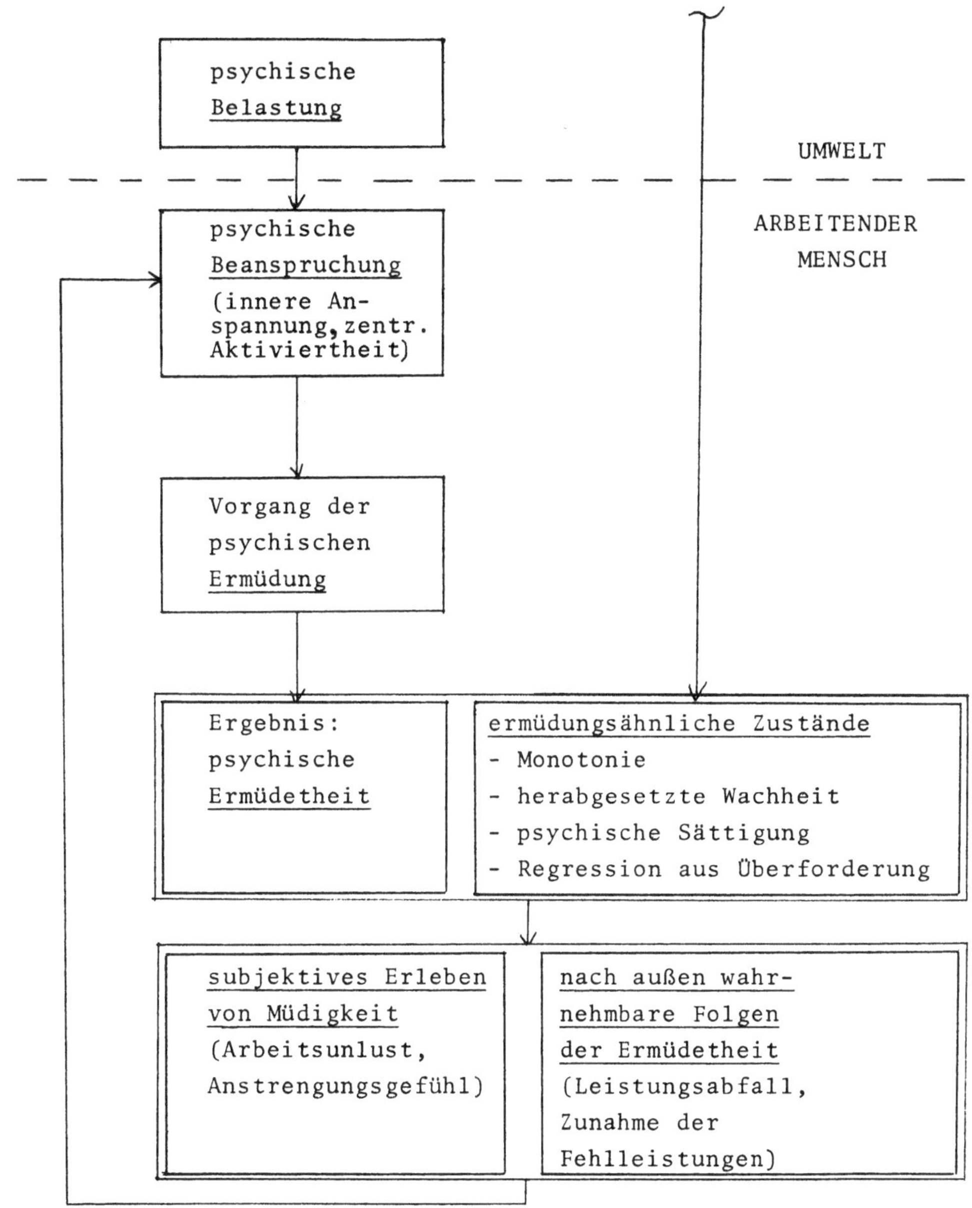

Abb. 39: Übersicht über die Zusammenhänge der wichtigsten
Begriffe

Es ergibt sich also der folgende Wirkungszusammenhang:
"Psychische Belastungen können Prozesse psychischer Bean-
spruchung in Menschen bewirken. Die Folge psychischer
Beanspruchung kann psychische Ermüdung sein."[1]

Die Norm unterscheidet streng zwischen dem <u>Vorgang</u> des
Ermüdens - Ermüdung - und dem <u>Zustand</u> der Ermüdetheit.
"Unter psychischer Ermüdetheit wird ein Zustand herabgesetzter Leistungsfähigkeit nach längerdauernder, intensi-
ver psychischer Belastung verstanden. Ermüdetheit bildet
sich in angemessener Erholungszeit in der Größenordnung
von Stunden - z.B. durch Schlaf - zurück."[2]

Schmidtke hat in seinem Buch "Die Ermüdung"[3] Ermüdungserscheinungen - genauer: Erscheinungsformen des Zustandes
des Ermüdetseins - folgendermaßen gekennzeichnet:

- Die Ermüdung tritt als Folgeerscheinung einer vorher-
  gehenden Beanspruchung auf.

- Sie bewirkt eine reversible Leistungs- oder Funktions-
  minderung.

- Sie beeinflußt das organische Zusammenspiel der Funktionen.

- Sie geht einher mit abnehmender Arbeitsfreudigkeit und
  einem gesteigerten Anstrengungsgefühl.

- Sie kann schließlich zu einer Störung des Funktionsgefüges der Gesamtpersönlichkeit führen.

Darüber hinaus unterscheidet er sieben "psychische Ermü-
dungssyndrome", also charakteristische Störungen, die im
Zustand des Ermüdetseins auftreten können:

1. Rezeptionsstörungen,
2. Wahrnehmungsstörungen,
3. Koordinationsstörungen,

---

[1] DIN 33405, S. 1
[2] ders., S. 2
[3] SCHMIDTKE 65

4. Störungen der Aufmerksamkeit und Konzentration,

5. Störungen des Denkens,

6. Störungen der personalen Antriebs- und Steuerungs-
funktionen,

7. Störungen der sozialen Beziehungen.

Abb. 40 zeigt den typischen zeitlichen Verlauf des
Leistungsabfalls, der mit dem Vorgang des Ermüdens einhergeht. Als Maß für die Leistung kann z.B. die Zahl
richtig gelöster gleichartiger Aufgaben dienen.

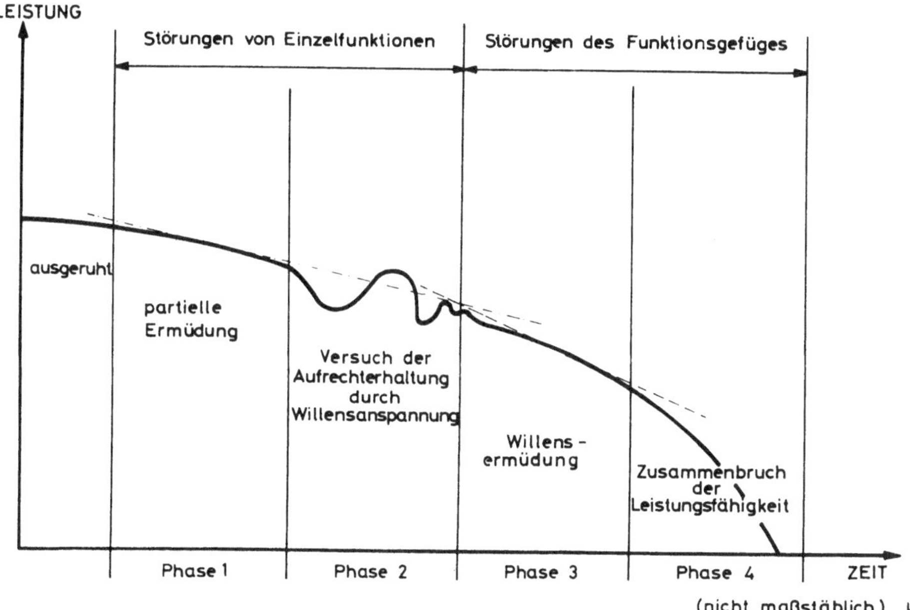

Abb. 40 : Verlauf des Leistungsabfalls bei Ermüdung

In der ersten Phase nimmt die Leistung während einer relativ langen Zeit nur sehr langsam ab. Die zweite Phase ist
gekennzeichnet durch das Bemühen, die schwindende Konzentration durch Willensanstrengung aufrechtzuerhalten. Da
dies immer nur für gewisse Perioden gelingt, ist diese
Phase gekennzeichnet durch stark schwankende Leistungen
mit fallender Tendenz. Wird die Tätigkeit über diese Phase
hinaus fortgesetzt, so kommt es neben Störungen der durch
die Tätigkeit unmittelbar beanspruchten Funktionen zu

Störungen der psychischen Integrations- und Koordinationsfunktionen, die von einem immer stärkeren Leistungsabfall
(3. Phase) bis hin zum Zusammenbruch der Leistungsfähigkeit (4. Phase) begleitet sind.

Die Praxis zeigt, daß es Fälle gibt, in denen zwar subjek-
tive Müdigkeit vorliegt, die aber nicht mit Ermüdetheit im
Sinne der Festlegungen der DIN-Norm zu bezeichnen sind,
weil die Ermüdungssymptome z.B. durch einen Tätigkeitswechsel innerhalb von Sekunden verflogen sind. Diese
Fälle werden deshalb unter dem Begriff "ermüdungsähnliche
Zustände" zusammengefaßt. Man unterscheidet:

1. Monotonie,
2. herabgesetzte Wachheit,
3. psychische Sättigung,
4. Regression aus Überforderung.

<u>ad 1.:</u> Monotonie

Der Normentwurf definiert Monotonie abweichend von der
Umgangssprache nicht als eine Eigenschaft der Arbeitssituation sondern als "ein langsam en tstehender Zustand herabgesetzter Aktiviertheit im Menschen, hervorgerufen durch
eine längerdauernde Wiederholungstätigkeit in bestimmten
abwechslungsarmen Situationen. Monotonie kann in Arbeitsabläufen mit geringem bis mittlerem Schwierigkeitsgrad
auftreten. Der Monotoniezustand ist verbunden mit Schläf-
rigkeit und Erleben von Müdigkeit. Tendenziell nimmt die
Leistung ab und schwankt."[1] Als weiteres Symptom wird
noch die Verminderung der Umstellungs- und Reaktionsfähig-
keit genannt.

---

[1] DIN 33405, S. 2

ad 2.:   herabgesetzte Wachheit

"Unter herabgesetzter Wachheit wird ein langsam entstehender
Zustand mit herabgesetzter Signalentdeckungsleistung verstanden. Er läßt sich vor allem bei längerdauernden, abwechslungsarmen Beobachtungstätigkeiten feststellen. Ähnlich wie bei Monotonie handelt es sich um einen Zustand mit
abgesunkener Aktiviertheit." [1] Für Wachheit wird auch oft
das Wort Vigilanz verwendet.

ad 3.:   psychische Sättigung

"Psychische Sättigung ist ein Zustand der nervös-unruhe-
vollen, affektbetonten Ablehnung einer Arbeit, bei welcher
das Erlebnis des 'Auf-der-Stelle-Tretens' des 'Nicht-weiter-
Kommens' besteht. Oft können Wiederholungstätigkeiten
psychische Sättigung hervorrufen. Symptome psychischer Sättigung sind Ärgerlichkeit, Leistungsabfall und oft Müdigkeit. Psychische Sättigung ist in der Regel nicht mit
abgesunkener Aktiviertheit verbunden."[2]

ad 4.:   Regression aus Überforderung

Initialsymptom für Überforderung sind nach Schmidtke[3]
zunächst aggressive Tendenzen, die im Zusammenhang mit
Störungen des Funktionsgefüges auftreten. Hierbei kommt
es zum Einsatz letzter Leistungsreserven, also erhöhter
Aktiviertheit. Der aggressiven Phase folgt in der Regel
nach kurzer Zeit eine Phase des Rückzugs, der Resignation
und Regression, die mit einer Senkung des Grades der
Aktiviertheit einhergeht.[4]

---

[1] DIN 33405

[2] ebenda

[3] SCHMIDTKE 65

[4] ROHMERT/RUTENFRANZ 75, S. 23., geben eine etwas ab-
     weichende Darstellung menschlicher Verhaltensweisen
     bei überhöhten Leistungsanforderungen.

Nach Schmidtke[1] können die drei ersten der beschriebenen ermüdungsähnlichen Zustände auf die Dauer zu echter Ermüdetheit beitragen, also einem Zustand, der dann nicht mehr durch einen Tätigkeitswechsel, sondern nur durch eine mehrstündige Erholung reversibel ist:

- Bei Monotonie und herabgesetzter Wachheit erfolgt die Ermüdung durch den Versuch einer willensmäßigen Aufrechterhaltung des Aktivitätsniveaus.

- Bei psychischer Sättigung erfolgt die Ermüdung durch den Zwang zur Kontrolle starker gegen die Tätigkeit gerichteter Aktivität.

- Inwieweit der Regression aus Überforderung eine echte Ermüdung überlagert ist, hängt von den Begleitumständen der Überforderungssituation ab.—

In ihrem Einspruch zum Normentwurf DIN 33405 kritisieren Meyer, Stubbe und Zillmer[2] unter anderem, daß das zugrundegelegte Belastungsmodell zwar die reversiblen Belastungsfolgen als Müdigkeit nicht jedoch die irreversiblen Folgen, also physische und psychische Erkrankungen berücksichtigt. Wegen der großen Bedeutung, die dem Schutz der Arbeitenden vor gesundheitlichen Schädigungen zukommt, soll hier kurz darauf eingegangen werden.

Zwar wird die Existenz eines Zusammenhangs zwischen hohen physischen und psychischen Belastungen und dem Auftreten von Krankheiten von niemandem ernsthaft bestritten. Der wissenschaftliche Nachweis dieses Zusammenhangs ist aber aus zwei Gründen methodisch schwer zu führen:

---

[1] SCHMIDTKE 65
[2] MEYER/STUBBE/ZILLMER 77

1. Mit der zunehmenden Automatisierung ist die Zahl der
   durch direkte Einwirkung auf den Körper hervorgeru-
   fenen physischen Erkrankungen rückläufig, die Zahl
   psychischer und psychosomatischer Erkrankungen nimmt
   dagegen zu[1]. Die <u>Abgrenzung psychischer Störungen</u>
   von gesunden Anpassungsleistungen und damit die Gewin-
   nung von zuverlässigen Daten ist aber schwierig.

2. Eine <u>Ursachenlokalisierung</u> für erkannte psychische und
   psychosomatische Erkrankungen[2] ist schwer zu leisten.
   Praktisch kann nicht mit Sicherheit festgestellt werden,
   inwieweit nicht auch psychische Belastungen <u>außerhalb</u>
   der Arbeit (z.B. in der Familie) zum Auftreten einer
   Erkrankung geführt haben. Zudem wird die Analyse von
   Ursachenfaktoren durch eine anzunehmende <u>Wechselwirkung</u>
   zwischen Arbeitssituation und Privatleben erschwert.

Die wissenschaftliche Erforschung krankheitsauslösender
psychischer Belastungen steckt vorläufig noch in den An-
fängen. In seinem Übersichtsaufsatz referiert Abholz die
Ergebnisse dreier Arbeiten, die nach seiner Auffassung
repräsentativ für den Stand der Forschung sind.

1. De Veers Studie bei Philips-Arbeitern in Eindhoven
   ergab:
   " Sowohl Arbeiter mit zu schwieriger Arbeit und mit zu
   großer Verantwortung (subjekt. Urteil) als auch Arbeiter mit monotoner Tätigkeit, die zu wenig Entscheidungs-
   raum läßt und zu viel Aufmerksamkeit auf die Maschine
   verlangt, zeigen ein höchstes Maß psychischer Störungen." ... "Weiterhin wird nachgewiesen, daß diejenigen

---

[1] Wie ernst dies Problem ist, zeigt ein Zitat des psychia-
trischen Beraters der Kodak Co.: "Psychische Erkrankung
ist ein häufigerer Grund für das Fehlen im Betrieb als
irgendeine physische Erkrankung, ausgenommen die einfache Erkältung." (nach ABHOLZ 70, S. 144)

[2] Koronare Herzerkrankungen (Infarkt) und Krankheiten des
Magen-Darmtrakts sind typische psychosomatische Erscheinungen.

Arbeiter, die am meisten über Mangel für freie Entschei-
dungsmöglichkeiten am Arbeitsplatz klagten und die sich
an ihrem Arbeitsplatz bedroht sahen, ebenfalls gehäuft
psychische Störungen zeigten. Der Autor kommt abschließend zu dem Schluß, daß die Industrie mit ihren Arbeitsbedingungen und ihren autoritären Strukturen mit einen
ätiologischen Faktor für psychische Erkrankung darstellt."[1]

2. Kornhauser führte eine methodisch sehr aufwendige Studie
an Detroiter Fabrikarbeitern durch, die auf deren Ein-
stufung in eine "Mental Health" Skala beruht. Er fand
"als Faktor, der am stärksten mit geringer psychischer
Gesundheit korreliert, die "Unmöglichkeit, bei der Arbeit seine Fähigkeiten anwenden zu können". Weitere
Faktoren mit etwas geringerer Bedeutung waren: Unsicher-
heit am Arbeitsplatz, schlechtes Auskommen mit Chef,
Vorarbeiter und Kollegen, keine Aufstiegsmöglichkeiten
und zu große, unübersichtliche Betriebe."[2]

3. Gadoureks Studie mit Hilfe von Fragebögen, die an 2209
Beschäftigte aus verschiedenen niederländischen Betrieben verschickt wurden, kommt zu dem Ergebnis, daß Unzu-
friedenheit mit der Arbeit, ein niedriger Sozialstatus
der eingenommenen Tätigkeit sowie die Tatsache, sich bei
der Arbeit überwacht zu sehen, mit psychosomatischer
Erkrankung korreliert. Außerdem konnte das Ergebnis anderer Untersuchungen bestätigt werden, in denen eine
positive Korrelation mit der Angst, den Arbeitsplatz zu
verlieren, nachgewiesen worden war.[3]

Aus den bislang vorliegenden Ergebnissen lassen sich differenzierte Arbeitsgestaltungsmaßnahmen kaum herleiten. Sie
belegen jedoch eindringlich, welche Bedeutung der Eindäm-
mung psychischer Belastungen bei der Gestaltung zukünftiger
Arbeitsplätze zukommen sollte.

---

[1] ABHOLZ 70, S. 148, dort auch genauere bibliographische
Angaben

[2] derselbe, S. 149

[3] derselbe, S. 148, ausführlich zu koronaren Herzerkrankungen auch FRICZEWSKI/THORBEKE 76

2.2. Beispiele für die Anwendung des Zielesystems auf interaktive Konstruktionsarbeitsplätze

In diesem Abschnitt sollen praktische Maßnahmen zur Verbesserung der Arbeitssituation an interaktiven Konstruktionsarbeitsplätzen auf der Grundlage des Zielesystems aus Abschnitt 2.1.4. behandelt werden. Dies geschieht exemplarisch anhand von drei der insgesamt zehn Ziele:

- "soziale Interaktion ermöglichen" (Abschnitt 2.2.2.)

- "Dispositionsspielräume sicherstellen" (Abschnitt 2.2.3.)

- "Belastungen durch hohen Informationsumsatz eindämmen" (Abschnitt 2.2.4.)

Bevor die Möglichkeiten der Umsetzung dieser Ziele in technische Maßnahmen beschrieben werden, soll der Abschnitt 2.2.1. die Hardware-Ausstattung typischer heutiger Arbeitsplätze für das interaktive Konstruieren vergegenwärtigen. Die dann folgenden Verbesserungsvorschläge müssen von diesem technischen Stand ausgehen.

2.2.1. Zur Hardware-Ausstattung interaktiver CAD-Arbeitsplätze

Als Beispiel für die Hardware-Ausstattung interaktiver CAD-Arbeitsplätze können die "schlüsselfertigen" Systeme zur automatischen Zeichnungserstellung herangezogen werden, deren recht einheitlichen technischen Aufbau Grabowski beschreibt[1]. Arbeitsplätze dieses Typs haben eine vergleichsweise große Verbreitung gefunden.

Schlüsselfertige CAD-Systeme für die Zeichnungserstellung charakterisiert Grabowski auch als "intelligentes Reißbrett"[2].

---

[1] GRABOWSKI 79

[2] ders., S. 160

Ihr Kern besteht aus einem kleineren Prozeßrechner mit
einem Hauptspeicherausbau in der Größenordnung von 32 K-16-
bit-Worten. Wegen der großen Datenmengen, die bei der Verarbeitung komplexer graphischer Objekte anfallen, ist in
der Regel ein Wechselplattenlaufwerk als Hintergrundspei-
cher vorgesehen. Stand-alone-Konfigurationen, also solche
ohne direkten Anschluß an eine Großrechenanlage, müssen zur
Archivierung außerdem mit einer Magnetbandeinheit ausgestattet sein. Häufig ist ein alphanumerisches Terminal zur
Ausführung von Operating und Programmierarbeiten angeschlossen. Bei einigen Systemen wird das Terminal auch innerhalb
des graphischen Dialogs benutzt.

Der Ausgabe von Zeichnungen dient ein Plotter. Da Plotter
wegen ihrer geringen Zeichengeschwindigkeit für die interaktive Arbeitsweise nicht in Betracht kommen, können sie
bei Systemen mit mehreren Arbeitsplätzen zentral aufgestellt und gemeinsam genutzt werden. Zu den unterschiedlichen technischen und wirtschaftlichen Eigenschaften von
Plottern sei auf die einschlägige Literatur verwiesen[1].

Bei der Ausstattung des Arbeitsplatzes mit interaktiver
Hardware lassen sich zwei typische Fälle unterscheiden. Beim
Typ 1 dient eine Kathodenstrahlröhre mit kurzer Nachleucht-
dauer als Ausgabemedium. Deshalb wird der Bildinhalt bis zu
50 mal in der Sekunde aus einem Bildwiederholspeicher ge-
lesen und erneut dargestellt[2]. Solche bildwiederholenden
graphischen Sichtgeräte ("aktiver Bildschirm", "refresh
display") werden in der Regel mit einem Lichtgriffel ("light-
pen") als Eingabemedium für die Bildmanipulation ausgestattet[3]. Ein Beispiel für einen Arbeitsplatz vom Typ 1 liefert das von Philips entwickelte System[4].

---

[1] Zur Darstellungsqualität: LAXON 77, zur technischen Wirkungsweise GROVER 77, zur Beurteilung der Wirtschaftlich-
keit: LAXON 77, BAATZ 73.

[2] Je höher die Wiederholrate umso sicherer kann Bildschirm-
flimmern und damit Augenbelastung vermieden werden.

[3] Die Wirkungsweise eines Lichtgriffels erläutert HÖRBST 77.

[4] Eine Fotographie des Philips-Arbeitsplatzes findet sich in
BLUME/BURMESTER 77

Wesentlich niedrigere Hardware-Kosten als beim Typ 1 fallen
beim Typ 2 an. Als Ausgabemedium dient hier eine Kathodenstrahlröhre mit Bildspeicherung ("Speicherbildschirm",
"storage display"), so daß ein spezieller Bildwiederholspeicher entfällt und die Anforderungen an die Schnellig-
keit der Hardware zur Bilderzeugung um Größenordnungen
kleiner sein können[1]. Für die graphische Eingabe wird ein
sog. graphisches Tablett bereitgestellt(vgl. Abb. 41),
das in Funktion und Wirkungsweise den Digitalisiertischen
für Zeichnungen gleicht. Graphische Tabletts haben üblicherweise Arbeitsflächen, die zwischen dem Format DIN A 4 und
DIN A 3 liegen. Die Hardwarefunktion beschränkt sich auf
die Bestimmung der Griffelkoordinaten und deren Übermitt-
lung an die Zentraleinheit[2].

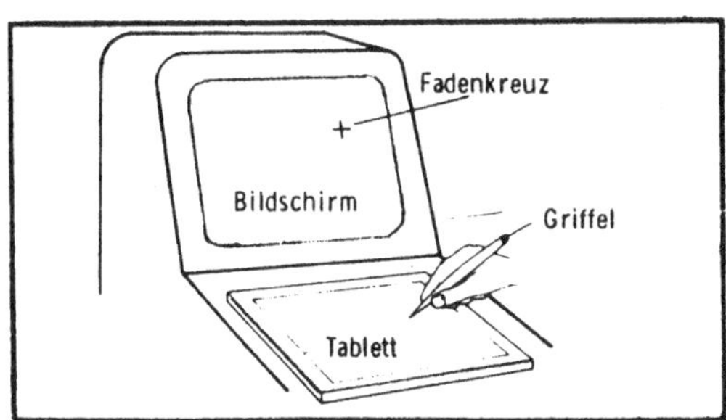

Abb. 41: Graphisches Tablett als Eingabegerät für interaktive graphische Datenverarbeitung
(GRABOWSKI 76b, S. 5-19)

Neben den Möglichkeiten der Digitalisierung von "freien"
Zeichnungen oder kleineren Vorlagen sowie der Identifikation
von Bildelementen durch Anfahren mit einem vom Tablett aus

---

[1] Zur Funktionsweise einer Kathodenstrahlröhre mit Bildspeicherung siehe HÖRBST 77, S. 122 f.

[2] Zur Realisierung dieser Funktion werden unterschiedliche
physikalische Prinzipien herangezogen, z.B. kapazitive,
induktive und akustische Effekte. Letztere ermöglichen
prinzipiell die Bestimmung dreidimensionaler Koordinaten,
also auch die Höhe des Griffels über der Tablett-Ober-
fläche. Lichtgriffel können aus technischen Gründen
nicht mit Kathodenstrahlröhren mit Bildspeicherung kom-
biniert werden.

gesteuerten Fadenkreuz, werden in der Regel bestimmte Teile der Arbeitsfläche als "Menü-Feld" genutzt. Kommandos und Parameter zur Steuerung des Dialogs können durch Antippen der entsprechend beschrifteten Elemente des Menü-Feldes mit dem Griffel eingegeben werden.

Abb. 42 stellt interaktive graphische Arbeitsplätze vom Typ 1 und Typ 2 unter Berücksichtigung der im Abschnitt 4.1. entwickelten Ziele gegenüber.

Typ 1	Typ 2	betroffene Dimension des Zielesystems	Erläuterung
relativ große Bildhelligkeit erzielbar	geringe Bildhelligkeit	Belastungen bei Sinnesorganen soziale Interaktionsmöglichkeiten	schlecht lesbare Zeichen (Typ 2) Verdunkelungsmaßnahmen (Typ 2)
selektives Löschen von Bildelementen möglich	"gelöschte" graphische Elemente werden weiterhin dargestellt	Belastungen durch Informationsumsatz	Wahrnehmung irrelevanter Bildelemente (Typ 2)
Bildschirmflimmern	Helligkeitsschwankungen nur in der Phase der Bildgenerierung	Belastungen bei Sinnesorganen	abhängig von Wiederholrate (Typ 1)
dynamische Präsentation von Menüs möglich	keine Anpassung des Funktionsangebots an Dialogzustand	Belastungen durch Informationsumsatz	
Einschränkung des Funktionsangebotes anhand des Dialogzustands notwendig	Präsentation eines nahezu beliebig großen Funktionsangebots an stets gleichbleibendem Platz möglich	Dispositionsspielräume Belastungen durch Lernen	Wahrnehmung irrelevanter Bildelemente (Typ 2) direkte Auswahl unter vielen Funktionen (Typ 2) Präsentation der Funktionen an festem Ort (Typ 2)
Lichtgriffel erzwingt unnatürliche Arbeitshaltung	entspanntere Haltung am Tablett	physische Belastung	
Konzentration der Interaktion auf Bildschirm	bei Präsentation des Menüs auf dem Tablett: häufiger Blickwechsel	Belastungen bei Sinnesorganen	

<u>Abb. 42:</u> Vergleich zweier typischer Hardware-Ausstattungen für interaktive Graphik-Arbeitsplätze

Die in den folgenden Abschnitten dargestellten Vorschläge zur Umsetzung von Zielen beziehen sich überwiegend auf Arbeitsplätze vom Typ 2. Nur wo die Umsetzung eines Ziels als mit einer solchen Ausstattung unvereinbar erkannt wird, werden Möglichkeiten genannt, die außerhalb dieses Rahmens liegen. Darüber hinaus konzentrieren sich die Vorschläge für Gestaltungsmaßnahmen hauptsächlich auf die "Ebene der Strukturierung der Mensch-Computer-Interaktion" (vgl. Abschnitt 2.1.4.), weil auf dieser Ebene die Gestaltungsverantwortung des Informatikers am ausgeprägtesten ist.

2.2.2. Möglichkeiten der Umsetzung für das Ziel "soziale Interaktion ermöglichen"

Überlegungen für technikbezogene Maßnahmen, die der vielfach beklagten Tendenz zur sozialen Isolation durch die Arbeit an Datensichtgeräten[1] entgegenwirken, finden sich kaum in der Literatur. Die mangelnde Aufarbeitung dieses Problems zeigt meines Erachtens, in welchem Ausmaß bei der technischen Entwicklung elementare menschliche Bedürfnisse ignoriert werden, solange das reine <u>Funktionieren des Arbeitssystems</u> hierdurch nicht infrage gestellt wird.

Aufgrund der vorgefundenen Situation können in diesem Abschnitt keine abschließenden Ergebnisse vorgelegt werden. Zumindest soll aber anhand dieser ersten Ideen deutlich werden, daß die sozialen Bedingungen am Arbeitsplatz, neben arbeitsorganisatorischen Faktoren, auch von einer mehr oder weniger geeigneten Ausschöpfung technischer Gestaltungsspielräume bestimmt sind.

Über die Möglichkeiten zu informellen sozialen Kontakten bei Tätigkeiten am Reißbrett machten von mir befragte Konstrukteure[2] folgende Aussagen:

1. Es arbeiten in aller Regel mehrere Konstrukteure in einem Raum.

2. Bei der Arbeit am Reißbrett treten Phasen auf, die einfache persönliche Gespräche zwischen Kollegen ohne Arbeitsunterbrechung durchaus zulassen.

Nimmt man diese Situation als Ausgangspunkt und setzt als Minimalziel, daß die Einführung der interaktiven Zeichnungserstellung keine Verschlechterung zur Folge haben darf, so ergeben sich folgende Konsequenzen:

---

[1] z.B. KUBICEK 75, S. 163
[2] u.a. Prof. Flessner sowie Mitarbeiter der Firma Still Fahrzeugbau

1. Die Verwendung bildspeichernder Kathodenstrahlröhren
   macht aufwendige Maßnahmen der Anpassung der Raumbe-
   leuchtung erforderlich, die mit den Helligkeitsanfor-
   derungen anderer Arbeiten nicht vereinbar sind. Die
   Einrichtung eines speziellen Raumes ist nur tragbar,
   wenn dort entweder mehrere Arbeitsplätze eingerichtet
   werden oder die Arbeit am interaktiven Arbeitsplatz
   nur einen geringen Anteil an der Gesamtarbeitszeit des
   Konstrukteurs umfaßt. Anderenfalls muß ein bildwieder-
   holendes Sichtgerät mit entsprechend größerer Bildhel-
   ligkeit innerhalb der Arbeitsräume der anderen Konstrukteure aufgestellt werden, dessen Benutzung Anforderungen an die Beleuchtungsverhältnisse stellt, die
   auch die Ausführung manueller Tätigkeiten auf Dauer
   zulassen. Angaben zur beleuchtungstechnischen Einrichtung von Arbeitsplätzen unter diesem Gesichtspunkt
   macht die Studie von Cakir et al.[1].

2. Während der Arbeit am interaktiven graphischen Arbeitsplatz müssen Phasen auftreten, die auch mit leicht ver-
   minderter Konzentration bearbeitet werden können. Dies
   ist die Voraussetzung dafür, daß Möglichkeiten zur
   zwanglosen sozialen Interaktion auch genutzt werden
   können. Aus diesem Grund könnte es in einzelnen Fällen
   angebracht sein, Automatisierungsmöglichkeiten für bestimmte "einfache Tätigkeiten" bewußt nicht auszu-
   schöpfen, was sich auch aus Gründen der Senkung der individuellen psychischen Belastung empfiehlt. Als Arbeiten mit verminderten Konzentrationsanforderungen kommen
   aus meiner Sicht das Positionieren von Beschriftungen
   und Maßen sowie bestimmte Operating-Tätigkeiten (z.B.
   Magnetbänder, Wechselplatten austauschen) infrage. Ge-
   naueres müßte im Gespräch mit Konstrukteuren ermittelt
   werden. Anzumerken ist noch, daß auch alle dialogtech-
   nischen Maßnahmen, die potentielle Fehlerquellen aus-

---

[1] CAKIR et al. 78

zuschließen oder einzuschränken gestatten, eine Senkung der Konzentrationsanforderungen (bei gleichbleibender Fehlerrate) ermöglichen.

Neben diesen Überlegungen, die auf eine Erhaltung _informeller_ Interaktionsmöglichkeiten am Arbeitsplatz abzielen, ist auch die Frage nach sozialen Interaktionsmöglichkeiten im Rahmen einer kooperativen Aufgabenbearbeitung zu stellen. Die sozial isolierende Wirkung des kleinen Bildschirms kann durch die Anwendung von Projektionsbildröhren, wie sie seit Jahren kommerziell verfügbar sind, überwunden werden. Die technischen Voraussetzungen für ein interaktives Arbeiten von Teams an vom Computer generierten Darstellungen sind also vorhanden. Um sie zu nutzen, bedarf es allerdings - neben der Klärung der Kostenfrage - neuer Überlegungen zur Entwicklung entsprechender Arbeitsformen.

Die Kooperation innerhalb von Konstruktions-/bzw. Zeichnergruppen läßt sich stärken, wenn wenigstens ein Gruppenmitglied die Qualifikation und Berechtigung hat, einfache Anpassungsarbeiten (z.B. Umstellung des Menüs) nach den Wünschen der Gruppenmitglieder auszuführen und hierzu kein gruppenfremder Spezialist herangezogen werden muß. Aus dieser auf dem ersten Blick die Arbeitsorganisation betreffenden Forderung leitet sich die technikbezogene Forderung nach Bereitstellung von Schnittstellen in der Systemarchitektur ab, die die Ausführung einfacher Anpassungsarbeiten ohne eine mehrjährige DV-Ausbildung zulassen.

2.2.3. Möglichkeiten der Umsetzung für das Ziel "Dispositionsspielräume sicherstellen"

Im Gegensatz zur Situation bei den sozialen Interaktionsmöglichkeiten sind die Veränderungen von Dispositionsspielräumen infolge des Computereinsatzes seit einigen Jahren Gegenstand der wissenschaftlichen Diskussion. So konnte

Müller-Böling in seiner empirischen Untersuchung zeigen,
daß die Einführung von EDV nicht zwangsläufig mit einer
Minderung der Dispositionsspielräume bei den Betroffenen
verbunden war, daß diese aber, wo eine solche Minderung
eintrat, mit einer pointiert negativen Einstellung zur
EDV reagierten[1].

Cakir, einer der Mitautoren der Studie "Anpassung von
Bildschirmarbeitsplätzen an die physische und psychische
Funktionsweise des Menschen"[2], weist in einer neueren
Veröffentlichung auf die Schwächen dieser auf die Arbeitsplatzgestaltung konzentrierten Untersuchung hin: "Die
Ursachen von Widerständen gegen Bildschirmarbeit sind häufig psychologischer Natur und entspringen der Befürchtung,
daß durch die Benutzung des Terminals der eigene Dispositionsspielraum des Sachbearbeiters eingeengt wird. Daß die
Arbeit für den Menschen anspruchsvoll und interessant
bleibt, ist aber keine Frage der Ergonomie des Arbeitsplatzes, sondern eine der Ablauforganisation ... . Es geht
also nicht nur um einen menschengerechten Arbeitsplatz,
sondern auch um menschengerechte Arbeit."[3] An technischen
Ursachen für die Einschränkung von Dispositionsspielräumen
nennt Cakir, neben dem in der Software niedergelegten Ge-
samtkonzept des Arbeitssystems, "die absolute Syntaxtreue,
die das System z.Zt. verlangt", "die maschinengesteuerte
Form des Dialogs" und "Intransparenz".[4]

Cakirs Ausführungen sind deshalb von großer Bedeutung,
weil hier - meines Wissens zum ersten Mal - versucht wurde, aus arbeitswissenschaftlichen Untersuchungsergebnissen
Gestaltungsrichtlinien für die Software herzuleiten und
damit über die traditionelle oberflächliche Behandlung
von physikalischen Eigenschaften des "Bildschirms" hinaus-
zugehen.

---

[1] MÜLLER-BÖLING 78, S. 309; vgl. auch die Bestandsaufnahme älterer empirischer Arbeiten in HEIBEY/LUTTERBECK/
TÖPEL 77, S. 247 ff.

[2] CAKIR et al. 78

[3] CAKIR 79, S. 22 f

[4] ders., S. 24

Innerhalb der <u>Informatik</u> kamen wichtige Anregungen zur
Berücksichtigung des menschlichen Bedürfnisses nach Handlungsspielräumen von Palme[1]. In seinem Bericht "A man
computer interface encouraging user growth"[2] stellt er
eine Dialogschnittstelle für ein Datenbanksystem vor,
die dem Benutzer Interaktionsmöglichkeiten auf acht verschiedenen Komplexitätsstufen bietet, unter denen er wäh-
len kann. Damit sollen die Voraussetzungen für das schritt-
weise Erlernen der Systembedienung durch die anfangs naiven
Benutzer geschaffen werden.

Palmes Vorschläge sind auf den Bereich CAD nur bedingt
anzuwenden, weil CAD-Systeme nicht von vollkommenen Laien
der Datenverarbeitung bedient werden können und sollen.
Drei der von ihm angegebenen Stufen sind jedoch auch in
diesem Zusammenhang interessant:

1. Stufe: Kommando-Dialog

   Initiator ist grundsätzlich der Benutzer. Über eine
   Tastatur eingegebene Kommandos können beliebig abgekürzt werden, solange die Eindeutigkeit gewahrt bleibt.
   Fehlende Parameter werden nicht als Fehler gewertet,
   sondern vom System nachgefordert (Initiatorwechsel),
   sofern sie nicht explizit vom Benutzer voreingestellt
   worden sind. Die Reihenfolge der Parameter ist frei,
   sofern der Benutzer sie eindeutig kennzeichnet. Läßt
   er die Parameterbezeichnungen weg, gilt eine von ihm
   voreingestellte Reihenfolge.

2. Stufe: benutzerdefinierte Kommando-Makros

   Im Abschnitt 1.3.2. wurden verschiedene Techniken der
   rationellen Beschreibung von Werkstücken mit Hilfe von
   Makros vorgestellt. Bestimmte, auf das jeweils zu be-
   schreibende Produktspektrum abgestimmte Makros, werden

---

[1] PALME 75, PALME 77
[2] PALME 77

von vornherein, mit Kommandos aufrufbar, im System vorgesehen. Im Laufe der Zeit wird der Benutzer jedoch eigene
Ideen für Makros entwickeln, mit denen er seine Arbeit
erleichtern könnte. Technisch ist es nicht besonders aufwendig, jedem Benutzer seinen individuellen Kommandosatz
zur Verfügung zu stellen. Die Prozedur der Makrodefinition
sollte ohne eine aufwendige Spezialausbildung erlernbar
sein, damit sie von den Benutzern selbst ausgeführt werden
kann. Die im Zusammenhang mit Graphik-Tabletts verwendeten
Menü-Folien lassen sich ohne weiteres auswechseln. Eventuell ließen sich Vordrucke verwenden, die freie Felder
für benutzerdefinierte Kommandos vorsehen.

Für alphanumerische Dialoge erläutert Rohlfs die Möglichkeit
der Definition "virtueller Funktionstasten". Durch Aufruf
einer bestimmten Funktion kann der Benutzer beliebigen Tasten der Tastatur Kommando-Makros zuordnen, die beim Drük-
ken der Taste aktiviert werden[1].

Möglichkeiten der Definition neuer Kommandos sind aus
Gründen der Flexibilität gegenüber wechselnden Produkt-
spektren in allen mir bekannten Systemen für automatische
Zeichnungserstellung vorgesehen. Wegen ihrer Kompliziert-
heit und aus Gründen der einfacheren Konsistenzsicherung
sind sie jedoch für die die Werkstückbeschreibung ausführenden Beschäftigten nicht zugänglich. Die Erschließung
dieser Möglichkeiten zur selbständigen Gestaltung einzelner Tätigkeiten könnte zur Verbesserung der Arbeitssituation beitragen, sofern ihr Einsatz den Betroffenen frei-
gestellt bleibt und der Nutzen einer auf diese Weise denkbaren Rationalisierung der eigenen Arbeit ihnen persön-
lich zugute kommt und nicht durch entsprechend steigende
Leistungsanforderungen kompensiert wird.

---

[1] ROHLFS 78, S. 7

3. Stufe: benutzerdefinierte Dialogmakros

Von einer gewissen Komplexität der durch Kommandos auf-
rufbaren Objekte an wird es sinnvoll, für die Angabe
der Parameter spezielle Dialoge vorzusehen. Die Definition solcher Dialoge durch Benutzer ohne umfangreiche
Programmierkenntnisse ist sicherlich problematisch,
wenngleich es im Interesse einer Stärkung der selbständigen Gestaltung ihre Arbeitsorganisation wünschenswert
erscheint. Die bereits im Abschnitt 1.3.3. zitierte Arbeit von Baubök[1] könnte möglicherweise einen Schritt in
Richtung auf dieses Ziel darstellen, weil die von ihm
vorgeschlagene graphische Darstellungsform für Dialoge
eine verhältnismäßig große Anschaulichkeit besitzt und
den Benutzer nicht auf die strenge Prozeduralität übli-
cher Programmiersprachen festlegt. Zugleich läßt sein
Implementationsvorschlag einen auch für Kleinrechner
realistischen Verarbeitungsaufwand erwarten.

Der ungarische CAD-Experte Hatvany beklagte auf verschiedenen Tagungen[2] die den Dialog stark dominierende Rolle
des Computers bei den am Markt angebotenen CAD-Systemen
(vgl. Abb. 43) und machte auf die nachteiligen Wirkungen
der so geminderten Dispositionsspielräume auf die Kreativität aufmerksam.

Zur Realisierung einer "master-slave relationship which
is clearly on the designer's side throughout the entire
hardware-software system"[3] schlägt er unter anderem vor:

- für eine graphische Eingabesprache: "its ability to ...
  interactively generate the most appropriate geometrical
  language"[4].

---

[1] BAUBÖK 77
[2] HATVANY 72, HATVANY 77
[3] HATVANY 72, S. 116
[4] ders., S. 117, vgl. oben Stufen 2 und 3

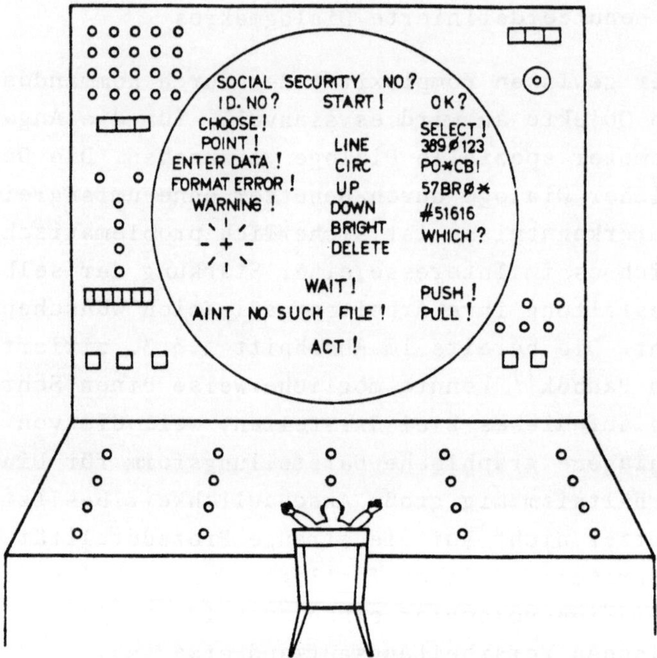

Abb. 43:   "The engineers creative activity in a CAD-envi-
ronment" (Karikatur aus HATVANY 72)
Nachdruck mit freundlicher Genehmigung der North-
Holland Publishing Comp.

- allgemein für die Software: persönliche Modifikations-
möglichkeiten für jeden Benutzer. "He must be allowed to
have his own personalized version, which he must be free
to improve, or even to make worse if he wants to. And
for quite a long time it may well be advisable to per-
mit him to keep his modifications secret."[1]

- für die zeitliche Strukturierung der Arbeit: die Bestimmung des Arbeitstempos durch den Benutzer. "The _designer_
must be able to say "Wait!", but the system must not say
it to him (or hurry him)."[2] An anderer Stelle fordert
Hatvany die Möglichkeit, Dialoge an beliebiger Stelle
entsprechend den Wünschen des Benutzers zu unterbrechen
und nach Ausführung eines anderen Dialogs wiederaufzu-
nehmen.

---

[1] HATVANY 72

[2] ebenda

Schmitt machte eine Reihe von Vorschlägen, die den Benutzer ermutigen sollen, vorhandene Dispositionsspielräume
auch auszunutzen[1]:

- Transparenz

  Das System muß aus der Sicht des Benutzers so klar
  strukturiert sein, daß er alternative Lösungswege bei
  der Bearbeitung von Aufgaben erkennen kann, und nicht auf
  das Abarbeiten eines geheimnisvollen Rezepts angewiesen
  ist. Die Struktur des Systems sollte sich in - aus der
  Sicht der Benutzer - selbsterklärenden Bezeichnungen widerspiegeln.

- Explorierbarkeit

  Tritt bei der selbständigen Dialogführung ein ungewoll-
  ter Dialogzustand auf, so muß der Benutzer in die Lage
  versetzt werden, die für das Auftreten dieses Zustands
  verantwortlichen Zusammenhänge zu verstehen und seine
  weiteren Aktionsmöglichkeiten in Erfahrung zu bringen.

- Reversibilität

  Existiert zu jedem Kommando eines mit umgekehrter Wirkung, so kann ohne großen Schaden aus ungewollten Zu-
  ständen in einen gewünschten Ausgangszustand zurückge-
  kehrt werden. Die Implementierung dieser Möglichkeit
  dürfte allerdings recht aufwendig sein.

---

[1] SCHMITT 79

2.2.4. Möglichkeiten der Umsetzung für das Ziel
        "Belastungen durch hohen Informationsumsatz
        eindämmen"

In diesem Abschnitt werden zunächst einige Arbeiten zitiert, die quantitative Aspekte der Ermüdung durch hohen Informationsumsatz behandeln. Anschließend werden einige qualitative Aspekte der mit der umgesetzten Information verbundenen geistigen Arbeit dargestellt. Am Schluß wird dann noch kurz auf Möglichkeiten zur Verteilung von Belastungen auf unterschiedliche Funktionsbereiche eingegangen.

Quantitative_Aspekte_der_Ermüdung_durch_hohen_Informations-
umsatz_

Rohmert und Luczak[1] führten eine Studie "Zur ergonomischen Beurteilung informatorischer Arbeit" durch, die den Zusammenhang zwischen Ermüdungsgrad und umgesetzter Informationsmenge klären sollte. Zu diesem Zweck wurde im Labor die Tätigkeit des Videocodierens[2] untersucht. Das Ergebnis, daß die Häufigkeit des Auftretens und die Schwere von Ermüdungssymptomen im Laufe der Arbeitszeit zunehmen, und daß dabei das Modell der vier Phasen von Ermüdung (vgl. Abschnitt 2.1.7.) im wesentlichen bestätigt wird, kann nicht überraschen. Es wird hier zitiert, weil es eines der wenigen Beispiele für eine quantitative Behandlung des Problems überhaupt darstellt. Zugleich wird die Schwäche des Ansatzes deutlich:

Während sich der Informationsverarbeitungsaufwand für die Bestimmung des zu tastenden Codes mit informationstheoretischen Mitteln leicht quantifizieren läßt, verbietet

---

[1] ROHMERT / LUCZAK 73

[2] Zum Videocodierplatz gehört ein Fernsehmonitor und eine Tastatur. Angestellte der Post tasten pro Stunde bis zu 3 000 mal einen Verteilcode für Briefsendungen ein, den sie aus der auf dem Monitor erscheinenden Anschrift herleiten. Der Code wird auf die Briefe gedruckt und dient der Steuerung der automatischen Sortieranlage.

die heuristische Natur echter Entscheidungen einen solchen
Ansatz von selbst. Darüber hinaus ist die tatsächlich ge-
leistete Informationsverarbeitung durch den Menschen von
der subjektiven Bedeutung abhängig, die das Individuum mit
ihr verbindet. Hiervon kann nur bei extrem sinnleeren repetitiven Arbeiten abstrahiert werden. Auf weniger restriktive Arbeiten als das Videocodieren können die Methoden und
Ergebnisse von Rohmert und Luczak also nicht übertragen
werden.

Die Arbeit von Ambrozy[1] liefert einen Ansatzpunkt, wie dem
Phänomen der Ermüdung praktisch Rechnung getragen werden
kann, ohne es explizit quantifizieren zu können. Sie interpretiert den Mensch-Computer-Dialog als Informationsüber-
tragungsvorgang, auf den die Ermüdung in zweierlei Weise
einwirkt:

1. Das menschliche Aufnahmevermögen, also die Kanalkapazität C sinkt.

2. Die Fehlerrate steigt, was eine entsprechende Auslastung
   der ohnehin sinkenden Kanalkapazität mit redundanter
   Information I_r zur Fehlerkorrektur erforderlich macht.

Wie man in Abb. 44 erkennt, wächst die Zeitspanne ΔT zur
Übertragung einer gegebenen Informationsmenge ΔW im Laufe
der Zeit stark an, wobei für große Werte von ΔT bereits
innerhalb der Bearbeitungszeit mit einem merklichen Abfall
der effektiven Übertragungsrate gerechnet werden muß. So
kommt es schließlich zum Zusammenbruch des Dialogs.

Ambrozys Modell läßt zwei praktische Schlußfolgerungen zu:

1. Die zur Aufrechterhaltung eines effektiven Dialogs notwendige Redundanz ist veränderlich. Arbeiten mit kon-

---

[1] AMBROZY 71

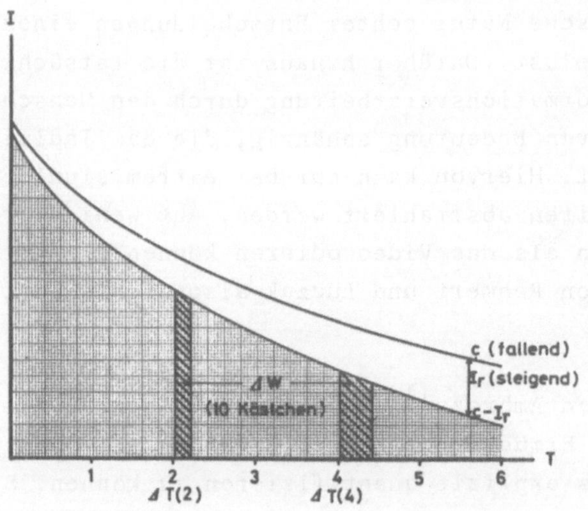

Abb. 44: Der Einfluß der Ermüdung auf die effektive Übertragungsrate beim Mensch-Computer-Dialog

stanter Redundanz bedeuten im ausgeruhten Zustand eine unnötige Belastung der Kanalkapazität und damit des Arbeitstempos, im ermüdeten Zustand die erhöhte Gefahr unerkannter Fehler sowie zusätzlichen Aufwand durch nachträgliche Korrekturen. Obwohl die Notwendigkeit einer solchen Anpassung von zahlreichen Autoren gesehen wird[1], werden nirgends begründete Angaben gemacht, durch welche gezielten Maßnahmen der Redundanzsteigerung sich die Übertragungssicherheit tatsächlich aufrecht erhalten läßt[2]. Der Ermüdungsgrad kann entweder automatisch aus Anschlagzeiten und Fehlerhäufigkeit ermittelt werden[3], oder - was aus meiner Sicht vorzuziehen wäre - aufgrund einer Selbsteinschätzung des Benutzers. Es sei noch darauf hingewiesen, daß diese Form von "Flexibilität" des Systems unterschieden werden muß von der im vorigen Abschnitt behandelten Anpassung an einen unterschiedlichen Qualifikationsstand der Benutzer.

---

[1] HATVANY 72, S. 117; SCHMITT79, S. 3-39

[2] Dies ist umso erstaunlicher, als es sich um eine typisch informatische Fragestellung handelt.

[3] HATVANY 72

2. Von einem gewissen Ermüdungsgrad an ist die Arbeit im
   Dialog nicht mehr sinnvoll. Beim augenblicklichen Stand
   der Forschung können gesundheitsschädliche Wirkungen
   nur ausgeschlossen werden, wenn die Arbeit lange vor dem
   beschriebenen Zusammenbruch des Dialogs unterbrochen
   wird.

Domke und Sander berichten von einem Experiment, bei
dem die Bearbeitung einer Konstruktionsaufgabe im Dialog
simuliert wurde. Dabei wurde für mehrere Versuchsperso-
nen über einen längeren Zeitraum die Häufigkeit von Feh-
lern aufgezeichnet. "Das Ergebnis mehrerer Testläufe
(vgl. Abb. 45) läßt erkennen, daß zunächst über einen
längeren Zeitraum periodische Fehlerschwankungen auftreten, die dann nach rund zwei Stunden erheblich anstei-
gen."[1] Dieser Wert kann als Anhaltspunkt für die maxi-
male Verweildauer an der Dialogstation gelten.

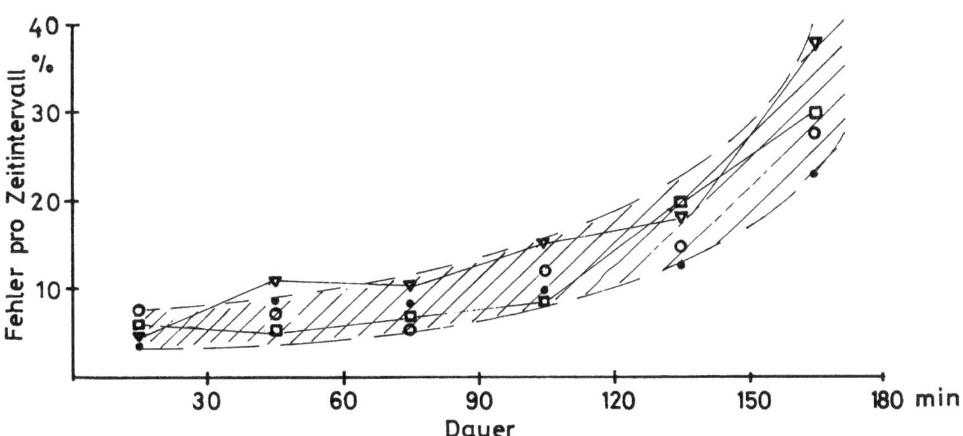

Abb. 45: Einfluß der Ermüdung auf die Fehlerhäufigkeit
         Quelle: FB/IE
         Wiedergabe mit freundlicher Genehmigung des
         REFA

---

[1] DOMKE/SANDER 75, S. 149

Ausgesuchte qualitative Aspekte der mit dem Informationsumsatz verbundenen geistigen Arbeit

Es werden vier mit der menschlichen Informationsaufnahme,
-verarbeitung und -abgabe bei der Mensch-Computer-Interaktion verbundene Belastungsfaktoren auf Möglichkeiten der
Belastungseindämmung hin untersucht:

(1.) Diskriminationsarbeit
(2.) Formulierungsarbeit
(3.) Sensumotorische Koordinationsarbeit
(4.) Gedächtnisarbeit

ad (1.):   Diskriminationsarbeit

Die Diskriminationsarbeit beim Dialog am interaktiven graphischen Arbeitsplatz besteht im Erkennen der für die folgende gedankliche Verarbeitung relevanten Information innerhalb der gesamten dargebotenen Informationsmenge. Die
Belastung durch Diskriminationsarbeit läßt sich durch Hervorhebung der relevanten Elemente mindern (Farbe, Schrift-
größe, Strichdicke, Blinken, bevorzugter Ort), was allerdings nur dann möglich ist, wenn die Entscheidung über die
Relevanz automatisch getroffen werden kann. Wo dies nicht
möglich ist, können zumindest alle die Elemente, die mit
Sicherheit nicht relevant sind, ausgeblendet werden.

Die Erfüllung dieser Forderung wird durch die Verwendung
von Sichtgeräten mit bildspeichernden Kathodenstrahlröhren
nahezu unmöglich gemacht, weil ein selektives Löschen irre-
levanter Elemente nicht möglich ist und der Aufbau eines
vollständigen neuen Bildes mehrere Sekunden dauert. Die
Ausgabe von Systemmeldungen erfolgt in der Regel auf einem
Blattschreiber, um eine Überfüllung des Schirms mit den sich
sammelnden Meldungen zu vermeiden. Auch wenn die von mir
besichtigten Installationen nicht repräsentativ sein mögen,
bei denen das Lesen der gedruckten Meldungen bei einer

entspannten Sitzhaltung völlig unmöglich war, so machen
sie doch das Problem einer arbeitswissenschaftlich ver-
tretbaren Integration dieser notwendigen Funktionseinheit
in den Arbeitsplatz deutlich.

Das Problem ließe sich durch einen zweiten Bildschirm
lösen, der zwar mit Bildwiederholung arbeiten müßte, aber
wegen der geringen Anforderungen an den darzustellenden
Detailreichtum das kostensparende Rasterprinzip anwenden
kann. Dieser Bildschirm ließe sich leicht in den Arbeitsplatz integrieren und könnte dem Benutzer einen stets aktuellen Ausschnitt der behandelten graphischen Objekte
und des Dialogzustands mit wenigen Details präsentieren.
Die detailreiche Darstellung des Speicherschirms wäre nach
wie vor wichtig für die Orientierung im Gesamtzusammenhang.

<u>ad (2.)</u>:   Formulierungsarbeit

Treu versucht in seinem Aufsatz[1] den Aufwand an geistiger Arbeit ("mental work") bei der Formulierung von Kommandos näher zu bestimmen. Er geht dabei davon aus, daß es
für jedes der verschiedenen Anwendungsgebiete des Mensch-
Computer-Dialogs in der Begriffswelt des Benutzers eine
Menge von "action primitives" und "object primitives"
gibt. Im Dialog müssen die primitives, deren gedankliche
Handhabung dem Benutzer vertraut ist, auf die vom System
vorgegebenen Kommandos und Objekte abgebildet werden. Je
einfacher diese Abbildung ist, desto weniger geistige Ar-
beithat der Benutzer bei der Formulierung seiner Kommandos
in der Sprache des Systems zu leisten[2].

Es werden drei Fälle unterschieden: Sind zur Ausführung
<u>eines action primitives mehrere Kommandos</u> erforderlich, so

---

[1] TREU 75

[2] Die Formulierungsarbeit ist also Teil der unter der
These 3 (Abschnitt 1.2.1.) behandelten Codierarbeiten.

ist der Formulierungsaufwand unnötig hoch. Umgekehrt kann
die Ausführung einer <u>Kombination mehrerer action primitives
durch ein einziges komplexes Kommando</u> nur dann vorteilhaft
sein, wenn die Sprache dadurch nicht zu kompliziert wird.
In jedem Fall als günstig anzusehen wäre eine <u>1-1-Abbildung</u>
zwischen primitives und Kommandos bzw. Objekten.

Anhaltspunkte für eine Anpassung des Systems an die Begriffswelt der Benutzer verspricht sich Treu von Experimen-
ten. Dabei soll entweder die"Formulierungszeit" gemessen
werden, die von der Bestätigung der Aufnahme der letzten
Systemmeldung (durch einen Knopfdruck) bis zur Eingabe
eines neuen Kommandos verstreicht, oder die Häufigkeit der
Benutzung vorhandener Kommandos aufgezeichnet und ausge-
wertet werden. In einfacherer Weise könnte man meines Erachtens dadurch Aufschluß über die vom Benutzer verwendeten
Begriffe gewinnen, indem man ihn auffordert, seine Tätigkeit mit eigenen Worten zu beschreiben, oder die Ausführung
der Tätigkeit an einem bestehenden System laufend zu kom-
mentieren.

<u>ad (3.)</u>: Sensumotorische Koordinationsarbeit

Die Eingabe von Kommandos mit Hilfe der Menü-Technik
stellt relativ hohe Anforderungen an die sensumotorische Koordination bei der Führung des Lichtgriffels bzw. Tablett-
Stifts.

Die Genauigkeitsanforderungen lassen eine "blinde" Ausführung der Bewegungen nicht zu, was im Fall der Anordnung
des Menüs auf dem graphischen Tablett besondere Belastungen
durch den häufigen Blickwechsel zwischen Bildschirm und
Tablett-Fläche bedeutet[1]. Der Blickwechsel könnte vermieden werden, wenn - wie bereits in anderem Zusammenhang

---

[1] Das Ausmaß der Beanspruchung hängt nicht nur ab von den
notwendigen Umakkomodations- und Umadaptionsleistungen
sowie den Augenbewegungen, also physischen Belastungen,
die spezifisch die Augen betreffen. Die Koordination
auf ständig wechselnde Fixationspunkte stellt eine
<u>geistige</u> Belastung dar.

vorgeschlagen - ein zweiter Bildschirm am Arbeitsplatz
vorgesehen würde, der dann das Menü und eine Markierung
der aktuellen Position des Tablett-Stifts darstellen kann.
Bei der augenblicklich üblichen Ausstattung der Arbeitsplätze wäre als Minimalforderung zu verlangen, daß die
bei jedem Blickwechsel zwischen Tablett und Bildschirm zu
überbrückende Winkeldifferenz so klein wie möglich gehalten
wird. Bei den von mir besichtigten Installationen war dieser Winkel so groß, daß jeder Blickwechsel eine Kopfbe-
wegung erforderlich machte.

Die Verwendung graphischer Tabletts bietet im Zusammenhang
mit speichernden oder auch bildwiederholenden Sichtgeräten
interessante Möglichkeiten der Verminderung der notwendigen "Treffsicherheit" bei der Eingabe von Kommandos im
graphischen Dialog. Anstelle der Auswahl aus einem Menü
wird das Kommando durch eine symbolische "blind" auszufüh-
rende Bewegung auf dem Tablett eingegeben. Ein solches
System wurde unter dem Namen EUCLID von Oppor und Petersen
vorgestellt[1]. Die Autoren machen auch Angaben über die von
ihnen vorgenommene Implementation, die ohne aufwendige
Mustererkennungstechniken auskommt und deshalb für die Ausführung auf einem Kleinrechner geeignet scheint. Einige
Kommandos aus dem EUCLID-System sowie andere Beispiele aus
einer Veröffentlichung von Kraiss[2] sind in Abb. 46 wiedergegeben.

Kraiss weist außerdem auf die Möglichkeit hin, auch den
Abstand des Griffels vom Tablett als Eingabemöglichkeit
für Parameter zu nutzen (vgl. Abb. 47). Dies ist allerdings nur bei Tabletts möglich, die nach dem Ultraschall-
prinzip arbeiten und für die Bestimmung dreidimensionaler
Koordinaten eingerichtet sind. Eine weitere zur Codierung
geeignete Größe ist nach seinen Ausführungen der Andruck
des Stifts auf dem Tablett.

---

[1] OPPOR/PETERSEN 71
[2] KRAISS 78

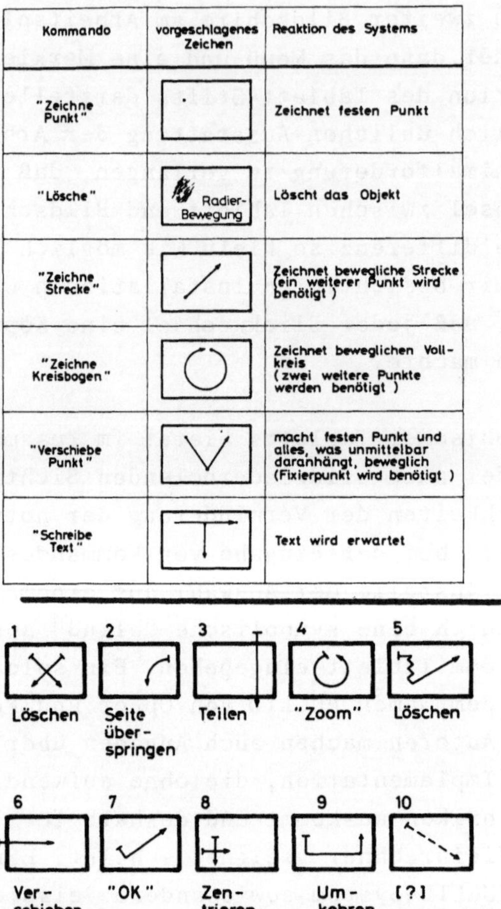

Abb. 46: Auszug aus den Kommandos des Systems EUCLID (oben) sowie einige Vorschläge von Kraiss (unten)

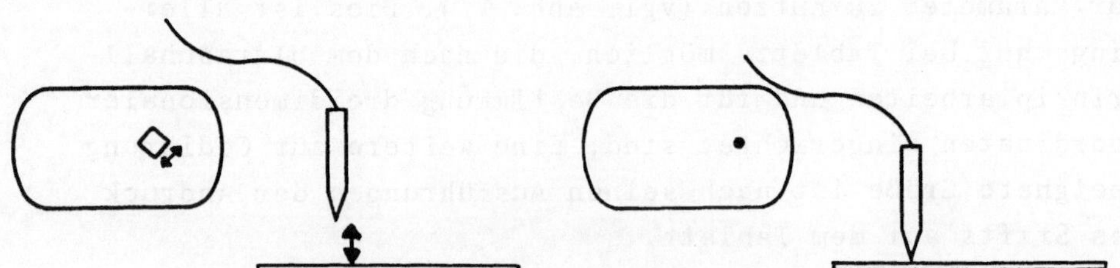

Abb. 47: Vorschlag zur Nutzung der dritten Dimension bei graphischen Tabletts nach Kraiss

<u>ad (4.)</u>: Gedächtnisarbeit

Daß zu lange Antwortzeiten bei Dialogsystemen zur Unter-
brechung des Gedankenflusses der Benutzer führen können,
dürfte eine der ersten arbeitswissenschaftlichen Erkenntnisse gewesen sein, die in den Systementwurf Eingang fanden.

Rohlfs macht für akzeptable Antwortzeiten folgende Angaben:


```
"  > 15 sec          intolerable

   >  4 sec          too long in most cases, possibly
                     tolerable after termination of major
                     workstep


   >  2 sec          too long for high concentration work


   <  2 sec          necessary for work consisting of more
                     than one step to be bridged mentally

   < .1 sec          immediate reaction to keystroke"[1]
```


Die Bestimmung akzeptabler Antwortzeiten nach dem Krite-
rium, ob ein Gedankenfluß effektiv unterbrochen wurde oder
nicht, ist problematisch, wie eine Äußerung von Sabin
zeigt[2]:

"Two divisions of BAC had both been using the same graphics program. The experience of one group was that a
chap could stand it for one hour but no longer. The experience of the other was that their people kept going
the whole afternoon and, as far as we could make out, the
fundamental difference was, that in one case there were
slight delays, in the order of just under a second. In the
other case there were not.These were not individually no-
ticed as annoyances, but it made a great difference to
the fatigue".

---

[1] ROHLFS 78, S. 14
[2] anläßlich der Diskussion des Referats von Hatvany
    (HATVANY 72, S. 120)

Offenbar führen zu lange Antwortzeiten schon zu einer
erheblichen Belastung des Kurzzeitgedächtnisses, wenn es
noch nicht zu Unterbrechungen des Gedankenflusses kommt.
Die Zahlenangaben für "akzeptable" Antwortzeiten sind unter diesem Aspekt zu überprüfen.

Nach Gorny läßt sich ein günstiges Antwortzeitverhalten
durch ein "kaskadiertes CAD-System"[1] in wirtschaftlicher
Weise erzielen. Es handelt sich dabei um eine Hierarchie
von drei Prozessoren, wobei ein lokaler Prozessor (sog.
transformation processor) einfache Aufgaben bei der Bild-
generierung übernimmt und durch Zuordnung zu nur einem
Sichtgerät eine schnelle Ausführung der syntaktischen
Analyse der Eingaben sowie einfacher Bildtransformationen
garantiert. Zwischen diesem Prozessor und einem zentralen
Großrechner im Teilnehmerbetrieb, der Datenhaltungsauf-
gaben sowie die Bearbeitung komplizierter Algorithmen über-
nehmen soll (sog. semantic window processor), soll nach
Gorny ein "graph/string-processor" geschaltet werden, der
für Aufgaben wie das Aufsuchen und Ändern graphischer Objekte herangezogen wird. Durch Spezialisierung der Funktion
und Beschränkung auf jeweils einen aktuellen Ausschnitt
("semantic window") aus dem gesamten Werkstückmodell, sollen zumindest für diese Aufgaben kurze Antwortzeiten von
unter 2 Sekunden garantiert werden.

Möglichkeiten der Verteilung von Belastungen durch Informationsumsatz auf unterschiedliche Funktionsbereiche

Zur Entlastung der visuellen Wahrnehmung bei der Informationsaufnahme im Mensch-Computer-Dialog gibt es eine
Reihe von Vorschlägen, die allerdings noch überwiegend
experimentellen Charakter haben. So kann die taktile Wahrnehmung[2] als Rückmeldung über den Betätigungszustand von
Schaltern genutzt werden. Darüber hinaus gibt es Eingabe-

---

[1] GORNY 78

[2] Tastsinn

einrichtungen mit Kraftrückmeldung (ähnlich dem sog. "Joystick"), die über den bei der Betätigung zu überwindenden Widerstand z.B. die Annäherung des Fadenkreuzes an ein graphisches Objekt zu signalisieren gestatten.[1]

Akustische Signale können das Eintreten bestimmter Bedingungen bestätigen (z.B. "Kommando akzeptiert", "graphisches Objekt identifiziert"). Neuerdings wird auch mit Möglichkeiten der Sprachausgabe in der graphischen Datenverarbeitung experimentiert, die die Belastung bei der Wahrnehmung zu verteilen gestatten, wobei außerdem die Häufigkeit von Blickwechseln zwischen verschiedenen visuellen Informationsquellen gesenkt wird.

Im GMD-Spiegel wurde darüber hinaus über Versuche mit Spracheingabe für graphische Systeme berichtet[2]. Auch wenn das akzeptierte Vokabular beim heutigen Stand der Technik nur eine kleine Zahl von Worten umfaßt, könnte damit eine gewisse Entlastung von manuellen Eingabefunktionen erzielt werden. Im Lichte der Ausführungen zur Kommunikationssituation des Benutzers in Abschnitt 2.1.4. und 2.1.5. ist gegenüber der Sprachein- und -ausgabe eine gewisse Skepsis angebracht, da diese Technik das Entstehen menschlicher kommunikativer Erwartungen an den Computer besonders nahezulegen scheint.

Eine einfachere Form der Belastungsverteilung könnte in der Kombination des Graphik-Tabletts mit einer Funktionstastatur bestehen, so daß beide Hände an der Eingabe beteiligt würden. Sofern sich die Betätigung einer Zehner-Tastatur mit der linken Hand als praktikabel erweist, könnte sie zugleich der Eingabe numerischer Parameter dienen. -

---

[1] KRAISS 78

[2] GMD-SPIEGEL 78

Gerade diese letzten Beispiele machen eine Gefahr deutlich, auf die noch einmal mit Nachdruck hingewiesen
werden soll: In jeder technischen Maßnahme zur menschengerechten Gestaltung der Mensch-Computer-Schnittstelle ist
neben einem gewissen Humanisierungspotential die Möglichkeit der perfektionierten Ausbeutung der menschlichen Arbeitskraft angelegt. Jede Belastungsminderung kann durch
entsprechend gesteigerte Leistungsabforderung kompensiert
werden. Gerade die Verteilung von Belastungen auf verschiedene Funktionsbereiche kann sehr leicht als Erschließung
bisher ungenutzter Resourcen mißverstanden werden.

Ich bin deshalb nicht der Auffassung, daß CAD-Arbeitsplätze
durch die Realisierung irgendeines der obigen Vorschläge
zwangsläufig humaner werden. Dafür, daß den Betroffenen
technisch mögliche Erleichterungen auch wirklich zugute
kommen, können nur sie selbst (und ihre Organisation)
sorgen.

SCHLUSSBETRACHTUNG UND AUSBLICK

Die Untersuchung stellte den Versuch dar, von einer umfassenden Analyse der Auswirkungen von CAD auf Konstrukteure und Zeichner (Teil 1) den Bogen zu spannen zu einer menschengerechteren Gestaltung von CAD-Systemen, durch die negative Auswirkungen möglichst vermindert werden (Teil 2). Sie versteht sich damit als Beitrag zu einer bislang zu wenig bearbeiteten Problemstellung[1], wobei naturgemäß auch Fragen offen bleiben mußten. Für zwei der hier noch offengebliebenen Fragen, die methodisch von zentraler Bedeutung sind, zeichnen sich in jüngster Zeit Lösungen ab, auf die ein kurzer Ausblick gegeben werden soll:

1. Wie können die noch recht isoliert nebeneinander stehenden Schritte "Analyse" und "Synthese" methodisch stärker integriert werden?

2. Auswirkungen des Computereinsatzes, die zu einer Verschlechterung der Situation der Beschäftigten führen, rühren teils aus einer unvollkommenen Beherrschung der Technologie (eher technisches Problem) teils aus unternehmerischen Strategien her (eher politisches Problem). Wie kann die zur Abwendung der Verschlechterung notwendige Kombination technischer und politischer Maßnahmen geleistet werden?

In Norwegen und Schweden wurden in Anbetracht dieser Probleme vom Gesetzgeber nach umfangreichen wissenschaftlichen Vorarbeiten gesetzliche Regelungen über die Mitbestimmung der Betroffenen bei der Gestaltung der Arbeitsplätze und der Arbeit getroffen[2].

---

[1] REESE et al. 78 sowie BRAUER 80 weisen nachdrücklich auf die bisherige Vernachlässigung eines in diesem Sinne konstruktiven Vorgehens hin.

[2] wiedergegeben und ausführlich kommentiert in KUBICEK 79

In der bundesdeutschen Diskussion wird hierfür im Zusammenhang mit computergestützten Arbeitsplätzen der Begriff
"partizipative Systemgestaltung" verwendet[1]. Von einer Partizipation der Betroffenen lassen sich für beide erwähnte
Fragen Fortschritte erwarten:

ad 1. Im Einzelfall läßt sich der Schritt von der Fest-
        stellung und Analyse von Mängeln zu ihrer Beseiti-
        gung u.U. viel leichter finden als in wissenschaft-
        licher Allgemeinheit, wenn das Wissen der Betroffenen
        über ihren eigenen Arbeitsprozeß in Verbesserungsmaß-
        nahmen eingebracht wird. Zu einer solchen Kommunika-
        tion zwischen Gruppen mit unterschiedlichen DV-Fach-
        kenntnissen bedarf es allerdings eines Begriffssy-
        stems, daß die Beschreibung von DV-gestützten Arbeits-
        plätzen und der DV-Systemstruktur für alle verständ-
        lich und verbindlich ermöglicht.

ad 2. Die Definition von Interessen und deren Einbringung
        in den Systemgestaltungsprozeß kann nur von den Be-
        troffenen selbst legitimerweise übernommen werden
        und nicht stellvertretend von DV-Experten. Wo nicht
        der Computereinsatz als solcher zur Disposition
        steht, sind Anforderungen, die an das Computersystem
        zu stellen sind, entsprechend den unterschiedlichen
        Interessen auszuhandeln. Auch hierzu sind wiederum
        allgemein verständliche und verbindliche Darstel-
        lungsmittel sowie geeignete Organisationsformen für
        die Durchführung der Implementation zu entwickeln.

Kubicek nennt vier Voraussetzungen, die für eine wirksame
partizipative Systemgestaltung erfüllt sein müssen[2]:

---

[1] z.B. KUBICEK 78
[2] KUBICEK 79, S. 118 ff.

- Übereinstimmung über Maximen, also allen Beteiligten ge-
  meinsame normative Leitideen für das Vorgehen,

- Vereinbarung struktureller Regelungen, die verbindliche
  Organisationsmodelle für Meinungsbildungs- und Entschei-
  dungsprozesse darstellen,

- Durchführung von Qualifizierungsmaßnahmen, um wissens-
  bedingte Ungleichheiten abzubauen,

- Vorhandensein von Verfahrenshilfen, die den Gestaltungsprozeß effektivieren und die Einbringung wissenschaftlicher Ergebnisse ohne eigene Forschung ermöglichen[1].

Es dürfte deutlich geworden sein, daß die partizipative Systemgestaltung weitere wissenschaftliche Bemühungen keineswegs überflüssig werden läßt. Reese et al. bezeichnen die
Orientierung der wissenschaftlichen Bemühungen im Bereich
der "Wirkungsforschung" an partizipativen Modellen als "prag-
matische Wirkungsforschung", die nach Auffassung der Autoren
als eine der "nächsten Aufgaben" aufgegriffen werden muß[2].
Der erkennbare Bedarf an systematischen Verfahrenshilfen und
Konzepten für Qualifizierungsmaßnahmen als notwendiges
"Gerüst" bei der Partizipation stellt eine Herausforderung
an die Informatik dar.

---

[1] z.B. "PORGI", vgl. KOLF et al. 78; speziell in Hinblick
    auf Partizipation auch "BENORSY", vgl. ESSIG et al. 80
[2] REESE et al. 78

<u>Ergebnisse in Stichworten</u>

1. Freisetzungen

Wo CAD zur Leistungssteigerung in der Konstruktion eingesetzt
wird, treten in der Konstruktionsabteilung keine Freisetzungen
auf. Wo CAD zur Personaleinsparung eingesetzt wird, kommt es
auch zu Freisetzungen von zum Teil erheblichem Umfang. Mit
deutlichen Auswirkungen auf den Arbeitsmarkt wird wegen der
langsamen Verbreitung von CAD erst Mitte der achtziger Jahre
gerechnet. Häufiger als die Konstrukteure und Zeichner selbst
sind die Beschäftigten in den der Konstruktion nachgeordneten
Abteilungen von Freisetzungen durch CAD betroffen (S. 90 ff.).

2. Formalisierung

CAD verstärkt die ohnehin bestehende Tendenz zur Formalisierung
der Arbeit in der Konstruktion (S. 59 ff.). Im Prinzip bietet
die Technik Möglichkeiten, tayloristischen Tendenzen entgegenzuwirken (S. 177 ff.).

3. Qualifikation

Für die Arbeit mit CAD-Systemen werden zusätzliche Qualifika-
tionen erforderlich, deren Umfang zwischen umfassenden DV-Kennt-
nissen und einer Einweisung von zwei bis vier Wochen schwankt
(zu Eingabesprachen vgl. S. 83 ff., zur Programmierung vgl.
S. 96 ff.). Welche Konsequenzen die Abwertung von Qualifika-
tionen durch Automatisierung von ehemals qualifizierten menschlichen Tätigkeiten im Konstruktionsbereich haben wird, läßt
sich bei der augenblicklich geringen Verbreitung von CAD schwer
voraussehen (S. 89 f.).

4. Belastungen

Die Arbeit an CAD-Systemen kann bei schlechten ergonomischen
Bedingungen (S. 175), "Ausdünnung" entspannender Nebentätigkeiten
(S. 186), hohem Formalisierungsgrad (s.o.) sowie sozialer Iso-
lation mit erheblichen psychischen Belastungen verbunden sein.

<u>LITERATURVERZEICHNIS</u>

ABELN 76   Abeln, O.: Erfahr ungen mit EDV-Kon-
                        struktionsarbeitsplätzen, in: VDI-Be-
                        richt Nr. 261, VDI-Verlag 1976

ABELN 78   Abeln, O.: Stand und Tendenzen der
                        Rechneranwendungen in der Konstruktion
                        am Beispiel der elektrotechnischen
                        Industrie, in: VDI-Z.120(1978) Nr. 11,
                        S. 503-548

ABHOLZ 70   Abholz, H.-H.: Die Rolle des industriel-
                        len Arbeitsplatzes für die Ätiologie
                        psychischer Erkrankung, in: Das Argu-
                        ment, Bd. 60, S. 142-151, Berlin 1970

AHN/BÖKELER/HAAS 77 Ahn, M., Bökeler, K.H., Haas, W.:
                        Eingabekonventionen für CAD-Programme.
                        KFK-CAD 39, Karlsruhe 1977

ALBIEN/PRIOR   Albien, E., Prior, H.: Variantenkon-
                        struktion-VABKON; Freie Konstruktion-
                        FREKON; Systeme zur rechnerunte rstütz-
                        ten Konstruktion von Baugruppen: unda-
                        tierter Bericht des WZL der TH Aachen

ALLAN 72   Allan, J.J.: Fondations of the many
                        manifestations of computer augmented
                        design, in: proc. IFIP working conf. on
                        principles of computer-aided design, 1972

AMBROZY 71   Ambrozy, D.: On man computer dialogue,
                        in/ Int. Jrnl. Man-Machine-Studies
                        (1971/3)

BAATZ 73   Baatz, U.: Bildschirmunterstütztes Kon-
                        struieren, VDI-T39; VDI-Verlag, Düssel-
                        dorf 1973

BACH 73   Bach, K.: Denkvorgänge beim Konstruie-
                        ren, in: Konstrukt ion 25 (1973) Heft
                        1, S. 1-5

BAUBÖK 77   Baubök, E.: Konzept zur Beschreibung
                        und Ausführung von hierarchisch struk-
                        turierten Bildschirmdialogen, in: Gnatz,
                        R; Samelson, K.(Hg.), Methoden der In-
                        formatik für rechnerunterstütztes Ent-
                        werfen und Konstruieren, GI-Fachbericht
                        11, Springer-Verlag 1977

BEARDON 75

Beardon, C.: Die Bedeutung des Menschen im Vergleich zur Maschine, in: Marxismus Digest, Heft 1, herausgegeben vom IMSF, Frankfurt 1975

BECHMANN et al. 78

Bechmann, G., Huxdorff, K., Vahrenkamp, R., Werle, R., Wingert, B.: Auswirkungen des Einsatzes informationsverarbeitender Technologien, untersucht am Beispiel von Verfahren des rechnerunterstützten Konstruierens und Fertigens. KFK-CAD 114, Karlsruhe 1978, (überarbeitete Fassung im Campus Verlag 1979)

BERNHARDT 78

Bernhardt, R.: In der Konstruktion beginnt die Rationalisier ung, in: Konstruktion Jg. 30 (1978), Heft 6

BLUME/BURMESTER 77

Blume, P., Burmester, J.: Integriertes CAD/CAM-System für Stanzteile, in: ZwF 72 (1977) 5

BÖSCH et al. 78

Bösch, L.; Lang-Lengdorf, G., Rothenberg, R., Stelzer, V.: Das Förderprojekt CAD-Stand Juli 1978 - KFK-CAD 50, Karlsruhe 1978

BRAUER 80

Brauer, W.: Schelte für Schwarzmaler, in: Computerwoche vom 18. April 1980

BRAVERMANN 74

Bravermann, H.: Die Arbeit im modernen Produktionsprozeß, Campus-Verlag, Frankfurt/New York 1977

BUSCHHAUS 78

Buschhaus, D.: Problemanalyse zur Neuordnung der Berufsbildung für technische Zeichner, Teil 2 - Berichte zur beruflichen Bildung, Heft 8, Bundesinstitut für Berufsbildung, Berlin 1978

BUTLIN 76

Butlin, G.A. (Hg.): Unterlagen zum Seminar "Interactive computergraphics for the engineer", Leicester 1976

CAKIR 79

Cakir, A.: Spezielle Probleme der Informationstechnik im Bürobereich aus der Sicht der Arbeitswissenschaft, in: Data Report 14 (1979) Heft 1

CAKIR et al. 78

Cakir, A., Reuter, H.-J., v. Schmudde, L., Armbruster, A.: Anpassung von Bildschirmarbeitsplätzen an die physische und psychische Funktionsweise des Menschen, Forschungsbericht des BMAS, Bonn 1978

COMPUTERWOCHE 79   "Spezialisten: Nur noch Statisten?",
                        in: Computerwoche vom 16.2.1979

COMPUTERWOCHE 79b   "Traumhafte Konzepte". Gastkommentar
                        von C.J. Macie in der Computerwoche
                        vom 4.5.1979, S. 6

COMPUTERWOCHE 79c   "Interaktives Programmieren ist inter-
                        aktives Problemlösen", in: Computer-
                        woche vom 4.5.1979, S. 25 f.

COOLEY 72   Cooley, M.J.E.: Computer Aided Design -
                        its Nature and Implications. AUEW (TASS)
                        Publication, Richmond (Surrey) 1972

COOLEY 76   Cooley, M.J.E.: CAD - a trade union
                        viewpoint, in: proc. 2nd. int. conf. on
                        computers in engineering and building
                        design, 1976

DEHNING/ESSIG/   Dehning, W., Essig, H., Maaß, S.:
MAASS 78   Zur Anpassung virtueller Mensch-Rechner-
                        Schnittstellen an Benutzererfordernisse
                        im Dialog. Bericht Nr. 50 des FB Infor-
                        matik, Universität Hamburg 1978

DEHNING/MAASS 77   Kommunikative Aspekte der Mensch-Compu-
                        ter-Interaktion. Mitteilung Nr. 43 des
                        FB Informatik, Universität Hamburg, 1977

DER SPIEGEL 79   "Computer als Richter und Arzt?". Pro-
                        tokoll eines Expertengespräches über
                        künstliche Intelligenz, in: Der Spiegel,
                        Heft 17, 1979

DIN 33 405   Deutscher Normenausschuß (Hg.). "Psychi-
                        sche Belastung und Beanspruchung" (Norm-
                        entwurf).

DIN 44 300   Deutscher Normenausschuß (Hg.). "Infor-
                        mationsverarbeitung - Begriffe", Berlin
                        1972

DOMKE/SANDER 75   Domke, H., Sander, R.: Integration des
                        Rechners in den Konstruktionsprozeß, in:
                        FB/IE 24 (1975)/ Heft 3

DZIDA et al. 77a   Dzida, W., Herda, S., Itzfeld, W.D.,
                        Schubert, H.: Zur Benutzerfreundlich-
                        keit von Dialogsystemen - Ergebnisse
                        einer Umfrage. Institut für Software-
                        technologie (IST) der GMD, Birlinghoven
                        1977

EBERLE 76   Eberle, P.: Individuelle Benutzeranfor-
                          derungen an die Mensch-Maschinen-Kommu-
                          nikation und ihre Anwendung auf das Sy-
                          stem der Produktionssteuerung in Betrie-
                          ben der Strickerei/Wirkerei-Branche.
                          Diss. TU München, 1976

EIGNER 79   Eigner, M.: Semantische Datenmodelle
                          als Hilfsmittel der Informationshandha-
                          bung in CAD-Systemen und deren programm-
                          technische Realisierung auf Kleinrech-
                          nern. Dissertationsmanuskript, Karls-
                          ruhe 1979

ESSIG et al. 80   Essig, H.; Heibey, H.-W.; Kühn, M.;
                          Rolf, A.: Formalisiertes Verfahren zur
                          benutzerorientierten Systemrevision,
                          Abschlußbericht an den Projektträger

EVERSHEIM/SANDER 78 Eversheim, W., Sander, R.: Rationalisie-
                          rungskonzepte für den Konstruktionsbe-
                          reich, in: Industrieanzeiger 25 (1978)

FACHSCHAFT ELEKTROTECHNIK 78 Fachschaft Elektrotechnik
                          der TU Braunschweig: 'CAD'-Rationalisie-
                          rung der intellektuellen Arbeit. Sonder-
                          nummer der Zeitschrift 'Der Tauchsieder'
                          vom 17.6.1978

FRANKE 76   Franke, H.-J.: Untersuchungen zur Algo-
                          rithmisierbarkeit des Konstruktions-
                          prozesses. Fortschrittsberichte der VDI-
                          Z., Reihe 1, Bd. 47, VDI-Verlag, Düs-
                          seldorf 1976

FRANZ 78   Franz, D.: Eine Methode zum rechnerge-
                          stützten Entwurf von Varianten, in: IBM-
                          Nachrichten, 28 Jg. (1978) Nr. 239,
                          S. 44-52

FRICKE 75   Fricke, W.: Arbeitsorganisation und
                          Qualifikation - ein industriesoziologi-
                          scher Beitrag zur Humanisierung der Ar-
                          beit. Schriftenreihe des Forschungsin-
                          stituts der Friedrich-Ebert-Stiftung,
                          Band 119, Bonn, Bad Godesberg 1975

FRICZEWSKI/THORBEKE 76   Friczewski, F., Thorbeke, R.:
                          Arbeitssituation und koronare Herzer-
                          krankungen, in: Haug, W. (Hrg.): Argu-
                          ment-Sonderband 12, S. 190-220, Berlin
                          1976

GARROCQ/HURLEY 74   Garrocq, C., Hurley, M.: The IPAD System:
                          A future management/engineering/design
                          environment, in: proc. 11th design
                          automation workshop, Denver 1974

GMD-SPIEGEL 78   "Können Computer die menschliche Sprache verstehen?", in: GMD-Spiegel 1, 1978

GORNY 78   Gorny, P.: Überlegungen zur Softwaretechnologie und Ergonomie in kaskadierten CAD-Systemen. Referat, gehalten am 1.2.1978 im Kolloquium des FB Informatik der Universität Hamburg

GRABOWSKI 73   Grabowski, H.: Analyse von Benutzerproblemen im Hinblick auf den Rechnereinsatz in der Konstruktion, in: CAD-Mitteilungen 1/73

GRABOWSKI 76a   Grabowski, H.: Grundlagen der Rechneranwendung im Maschinenbau. Skript zur Vorlesung an der TU Karlsruhe, 1976

GRABOWSKI 76b   Grabowski, H.: Rechnerunterstütztes Konstruieren und Erstellen von Fertigungsunterlagen. Skript zur Vorlesung an der TU Karlsruhe, 1976

GRABOWSKI 79   Grabowski, H.: Einsatz schlüsselfertiger CAD-Systeme im Konstruktionsbereich, in: Tagungsbericht von der Wimatika 79, Karlsruhe 1979

GRABOWSKI/EIGNER/HAHN 80   Grabowski, H.; Eigner, M.; Hahn, D.: Methoden der Systemplanung zur Auswahl und Einführung von schlüsselfertigen CAD-Systemen, Manuskript zur Veröffentlichung in "Industrial Engineering"

GRAUS et al. 75   Graus, W., Schneider, J., Schoenberger, J., Weigand, K.-H.: Menschliche Kommunikation in technischen Kommunikationssystemen, in: ÖVD 1/75

GRIEPHAN/WIEBER 76   Griephan, W., Wieber, K.-M.: Voraussetzungen, Methoden und Auswirkungen der Maschinisierung von Konstruktionsarbeit. Diplomarbeit, Manuskript, Bremen 1976

GROVER 77   Grover, D.: Hardware for visual information, in: CAD 9 (1977) 4

HACKER 73   Hacker, W.: Allgemeine Arbeits- und Ingenieurpsychologie, VEB-Verlag der Wissenschaften, Berlin 1973

HATVANY 72   Hatvany, J.: The engineers creative activity in a CAD environment, in: proc. IFIP working conf. principles of computer aided design, North-Holland Publ. Comp. 1972

HATVANY 77   Hatvany, J.: Interactive graphics hard-
                      ware for practical use in CAD, in:
                      Allan, J.J. (Hg.): proc. IFIP working
                      conf. computer aided design systems,
                      North-Holland Publ. Comp. 1977

HAUG 78   Haug, F.: Thesen über gewerkschafts-
                      orientierte Wissenschaft, in: Das Argu-
                      ment 112, Argument Verlag, Berlin 1978

HEDBERG 74   Hedberg, B.: The systems designer -
                      decision maker or puppet on a string?
                      report des Int. Inst. of management,
                      Berlin 1974

HEIBEY et al. 75   Heibey, H.-W., Lutterbeck, B., Rohlfs,
                      S., Schüler, U.: Auswirkungen der Daten-
                      verarbeitung auf den einzelnen Anwender
                      und Organisationen, die Datenverarbei-
                      tung anwenden. Mitteilung Nr. 20 des
                      FB Informatik, Universität Hamburg 1975

HEIBEY et al. 77   Heibey, H.-W., Kühn, M., Lutterbeck, B.,
                      Töpel, M.: Technologische Ursachen von
                      Auswirkungen des EDV-Einsatzes in Orga-
                      nisationen. Unveröffentlichter Abschluß-
                      bericht des Förderprojekts DV 4903 an
                      den Projektträger GMD, Hamburg 1977

HEIBEY/LUTTERBECK/TÖPEL 77   Heibey, H.-W., Lutterbeck, B.,
                      Töpel, M.: Auswirkungen der Elektroni-
                      schen Datenverarbeitung in Organisationen.
                      Veröffentlicht als Forschungsbericht
                      DV 77-01 des BMFT, Leopoldshafen 1977

HELMERICH 78   Helmerich, R.: Integration von Datenver-
                      arbeitungssystemen in den Konstruktions-
                      prozeß, Diplomarbeit TU Karlsruhe 1978

HILDEBRANDT 68   Hildebrandt, F.: Methoden der Zeitana-
                      lyse und Zeitplanung im Konstruktions-
                      bür o. Forschungsberichte des Landes
                      Nordrhein-Westfalen Nr . 1884, West-
                      deutscher Verlag, Köln/Opladen 1968

HÖRBST 77   Hörbst, E.: Technische Aspekte der Kom-
                      munikation in CAD-Systemen, in: Gnatz/
                      Samelson (Hg.): Methoden der Informatik
                      für rechner-unterstütztes Entwerfen und
                      Konstruieren. GI-Fachbericht 11, Sprin-
                      ger-Verlag 1977

HOFFMANN 1817   Hoffmann, E.T.A.: Der Sandmann, in: Reclam-Universal-Bibliothek Nr. 230, Stuttgart 1969

HOPF 78   Hopf, B.: Definition einer formalen Sprache zur Eingabe von Werkstücken. Diplomarbeit TU Karlsruhe 1978

IGM 80   Handlungsanweisung für Betriebsräte und Vertrauensleute bei der Einführung von CAD (Arbeitstitel), erscheint voraussichtlich gegen Ende 1980 beim Vorstand der IGM, Frankfurt

ILLICH 75   Illich, I.: Selbstbegrenzung - eine politische Kritik der Technik. Rowohlt Verlag, Reinbek 1975

JACKSON 74   Jackson, P.C.: Introduction to Artificial Intelligence. Petrocelli Books, New York 1974

JAESCHKE et al. 77   Jaeschke, G. et al.: Interaktive Programmierung durch den Endbenutzer. Bericht TR 77.04.003 des Heidelberg Scientific Center der IBM

KAISER 79a   Kaiser, H.: Unveröffentlichter Fragebogen zum Stand der CAD-Anwendung in Betrieben des Maschinenbaus und der Elektroindustrie

KAISER 79b   Kaiser, H.: Analyse und Bewertung einer Kommunikations-Schnittstelle eines CAD-Systems unter besonderer Berücksichtigung der Benutzerfreundlichkeit. Diplomarbeit, TU Karlsruhe 1979

KANARACHOS 78   Kanarachos, A.: Rechnerunterstütztes Entwickeln und Konstruieren - graphische Datenverarbeitung (Jahresübersicht), in: VDI-Z, Jg. 120 (1978) Nr. 7

KERN/SCHUMANN 70   Kern, M., Schumann, M.: Industriearbeit und Arbeiterbewußtsein, Teil I. Frankfurt/M. 1970

KIRCHNER 77   Kirchner, J.H.: Ein Hilfsmittel für die Gestaltung menschlicher Arbeit, in: FB/IE 26/1977 Nr. 4

KIRSCH 73   Kirsch, W.: Auf dem Weg zu einem neuen Taylorismus?, in: IBM-Nachrichten Nr. 215, 23. Jg. (1973)

KLAUS/BUHR 72   Klaus, G., Buhr, M. (Hg.): Marxistisch-leninistisches Wörterbuch der Philosophie. Rowohlt, Reinbek 1972

KNOWLES 76   Knowles, N.C.: ASAS - process towards
                    acceptability, in: proc. 2nd int. conf.
                    computers in engineering and building
                    design, 1976

KOLF et al. 78   Kolf, F.; Oppelland, H.-J.; Seibt, D.;
                    Szyperski, N.: Instrumentarium zur
                    organisatorischen Implementierung von
                    rechnergestützten Informationssystemen,
                    in: Angewandte Informatik, 20. Jg.,
                    Heft 7, Juli 1978

KOLLER 74   Koller, R.: Kann der Konstruktionspro-
                    zeß in Algorithmen gefaßt und dem Rech-
                    ner übertragen werden?, in: VDI Berich-
                    te Nr. 219, 1974

KOSIOL 66   Kosiol, E.: Die Unternehmung als wirt-
                    schaftliches Aktionszentrum - Einführung
                    in die Betriebswirtschaftslehre. Rowohlt-
                    Verlag, Reinbek 1966

KRAISS 78   Kraiss, K.F.: Neuere Methoden der Inter-
                    aktion an der Schnittstelle Mensch-Ma-
                    schine, in: Z. Arbeitswissenschaft, 32
                    (1978)/2

KRAUSE 76   Krause, F.-L.: Methoden zur Gestaltung
                    von CAD-Systemen. Diss. TU Berlin 1976

KRUMHAUER 74   Krumhauer, P.: Rechnerunterstützung für
                    die Konzeptphase der Konstruktion. Diss.
                    TU Berlin 1974

KUBICEK 78   Kubicek, H.: Humanisierung des DV-ge-
                    stützten Büros durch partizipative System-
                    gestaltung - Überlegungen zur Entwick-
                    lung eines neuen Forschungsfeldes, in:
                    Angewandte Informatik 8/78

KUBICEK 79   Kubicek, H.: Interessenberücksichti-
                    gung beim Technikeinsatz im Büro- und
                    Verwaltungsbereich, GMD-Bericht Nr.
                    125, Oldenbourg-Verlag, München-Wien
                    1979

KUPKA 77   Kupka, I.: Zur Notwendigkeit einer
                    transalgorithmischen Ausrichtung der
                    Informatik. Arbeitspapier der FG 'Dia-
                    logsprachen', Fachbereich Informatik
                    der Universität Hamburg, Oktober 1977

LARSEN 57   Larsen, E.: Du wirst die Zukunft noch
                    erleben, Berlin-Schöneberg 1957 (?)

LATOMBE 77   Latombe, J.-C.:Artificial intelligence
                          in computer-aided design - the TROPIC-
                          System, in: J.J. Allan (ed.) CAD-Systems,
                          proc. IFIP-working conf. on computer-
                          aided design System. North-Holland
                          Publ. Comp.,Amsterdam/New York/Oxford 77

LATOMBE 78   Latombe, J.-C.: The artificial intelli-
                          gence approach to computer-aided-design,
                          in: J. Encarnaçao (Hr.): Proceedings des
                          CAD-Fachgesprächs der GI-Jahrestagung,
                          Darmstadt 1978

LAXON 77   Laxon, W.R.: Selecting and evaluating
                          CAD-Systems, in: CAD 9 (1977)/ 4

LEESLEY 78   Leesley, M.E.: The uneven acceptance of
                          CAD, in: CAD vol. 10 no. 4, Juli 1978

MEW 23   Marx, K., Engels, F.: Das Kapital, in:
                          Marx, K., Engels, F.: Werke, Bd. 23,
                          Dietz-Verlag, Berlin 1975

MEYER/STUBBE/ZILLMER 77   Meyer, H., Stubbe, H., Zillmer, H.:
                          Unveröffentlichter Einspruch zu DIN 33405
                          an den Normenausschuß Ergonomie, Hamburg
                          1977

MÜLLER 67   Müller, J.: Operationen und Verfahren des
                          problemlösenden Denkens in der konstruk-
                          tiven technischen Entwicklungsarbeit -
                          eine methodologische Studie, in: Wis-
                          senschaftliche Zeitschrift der techni-
                          schen Hochschule Karl-Marx-Stadt, Jg. IV,
                          (67), Heft 1/2, S. 5-51

MÜLLER-BÖLING 78   Müller-Böling, D.: Arbeitszufriedenheit
                          bei au tomatisierter Datenverarbeitung.
                          Oldenbourg Fachberichte und Referate
                          Bd. 5, München/Wien 1978

NASCHOLD/TIETZE 77   Naschold, F., Tietze, B.: Arbeitsgestal-
                          tungspolitik durch rechtliche Normierung,
                          zum Entwurf DIN 33 405: psychische Be-
                          lastung und Beanspruchung. Manuskript
                          (1977)

NASR EL DIN 76   Nasr el Din, H.A.: Young, A.G.: Interac-
                          tive Selection and Presentation of Re-
                          sults from a Substructuring Analysis
                          System, in: proc. 2nd Int. conf. on
                          Computers in Engineering and Building
                          Design (1976)

NOPPEN 77   Noppen, R.: Technische Datenverarbeitung
                          bei der Planung und Fertigung industriel-
                          ler Erzeugnisse, in: Gnatz, R., Samel-
                          son, K. (Hrg.): Methoden der Informatik
                          für Rechnerunterstütztes Entwerfen und
                          Konstruieren, GI-Fachbericht 11,
                          Springer Verlag 1977

OBERQUELLE 78   Oberquelle, H.: Grobe Beschreibung von
                     Systemen durch Netze. Mitteilung des
                     Fachbereichs Informatik der Universität
                     Hamburg, Nr. 62 (1978)

OBERQUELLE 79   Oberquelle, H.: Objektorientierte Infor-
                     mationsverarbeitung als Grundlage für
                     benutzergerechtes Editieren. Diss.,
                     FB Informatik, Universität Hamburg 1979

OPITZ et al. 71   Opitz, H. et al.: Rechnerunterstütztes
                     Konstruieren, Westdeutscher Verlag,
                     Opladen 1971

OPITZ/WESSEL 77   Opitz, H., Wessel, H.J.: Gegenüberstel-
                     lung von Entwurfs- und Zeichnungserstel-
                     lungssystemen im Bereich Werkzeugmaschi-
                     nenbau, KFK-CAD 40, Karlsruhe 1977

OPPOR/PETERSEN 71   Oppor, L., Petersen, R.: Einige Kommu-
                     nikationsformen in graphischen Systemen,
                     in: W. Giloi (ed.): Symposium über Com-
                     puter graphics, GI-Bericht Nr. 2, St.
                     Augustin 1971

PAHL/BEITZ 77   Pahl, G., Beitz, W.: Konstruktionslehre.
                     Springer-Verlag, Berlin/Heidelberg/New
                     York 1977

PALME 75   Palme, J.: Interactive Software for
                     Humans, FOA 1 Report C 10029-M3(E5),
                     Stockholm 1975

PALME 77   Palme, J.: A man - computer interface
                     encouraging user growth. FOA Rapport,
                     C 10073-M3(E5, H9), Stockholm 1977

PETRI 76   Petri, C.B.: Kommunikationsdisziplinen
                     Interner Bericht 76-1 der GMD, Bonn 1976

PROJEKTGRUPPE AUTOMATION UND QUALIFIKATION 75
                     Projektgruppe Automation und Qualifika-
                     tion. "Automation in der BRD", Argument-
                     Verlag, Berlin 1975

PROKOL-GRUPPE 76   Prokol-Gruppe: Der sanfte Weg - Technik
                     in einer neuen Gesellschaft, DVA-Ver-
                     lag, Stuttgart 1976

REESE et al. 78   Reese, J., Kubicek, H., Lange, B.-P.,
                     Lutterbeck, B., Reese, U.: Bestandsauf-
                     nahme der Wirkungsforschung im Bereich
                     Informationstechnologie. Bericht der GMD
                     Birlinghofen, 1978, (inzwischen erschie-
                     nen im Campus-Verlag)

ROHLFS 78   Rohls, S.: User Interface Requirements,
                     Softlab-Bericht, München 1978

ROHMERT 73   Rohmert, W.: Grundlagen der technischen Arbeitsgestaltung, in: H. Schmidtke (Hg): Ergonomie 2.

ROHMERT/LUCZAK 73   Rohmert, W., Luczak, H.: Zur ergonomischen Beurteilung informatorischer Arbeit, in/ Int. Z.f. angewandte Physiologie, Jg. 31 (1973), S. 209-229.

ROHMERT/RUTENFRANZ 75   Rohmert, W., Rutenfranz, J.: Arbeitswissenschaftliche Beurteilung der Belastung und Beanspruchung an unterschiedlichen industriellen Arbeitsplätzen. Bericht des Bundesministeriums für Arbeit und Sozialordnung, Bonn 1975

ROLF 79   Rolf, A.: Zur Maschinisierung der Arbeit in Büro und Verwaltung durch Informationstechnik, Dissertationsmanuskript, Osnabrück 1979

ROTHENBERG 77   Rothenberg, R.: Anforderungen an einen Normbaustein Geometrie. KFK-CAD 36, Karlsruhe 1977

SCHLECHTENDAHL 76   Schlechtendahl, E.G.: Grundzüge des integrierten CAD-Systems REGENT, in: Angewandte Informatik 11/78, S. 490-496

SCHMIDTKE 65   Schmidtke, H.: Die Ermüdung. Heinz Huber Verlag, Bern 1965.

SCHMIDTKE 73   Schmidtke, H. (Hg.): Ergonomie 1, Grundlagen menschlicher Arbeit und Leistung. Carl-Hauser-Verlag, München 1975

SCHMITT 79   Schmitt, A.: Skript zur Vorlesung "Dialogsysteme", TU Karlsruhe 1979

SHOPPEE 76   Shoppee, G.Z.V.: Current Structural Analysis Systems and Development Trends, in: Proc. 2nd Int. conf. on Computers in Engineering and Building Design (1976)

SINGH 76   Singh, S.: A computer-aided finite element idealization and mesh generation System, in: Proc. second int. conf. on computers in engineering and building design (1976), S. 213-218

SPIEGELS 76   Spiegels, G.: Rechnerunterstützte Konstruktion von Hebelsystemen. Diss. RWTH Aachen 1976

SPUR/KRAUSE 76   Spur, G., Krause, F.-L.: Erläuterungen zum Begriff 'Computer-Aided Design', in: ZwF 71(1976) 5

STACHOW 79   Stachow, B.: Handarbeit ist Zeitver-
                      schwendung, in: Management Magazin 3/79

SUTHERLAND 63   Sutherland, I.E.; Sketchpad: A Man-
                      Machine Graphical Communication System,
                      MIT-Linoln Laboratory, TR No. 296, 1963

SZABO 77   Szabo, Z.-J.: Systematische Planung
                      von Programmsystemen zur Erstellung von
                      Fertigungsunterlagen, VDI-Verlag GmbH,
                      Düsseldorf, 1977

TIETZE 74   Tietze, B.: Zur Geschichte des Arbeits-
                      begriffes. Manuskript, veröffentlicht
                      am psychol. Inst. der Universität Ham-
                      burg.

TIETZE 74a   Tietze, B.: Humanisierung der Arbeits-
                      welt: Theoretisches Programm und politi-
                      sche Praxis, in: Arbeit und Leistung 28,
                      (1974) Heft 12

TIETZE 78   Tietze-Blomeyer, B.: Der Zusammenhang
                      zwischen Produktentwicklung und Arbeits-
                      organisation - Fallbeispiele aus der
                      Bauindustrie. Vortragsabstract von 1.
                      Europäischen Forum über Organisations-
                      entwicklung.

TREU 75   Treu, S.: Interactive command language
                      design based on required mental work, in:
                      Int. Jrnl. of man-machine studies,
                      Vol. 7, 1975, S. 135-149

VDI 2210   VDI-Richtlinie 2210 (Entwurf)
                      'Analyse des Konstruktionsprozesses im
                      Hinblick auf den Rechnereinsatz'.

VDI 2211   VDI-Richtlinie 2211 (Entwurf)
                      'Datenverarbeitung in der Konstruktion'

VDI 2222   VDI-Richtlinie 2222 'Konstruktions-
                      methodik'

VDI 2223   VDI-Richtlinie 2223 'Begriffe und Be-
                      zeichnungen im Konstruktionsbereich'

VETTER 77   Vetter, H.O.: Was erwarten die Gewerk-
                      schaften von den Hochschulen?, in:
                      Blätter für deutsche und internationale
                      Politik 22 (1977) Heft 8, S. 969-981

VOLPERT 78   Volpert, M.: Für eine neue Arbeitswis-
                      senschaft, in: WSI Mitteilungen 2/1978

WATZLAWICK/BEAVIN/JACKSON 69 Watzlawick, P., Beavin, J.,
                      Jackson, D.: Menschliche Kommunikation,
                      Bern 1969

WEIZENBAUM 77   Weizenbaum, J.: Die Macht der Computer
                       und die Ohnmacht der Vernunft. Suhrkamp-
                       Verlag, Frankfurt a.M. 1977

WÖGERBAUER 43   Wögerbauer, H.: Die Technik des Konstru-
                       ierens, Oldenbourg-Verlag 1943

ZEMANEK 79   Zemanek, H.: Die Computerisierung führt
                       zu einem falschen Weltbild, in: Com-
                       puterwoche vom 16.3.1979.